Bernd Gieseking, Autor und Kabarettist, lebte bislang in sicherer Entfernung vom heimatlichen Ostwestfalen, weit entfernt von den Macken und Malaisen seiner Eltern, die hier »Malessen« heißen.

Nun wird Gieseking zu Hause gebraucht. Das glaubt er zumindest. Einen Sommer lang will er helfen. Seine Eltern wehren sich anfangs mit Händen und Füßen, aber langsam wird klar, dass sie bei weitem nicht mehr alles schaffen können, was Haus und Hof ihnen abverlangen. Und dass der zurückgekehrte Sohn doch auch zupacken und nicht nur Schaden anrichtet kann.

Wenn *Bernd Gieseking* (geboren 1958 in Minden / Kutenhausen) nicht als Kabarettist auf der Bühne steht, dann schreibt er: Kolumnen für die »Wahrheit«-Seite der »taz«, Radiokolumnen für HR1, Kinderbücher, Kinderhörspiele für den WDR und HR sowie Bücher: »Finne dich selbst!«, »Das kuriose Finnland-Buch – Was Reiseführer verschweigen« und »Gefühlte Dreißig«.

Weitere Informationen finden Sie auf www.fischerverlage.de

Bernd Gieseking

Früher hab'
ich nur mein
Motorrad
gepflegt

Wie ein Sohn tapfer versucht,
sich um seine alten Eltern zu kümmern

FISCHER Taschenbuch

2. Auflage: November 2017

Originalausgabe

Erschienen bei FISCHER Taschenbuch
Frankfurt am Main, September 2017

© 2017 S. Fischer Verlag GmbH,
Hedderichstr. 114, D-60596 Frankfurt am Main

Satz: Pinkuin Satz und Datentechnik, Berlin
Druck und Bindung: CPI books GmbH, Leck
Printed in Germany
ISBN 978-3-596-29844-0

Raija: Ich frage mich, ob wir zwei auch mal so werden?
Olli: Du meinst so alt?
Raija: Und so glücklich!
Olli: Da bin ich mir ganz sicher!

Aus: Der glücklichste Tag im Leben des Olli Mäki

Für Ilse und Hermann

Inhalt

Prolog mit Rippenbruch

Künstlergarderoben sind die traurigsten Orte der Welt, obwohl hier schon die berühmtesten Leute gesessen haben. Diese Räume sind auf schlimme Weise neutral. Grelle Neonröhren leuchten zu beiden Seiten der Spiegelreihe. Der einzige Trost ist das »Catering«, die Verpflegung. In der Catering-Wunschliste für meine Kabarett-Tourneen heißt es ausdrücklich: »Keine Süßigkeiten!!« Trotzdem stehen hier zwei gefüllte Schalen auf dem Schminktisch, einmal Weingummi und Lakritz, Schokolade in der anderen. Der Veranstalter scheint mir die Grausamkeit der hiesigen Garderobe mit Naschzeug versüßen zu wollen.

Wer als Gast an einem Theater auftritt, findet kaum Platz zwischen den Kostümen, Tiegeln und Töpfen des Schauspielers, der einem diesen Platz gnädig überlassen musste. Ist das Gastspiel, wie heute bei mir, in einer dieser Mehrzweckhallen aus den 70ern, kann man in der Garderobe die Kargheit und Enge einer Gefängniszelle nachempfinden. Meistens befinden sich diese Räume im Keller, sind oft ohne Tageslicht und vorwiegend in Ocker gehalten. Wie wir aus dieser Beklemmung heraus gutes Theater oder Kabarett spielen sollen, weiß ich nicht. Vielleicht agieren die Künstler auf der Bühne besonders gut, weil sie sich freuen, in dieser Zeit nicht in ihrer Theaterzelle einsitzen zu müssen. Die Schauspieler – und auch ich – hoffen inständigst, dass eine Zugabe erklatscht wird, damit wir möglichst spät erst wieder zurückkehren müssen in diese Unterwelt der Theaterkünste.

In Kleinkunstbühnen sind die Wände zumindest mit Plakaten der bisherigen Gastspiele gepflastert, und man sieht die Bilder der Kolleginnen und Kollegen, als sie noch jung waren. Oft genug hängt dort auch eins von einem selbst. Wenn ich auf diesen frühen Fotos sehe, wie schlank ich mal war, lasse ich sofort die Finger von den Süßigkeiten, die ich ohnehin nicht haben wollte. »Wer sich nicht in Gefahr begibt, kommt auch nicht darin um!«, sagt meine Mutter immer. Deshalb habe ich das Süße streichen lassen. »Streichen lassen!«, denke ich mit einem müden Blick auf die Wände. Und nehme dann doch eins von diesen verteufelt verführerischen Lakritzstückchen. Am liebsten esse ich die dunkelbraun ummantelten. Es ist wie beim Alkoholiker. Du kannst Wochen trocken sein, wenn das erste Bier vor dir steht, nimmst du auch das zweite. Nun liegt ein Vampir obenauf im Schälchen, mit roten Fruchtgummiflügeln und einem Körper aus Lakritz. Und ich weiß, wie lecker der schmeckt.

Noch dreißig Minuten bis zu meinem Auftritt. Ich notiere am Rand meiner Zeitung: »Konfusion, der große ostwestfälische Weise, sagt: ›Wer nicht zum Tiger in den Käfig steigt, der wird auch nicht von ihm gefressen!‹« Konfusion ist eine Kunstfigur, die ich absurde Lebensweisheiten und Trostreiches verkünden lasse. Einer meiner ersten Sätze für Konfusion lautete: »Das Schöne am Erinnern ist, es hilft gegen das Vergessen!« Erfunden habe ich Konfusion damals im Rahmen der CDU-Spendenaffäre: »Wer auf trockenen Straßen geht, hat auch keinen Dreck an den Füßen!« Natürlich habe ich diesen weisen Eremiten in meiner Heimat angesiedelt – Ostwestfalen.

Meinen Text für heute Abend habe ich längst »memoriert«. Jetzt warte ich auf meinen Auftritt, blättere in Zeitschriften und neuesten Meldungen auf dem iPhone. Ich sitze auf einem harten Stuhl und denke an gestern, als in der Umkleide wenigstens ein altes Ledersofa stand für ein kurzes Power-Napping. Ein Leben in Garderoben. Zumindest sind im Laufe der Jahre die Hotels besser geworden, in denen wir übernachten. Aber auch nicht immer. Ich versuche, mich auf diesen Abend zu konzentrieren. Das Theater ist fast ausverkauft. Der Veranstalter rechnet damit, dass die letzten Karten an der Abendkasse weggehen. Ich bin nicht zum ersten Mal hier. Das ist gut, sonst muss man das Publikum erst einmal erobern.

Mein Handy klingelt. Es ist 19 Uhr 42. Normalerweise würde ich jetzt nicht mehr drangehen, so kurz vor dem Auftritt. Auf dem Display steht: »Anonym«. Also ein Anruf mit Nummernunterdrückung. Nur eine einzige Telefonnummer in meinem gesamten Freundeskreis ist so programmiert: die meiner Eltern, Ilse und Hermann. Es ist selten, dass die beiden anrufen. Meistens melde ich mich, gern auch von unterwegs, wenn es passt, in den langen Stunden auf der Autobahn von Spielort zu Spielort.

Es sind zwar nur noch wenige Minuten, bis ich vor das Publikum trete, aber für ein kurzes Gespräch mit ihnen ist immer Zeit. Sie können nicht wissen, an welchen Tagen ich auf die Bühne muss. Außerdem habe ich seit einigen Jahren die Befürchtung, es könne plötzlich »etwas passiert« sein, wenn ich auf das Display schaue und einen verpassten Anruf von »Anonym« aufleuchten sehe. Auch wenn die zwei es nicht gerne hören, vom Alter her müssen sie mindestens als »betagt« gelten. Also nehme ich den Anruf an.

»Moin – hier is de Ölste!«

Hier ist der Älteste – von zwei Söhnen. Wir sprechen miteinander immer wieder Plattdeutsch, die beiden untereinander fast ausschließlich. Mein zehn Jahre jüngerer Bruder wurde schon ausschließlich in »Hochdeutsch« erzogen. Platt war plötzlich aus der Mode, wer es sprach, wurde fast stigmatisiert und galt schnell als dumm. Das hat sich erfreulicherweise wieder komplett gewandelt, und heute gilt die Sprache als Kulturgut.

Die Stimme meiner Mutter: »Hallo? Bernd? Hier ist die Regierung.«

Mit diesen Worten meldet sie sich seit Jahren.

»Tach, Ilse!«

»Watt moakest du güst?«, fragt sie.

»Was ich grad mache? Ich sitze in einer Garderobe. Ich muss gleich auftreten.«

»Ach so. Dann will ich gar nicht stören. Dann lass uns man morgen telefonieren!«

»Wieso? Was wolltest du denn, Mama?«

Sie antwortet schnell: »Ach nix. Machen wir morgen!«

Ich werde misstrauisch: »Is’ was?«

»Nee, es ist nichts.«

»Warum rufst du dann an? Ist was passiert?«

»Jedenfalls nichts Schlimmes!«

»Aha. Und was ist so Harmloses passiert?«

Sie muss lachen: »Ach, nichts weiter!«

»Mama! Irgendwas ist doch!«

»Ja, aber damit brauchst du dich jetzt nicht belasten. Du musst doch gleich spielen! Das hat Zeit bis morgen.«

»Mudder, dann denke ich auf der Bühne die ganze Zeit darüber nach, was mich jetzt nicht belasten soll.«

Ich höre nachdenkliches Schweigen.

Irgendwann sage ich: »Ilse! Raus damit.«

»Hermann ist heute gestürzt. Aber es ist nichts passiert. Es sind nur ein paar Rippen gebrochen.«

»Ein paar kaputte Rippen ist also ›nichts passiert‹?«

»Na ja. Er stöhnt ganz schön. Trotzdem, da musst du dir keine Sorgen drüber machen!«

Das versuche ich erst gar nicht. In meinem Kopf jagen sich die Gedanken: »Wie viele sind denn durch?«

»Drei ganz und eine angebrochen.«

»Donnerwetter!«

»Da müssen wir jetzt nicht länger drüber reden. Also, bis dann!«

So schnell lasse ich mich nicht abschütteln: »Ist Hermann im Krankenhaus?«

»Vorsichtshalber. Damit er sich keine Lungenentzündung holt.«

»Ich habe morgen frei. Ich komme vorbei.«

»Deswegen musst du nicht extra durch Deutschland jachtern!«

»Ist egal. Ich muss gleich raus auf die Bühne. Bist du selber okay, Ilse?«

»Ich? Wieso? Ich hab mir ja nichts gebrochen.«

»Vielleicht machst du dir Sorgen um unser'n Vadder?«

»Um den? Wenn der nicht vor seine Füße guckt?«

»Das klang eben aber etwas anders. Kannst du ruhig zugeben, Ilse.«

»Ach! Wenn drei Rippen durch sind, ist das kein Beinbruch! Ich wollte dir jetzt nur Bescheid sagen, weil du immer schimpfst, wenn wir nichts sagen!«

»Danke!«

»Und nu sieh zu, dass die Leute auch was zu lachen haben! Sonst kommen die nämlich nicht wieder! Getz röge di!«

»Mama!«

»Ja. Bis morgen!«

Ich liege im Hotelzimmer auf dem Bett und schalte durch die Sender. Das übliche Ende eines Tourneetages. Mittlerweile ist es drei Uhr morgens, und der Rest Weißwein ist lauwarm. Der darf im Glas bleiben. Ich bin müde, kann aber trotz der Erschöpfung durch den Auftritt nicht schlafen. Ich muss immer wieder an Hermanns Sturz denken. Der Arme! Rippenbruch, und es ist nicht nur eine durch. Jeder Atemzug wird ihn schmerzen, jede Bewegung. In seinem Alter wird es dauern, bis das alles wieder zusammengewachsen ist.

Meine Eltern sind inzwischen reichlich in den Jahren, wie man bei uns sagt. Hermann ist Mitte 80, Ilse Ende 70. Beide sind natürlich Ruheständler, aber ihr arbeitsreiches Leben setzt sich fort. Haus und Hof wollen in Schuss gehalten sein, und vor den Nachbarn gibt man sich hier auf dem Dorf keine Blöße, da werden oft genug die Blätter einzeln vom Rasen gepickt, Verblühtes abgeschnitten, und immer wird neu gepflanzt, umgesetzt, repariert, gestrichen, geschraubt und gedübelt. Sie halten sich wacker, obwohl beide reich gesegnet sind mit »Malessen«, das ist Ostwestfälisch für Malaisen, Krankheiten. Mein Vater wird immer krummer und braucht Gehhilfen, Ilse leidet unter Hörstürzen. Trotzdem scheinen sie unverwüstlich zu sein, das zeigt sich besonders in ihrem Witz und Humor. Als Paar beharken sie sich einerseits in jahrzehntelang geübter Streitlust, andererseits stellen sie in ihrem Miteinander, in ihrer Verlässlichkeit selbst ehemalige Traumpaare wie Brad Pitt und Angelina Jolie locker in den Schatten. Brangelina schafften gerade mal zehn Jahre. Meine Eltern stehen kurz vor der diamantenen Hochzeit: sechzig Jahre! Außerdem haben sie zwei Söhne großgezogen, meinen Bruder Axel und mich.

Wir sind mit jeweils Anfang zwanzig ausgezogen zum Studium, Axel nach Mönchengladbach, ich nach Kassel, nachdem wir beide zuvor eine Ausbildung gemacht hatten, Axel als Bürokaufmann in einem Fotogeschäft, ich eine Lehre als Zimmerer. »Unser« Axel, wie man hier sagt, ist dann vor Jahren nach Finnland ausgewandert. Der Liebe wegen ist er zu Viivi gezogen und lebt seitdem in Lahti. Nicht nur wegen der Entfernungen sind wir zwei Jungs in unseren Erwachsenenjahren eher selten zu Hause gewesen, bis auf den obligatorischen Weihnachtsbesuch. Wir waren in unseren eigenen Universen unterwegs: Musik, Rockabilly, Country, Kunst und Kultur interessierten uns mehr als Kutenhausen, unser Heimatdorf.

Nun liege ich in diesem Hotel und schalte im TV-Programm hin und her zwischen »The Big Bang Theory« und »Zwei rechnen ab«, einem alten Western mit Kirk Douglas und Burt Lancaster. Ich muss lachen, denn meine Eltern rechnen auch dauernd miteinander ab. Ilse, meine sonst so großherzige Mutter, hält unserem Hermann einerseits gern die alten Sünden vor. Andererseits rechnen die beiden bis heute akribisch das Haushaltsgeld ab und führen Buch darüber. Ilse sagt: »Es gibt mein Geld und unser Geld!«

Die TV-Bilder laufen, ich nehme sie gar nicht richtig wahr, höre kaum die Dialoge, bin mit meinen Gedanken bei meinen Eltern. Ich bekomme Hermanns Sturz nicht aus dem Kopf, und ich sorge mich natürlich. Fragen tauchen auf: Muss man was tun? Mein inneres Autokorrektursystem formuliert das sofort um in: Müsste *ich* was tun? Eine Idee wabert seit zwei Stunden durch meinen Kopf. Sehr unscharf noch. Vage denke ich: Ich müsste mich mal kümmern! Aber wie? Irgendwann falle ich in leichten Schlaf.

Als ich wach werde, läuft bereits das Frühstücksfernsehen. Es ist 8 Uhr 25. Ausgeschlafen fühlt sich anders an. Zwischen den neuesten Sport-Doping-Meldungen verzückt Peter Großmann die frühmorgendliche TV-Gemeinde mit seinem beruhigenden Brandt-Zwieback-Lächeln. Meine nächtlichen Sorgen kämpfen sich vom Unterbewusstsein zurück ins Bewusstsein, und als ich unter der Dusche stehe, auch meine zaghaft formulierte Idee: Ich muss mich um meine alten Eltern kümmern. Aber wie soll das gehen? Ich wohne in Dortmund, sie in Minden. Ich muss zu Auftritten fahren, die eher südlich als nördlich liegen.

Am Frühstückstisch kritzele ich, statt zu lesen, verschiedene Hausansichten auf den Rand meiner Zeitung. Ansichten, die dem Haus meiner Eltern ähneln. Der Platz wird langsam knapp. Ich versuche, das Gebäude von der Seite zu zeichnen, von hinten. Man achtet oft viel zu wenig auf die Rückseiten der Dinge, denke ich. Von Skulpturen zum Beispiel. Es lohnt, dass man einmal drumherum geht. Ich notiere: »Konfusion sagt: ›Du kennst jedes Ding erst wirklich, wenn du es auch von hinten gesehen hast!‹« Was ist die Rückseite meiner Idee? Was sind die Folgen? Ich zeichne noch eine Art Draufsicht unseres Grundstücks. Meine Überlegung nimmt ein wenig Gestalt an, aber dann verlaufen die Konturen wieder ins Ungefähre.

Ich bringe mein Gepäck ins Auto. In diesem Moment brummt das Handy. Meine ferne Freundin schickt eine SMS, unser tägliches Ritual am Morgen. Wir wohnen in verschiedenen Städten, sie in Hannover, ich in Dortmund. Eine untypische Distanzbeziehung. Wochenendbeziehung kann man das nicht nennen, denn da bin ich oft auf Tournee. Aber es läuft. Sehr gut sogar. Sie heißt Rita. Wir haben uns auf Gomera kennengelernt. Als wir dort zum ersten Mal gemeinsam in den unendlichen Sternenhimmel geschaut haben, taufte ich sie, zuerst heimlich, »mein leuchtender Stern des Südens«. Ich wusste nicht, dass es ein ähnlich betiteltes Fan-Lied des FC Bayern gibt, aber was interessiert einen Ostwestfalen schon die Umdeutung eines Sternenbildes durch Fußballfans? Aus Wikipedia weiß ich inzwischen, dass es gar keinen »Stern des Südens« gibt, sondern nur ein »Kreuz des Südens«. Egal. Rita ist für mich das hellste Sternenbild am Firmament meines Lebens. Als ich sie das erste Mal sah, ging für mich die Sonne auf. Von meiner Seite war es Liebe auf den ersten Blick. Sie musste mehrmals hinschauen.

Rita schreibt: »Guten Morgen! Wie war dein Auftritt? Wohin fährst du heute?«

Ich tippe: »Nach Hause.«

»Zu Hause« ist für mich immer der Ort, an dem ich mich am Abend ins Bett legen werde.

Sie tippt: »Dortmund?«

Ich tippe zurück: »Nee, Minden. Hermann ist gestürzt, ist aber nicht viel passiert.«

Sofort klingelt mein Telefon. Rita braucht Details. Sie ist inzwischen ein festes Familienmitglied. Das ist nicht immer gut für mich. Meine Eltern sind mit ihr zusammen nun schon zu dritt. Und sie sind sich oft erschreckend einig, besonders wenn es mich betrifft.

»Bernd, was ist los?«

Ich erzähle ihr, was ich weiß. Viel ist das nicht.

Rita fragt erschrocken: »Und was jetzt?«

Pause.

»Weiß ich auch nicht. Ich hab die Nacht kaum geschlafen. Ich knobele da an etwas rum. Ich glaube, man müsste sich mal kümmern.«

»Man oder du?«

»Das ist hier ziemlich deckungsgleich, glaube ich.«

Dann erzähle ich ihr von meinen ersten Überlegungen.

»Wissen deine Eltern das schon?«

»Nee, hab ich ja grad erst überlegt. Also, ich fange an, mir Gedanken zu machen.«

»Aha. Und was denkst du da so?«

Ich sage zögerlich: »Ich hab da mal was aufgezeichnet.«

»Aufgezeichnet?«

»Ja, das Haus und so. Mit einer … Planskizze.«

»Planskizze?«

»Ja, Plan und Skizze!«

»Aha.«

»Am Zeitungsrand.«

Rita sagt: »Das klingt ja fast schon nach einem sehr gut durchdachten Plan.«

21

Auch wegen solcher Sätze liebe ich sie. Wir lachen. Dann schweigen wir wieder.

Schließlich fragt sie: »Und was ist das Ergebnis dieser Zeichnerei?«

»Na ja, dass man die Dinge auch mal von hinten betrachten muss.«

»Du sprichst in Rätseln, Bernd.«

Nun formuliere ich den Gedanken erstmals aus: »Vielleicht sollte ich mal ein paar Tage vor Ort sein bei ihnen.«

»Ist das jetzt nur eine Idee, oder willst du das wirklich machen?«

Gute Frage, denke ich. Und schweige. Was für eine gute und präzise Frage, denke ich.

»Da grübele ich jetzt mal drüber nach.«

»Gut, ruf mich an, wenn du es genauer weißt!«

Ich steige ins Auto, programmiere im Navi das Krankenhaus Minden als Ziel und starte den Wagen. Ich denke über die Lebenssituation meiner Eltern nach und schleiche deshalb mit unfassbar langsamen 110 Stundenkilometern über die Autobahn. Ich halte an drei Raststätten hintereinander und zapfe mir jeweils einen Kaffee XXL aus dem Automaten. Dreimal bin ich kurz davor, mir eine große Tüte Weingummi zu kaufen. Wenn ich nervös bin, hilft diese Nervennahrung eigentlich optimal, sie bekämpft die Krise mit Süße. Aber ich widerstehe jedes Mal. Es reicht schon, wenn meine Veranstalter inkonsequent sind. Ich versuche, meine Gedanken zu ordnen. Wie kann ich meinen Eltern helfen?, frage ich mich. Was ist sinnvoll? Was ist nötig?

Ich überhole drei Lkws und ein Wohnwagengespann.

Ich stelle fest, dass ich überhaupt keine Ahnung habe, wie der Alltag meiner Eltern aussieht. Was sind ihre täglichen Pflichten? Wobei brauchen sie Hilfe? Was kann ich tun? Wie könnte ich helfen? Was würden die beiden mich tun lassen? Wie viel an Einmischung lassen sie zu?

Schon wieder zwei Wohnwagen, ich blinke links. Die Autobahn ist voll, und ich muss erst den Verkehr auf der Überholspur vorbeiziehen lassen. Sind schon Ferien?

Wenn ich das mit der Hilfe tatsächlich irgendwie umsetzen will, wie kann ich dabei meine eigene Arbeit weiterführen? Auftreten, schreiben, an Besprechungen hier und da teilnehmen, meine Programme proben. Kann das auch alles funktionieren, wenn ich eine Zeitlang in Minden wohne? Minden liegt nicht gerade im Zentrum meiner Tätigkeiten. Ich muss immer wieder ins Rheinland, oft in die Region Rhein-Main, gegenüber meinem Wohnort Dortmund verdopple ich im Grunde die Entfernungen. Ab und an geht es noch weiter südlich, bis runter zum Bodensee, in die Schweiz. Das hatte ich noch gar nicht bedacht. Denn das wäre ja die Konsequenz all dieser Überlegungen: Ich müsste länger vor Ort sein – mit allen Folgen. Ich kann nicht dauernd zwischen Dortmund und Minden hin und her fahren. Und nur mal hier und da für einen halben Nachmittag zu kommen wäre keine richtige Unterstützung.

Ich überhole einen Traum von Wohnwagen in Tropfenform: die berühmte »Knutschkugel« im Retrodesign, mit Alu-Blechen, stylisch an den Kanten gelb abgesetzt. Sieht toll aus. Müsste lustig sein, mit so etwas in den Urlaub zu fahren. Aber seit meiner Lehre, ich habe einen Gesellenbrief als Zimmermann, hasse ich Gespannfahren. Für mich war es eine Qual, wenn wir einen Dachstuhl richteten und ich den Lkw zur Baustelle fahren musste mit dem aufgeladenen Holz, das bis auf den sogenannten Nachläufer ragte. Ich bin miserabel im Rangieren.

Ich zwinge meine Gedanken zurück zum eigentlichen Problem. Sicher wäre es nötig, meinen Eltern zu helfen. Aber ganz praktisch, wie soll das gehen? Mit zwei, drei Tagen ist das tatsächlich nicht getan. Ich müsste mindestens mal für sechs oder sogar acht Wochen kommen, das wäre sinnvoll. Erst lächele ich kurz bei dem Gedanken, mal wieder länger in meiner Heimat zu sein, aber dann erschrecke ich sofort: So lange? Bei meinen Eltern? Und überhaupt: Ist das jetzt alles nur eine heroische Überlegung, die ich lieber keinem verrate, weil ich in zwei Tagen vielleicht schon einen Rückzieher machen werde? Aus Bequemlichkeit. Aus Angst vor den Konsequenzen. Aus Sorge um meine eigene Überforderung. Es gibt genug in meinem Leben, was ich so schon nicht auf die Reihe bekomme, und die vierteljährliche Steuervoranmeldung ist nur eines davon.

Bin ich gerade etwas zu spontan? Zumindest Rita weiß nun schon von der Idee. Und wo sollte ich wohnen? Ich kann doch nicht bei »Unseren« im Haus wohnen. Mein Kinderzimmer unterm Dach gibt es schon lange nicht mehr, es ist ein Lagerraum geworden für Dinge, die wir Jungs – vielleicht unverschämterweise – zu Hause immer noch unterstellen. Das Zimmer meines Bruders ist nun das Gästezimmer, aber abgesehen davon ist es nun mal das Zimmer meines Bruders. Bei meinen Eltern ist mir alles – wie soll ich es sagen? –, und spreche das für mich

erstmals so konkret aus: Es ist mir zu eng. Ich stelle fest: Dieses Haus ist gar nicht vorbereitet auf mich!

Dabei mag ich es, wie Ilse und Hermann ihr Heim gestaltet haben. An den Wänden finden sich Erinnerungen an ihre Familien, an ihre Söhne, Fotos, die wir Jungs auf unseren Reisen gemacht haben, von Axel Motive aus Amerika, von mir arktische Eislandschaften. Es hängen, ungewöhnlich vielleicht für die Generation meiner Eltern, satirische Zeichnungen und Cartoons, Plakate zu Ausstellungen von Martin Perscheid und Gerhard Glück. Auf den Fluren stehen präparierte Tiere, Bussard, Elster, Frettchen, aber auch Objekte komischer Kunst, ein Mobile voller Männlein, die mit den Trägern ihrer Unterhemden an Kleiderbügeln hängen, umgesetzt nach einem Cartoon von Eugen Egner. Hier stehen reichhaltig gefüllte Bücherregale, teils mit Werken aus dem »Bertelsmann Lesering«, eine Gesamtausgabe von Émile Zola, jede Menge Konsalik, der »Humoristische Hausschatz« von Wilhelm Busch, aber auch Neues ihrer aktuellen Favoriten wie Fritz Eckenga, Biographien von Reinhard Mey und Ilses Lieblingswesternheld Billy Jenkins und anderen, von Fliegerin Elly Beinhorn, deren früh verstorbener Ehemann, Rennfahrer Bernd Rosemeyer, mein Namensgeber ist. Und auch wenn es eitel klingen mag, meine Bücher stehen ebenfalls dort. Dazu Zinnteller und Pokale, Schützenvereinserfolge der beiden, Holzfiguren und Bierkrüge von Hermanns Reisezeit als Zimmermann. Das alles ist schön, trotzdem fühle ich mich im Haus, wenn ich wirklich mal über Nacht bleibe, irgendwie nicht wohl. Ich gehe daher seit Jahren ins Hotel, wenn ich die beiden besuche. Aber das wäre in diesem Fall keine Lösung. Ich bin ja nicht Udo Lindenberg, der im Hamburger »Atlantic« residiert, wenngleich ich im Mindener »Lindgart« kein bisschen schlechter behandelt werde, in dieser Mischung aus Vertrautheit und Fürsorge, dass man sich als Gast wirklich beheimatet fühlen kann. Wenn ich tatsächlich länger bei meinen Eltern sein will, wäre der ständige Weg aus der Stadt und wieder zurück einfach zu weit und zu unpraktisch. Ich würde mit den beiden dann auch im Garten sitzen wollen, Wein trinken und hören, wie sie ebenso charmant wie spitz über die Nachbarschaft erzählen, ohne danach mit dem Taxi fahren zu müssen. Vielleicht sollte ich ein Zelt in den Garten stellen? Ich lache laut über den Gedanken, allein hier in meinem Auto.

Schon wieder ein Wohnwagen. Ein riesiger. Der hat fast amerikanische Ausmaße. Wie man mit so einem Teil rangiert, ist mir ein Rätsel. Ich überhole und setze den Blinker nach rechts. Im Rückspiegel schaue ich noch einmal kurz auf das Gefährt. In diesem Moment kommt die Erleuchtung. Ich denke: Wohnwagen! Und plötzlich weiß ich: Das ist die Lösung! Ein Wohnwagen! Den könnte ich bei uns in den Garten stellen, links neben die Blautanne. Das müsste problemlos gehen. Aber wo bekomme ich einen her? Kann man den leihen? Bestimmt. Kenne ich jemanden mit Wohnwagen? Leider nein, trotzdem: Ich bin völlig begeistert. Damit wäre jedes Wetter egal, ich wäre nah am Haus und doch nicht drin. Hätte keine unnützen Wege. Vor lauter Euphorie fahre ich plötzlich 130. Ich bin unterwegs auf der A7 Richtung Norden, Richtung Minden, Richtung Krankenhaus. Der Verkehr läuft ausnahmsweise fließend. In diesem Moment wird im Radio tatsächlich der alte Song von den Housemartins angekündigt, »Caravan of Love«. Gutgelaunt singe ich mit: »Every woman, every man, join the caravan of love, stand up, stand up …«

Die Karawane der Liebe. Ein Wort, zwei Bedeutungen. So einen »Caravan der Liebe« hätte ich gern für meinen angedachten Aufenthalt im Garten meiner Eltern, am liebsten eine Knutschkugel, wie ich sie gerade überholt habe. Wenn das keine Zeichen sind! Alles Fügung!, denke ich.

Ich fahre die nächste Raststätte an, setze mich auf eine Bank und rufe Rita an.

»Ich habe mir was überlegt.«

»So?«

Ich mache eine Kunstpause und sage dann: »Ich ziehe für ein paar Wochen nach Minden.«

Jetzt folgt eine lange Pause.

Dann fragt Rita vorsichtig: »Zu deinen Eltern?«

»Ja. Aber nicht ins Haus. Das wär mir zu nah aufeinander.«

»Willst du ins Hotel?«

»Nee, auch nicht. Das ist zu weit weg. Dann müsste ich immer morgens aus der Stadt raus ins Dorf und abends zurück. Das wäre mir zu viel Rumgegurke.«

Sie prustet ins Telefon: »Willst du etwa zelten?«

»Nicht ganz. Aber den Gedanken hatte ich zuerst auch. Nein, ich stelle mir einen Wohnwagen in den Garten.«

»Einen Wohnwagen? Du bist verrückt.«

»Findest du?«

Rita lacht. »Und wo soll der hin?«

»Zwischen die beiden Bäume, an die Hecke links.«

27

»Und deine Arbeit? Deine Wohnung in Dortmund? Du wolltest ein Buch schreiben. Du musst auf Tournee. Was weiß ich nicht alles. Ich meine, ich will dir das auf keinen Fall ausreden. Aber wie soll das gehen?«

Ich schweige.

»Hast du dir das gut überlegt, Bernd?«

Schon wieder eine gute Frage.

»Sagen wir: überlegt!«

Meine Eltern wohnen seit ihrer Hochzeit in Kutenhausen, einem Dorf nördlich von Minden, knapp 1800 Einwohner, mit dem Nachbardorf Todtenhausen eng verbunden wie mit einem Zwillingsbruder. Es gibt einen gemeinsamen Sportverein und die gemeinsame Kirche, nur die Schützenvereine konkurrieren.

Minden liegt im nordöstlichsten Zipfel von Nordrhein-Westfalen, in weiten Teilen umschlossen von Niedersachsen. Überfuhr man früher die Landesgrenze, merkte man das sofort: Das Straßenpflaster wurde schlechter. Wir sind hier in Ostwestfalen-Lippe. Die Menschen sind legendär und ticken komplett anders als die sinnlos karnevalisierenden Rheinländer. Der Ostwestfale an sich ist ein furchtloser, knorriger, oft auch schweigsamer Geselle mit großem Appetit und noch größerem Humor.

Unsere Siedlung, die »Müsse«, liegt inmitten von Feldern, um die die Dorfgrenzen von Kutenhausen und Todtenhausen mäandern. Zwischen Müsseweg und Lammerweg verlaufen unsere Buchfinkstraße, die Elsternstraße und der Ostweg. Aus Süden kommend ist in unserer Straße links Feld, rechts Bebauung. In etwa der Mitte stößt von rechts die Elsternstraße auf die Buchfinkstraße. Direkt hinter dieser Einmündung wohnen wir auf einem Eckgrundstück. Biegt man rechts in die Elsternstraße ein, liegt zur Linken die Längsseite unseres Hauses. Dann kommt eine einzeln stehende Garage, dahinter unsere Gartenbude. Ich kann das so ausführlich beschreiben, weil ich nicht glaube, dass Einbrecher und Wohnungsdiebe dieses Buch lesen werden, und wenn doch: Bei uns gibt es wirklich nichts zu holen.

Fährt man geradeaus an der Einmündung vorbei, liegt neben unserem Haus noch ein kleines eingesätes Grundstück. Früher war das ein Garten, der bewirtschaftet wurde, heute ist es Rasen, umstanden von Büschen. Vom Nachbargrundstück trennt uns hier eine hohe Hecke. Mitten auf der Rasenfläche, jeweils im Drittelstrich, stehen zwei mächtige Nadelbäume, eine Blautanne und eine Lärche. Im hinteren Teil, neben der Lärche, ist ein kleiner »Freisitz«. Es gibt also relativ viel Platz rundum und eigentlich keinen Nachbarn, dem man unmittelbar in die Fenster schauen würde. Oder umgekehrt der uns. Zwei kleine Treppen führen zur Haustür an der Buchfinkstraße und hinten aus der Küchentür hinaus in den Garten.

Hier ist das Reich der Giesekings, selber aufgebaut, mit der ein oder anderen Unterstützung von Familie und Nachbarn, der Keller mit eigenen Händen ausgeschachtet, ohne Bagger, Ilse fuhr Schubkarre um Schubkarre mit Erde und Lehm aus dem Bauloch heraus.

Heute ist unser Haus zumindest im Sommer fast eine Art Kiosk, bestens frequentiert, aber natürlich ohne Verkauf. Der Ostwestfale ist gastfreundlich und der Kühlschrank jederzeit gefüllt. Immer wieder schauen Nachbarn vorbei und setzen sich in den Garten. Sie bringen meist etwas zu trinken mit, aber meine Eltern sind auf alle Eventualitäten vorbereitet. Die eine trinkt nur Rotwein, die Nächste nur Weißen, ein anderer nie Alkohol, sondern immer Cola, die Nachbarin gegenüber am liebsten Grapefruit-Mix mit Weißbier, die Nächste ausschließlich Rotkäppchen-Sekt. Die meisten aber trinken alles. Und »Kurze« fast jeder. Alle wissen das voneinander, und irgendeinen Wunsch nicht zu berücksichtigen bei diversen Nachbarschaftsfeiern in den jeweiligen Gärten gilt als Affront. Gerne gehen die aus der Elsternstraße zum Sonnenuntergang noch mal kurz ums Eck vor zur Buchfinkstraße, und an jedem Silvesterabend kommen hier am Kreuzungspunkt viele zusammen, um bei uns am Mäuerchen Raketen steigen zu lassen.

Seit 1964 wohnen wir in diesem Haus. Von hier aus gelangt Hermann mit seinem Rollator zum Zahnarzt oder Hausarzt und zu den anderen wichtigen Dorfstationen, vor allem zur Lottoannahmestelle (sehr wichtig!) mit Post (weniger wichtig). Daneben gibt es noch eine Tankstelle mit Werkstatt und Waschstraße, außerdem zwei Apotheken. Die meisten Kneipen haben im Laufe der Jahre aufgegeben, eine ist nun eine Pizzeria, eine andere ein kleines Hotel garni, das auch von Radlern des Weserradwegs frequentiert wird. Die können sogar bei uns in der Siedlung Aufnahme finden. Insgesamt drei Familien haben, nachdem die Kinder aus dem Haus oder Eltern und Großeltern verstorben waren, inzwischen ein »Bed and Breakfast«, »Bett und Frühstück« eingerichtet.

Von früher drei Bäckereien existiert nur noch eine, Schlomanns, mit dem besten Schwarzbrot der Welt. Die legendäre Fleischerei Potthoff ist in neuen Händen, und es gibt zwei Supermärkte, einen in Kutenhausen, Edeka, einen in Todtenhausen, Netto. Es gibt eine Holzhandlung, einen Schuster mit Schuhverkauf im übernächsten Dorf, in Friedewalde, Schweizer, bei dem ich seit ewigen Zeiten meine geliebten Holzclogs kaufe. Das Versicherungsbüro im Nachbardorf Stemmer wird von meinem alten Freund Uli geführt, bei dem wir eigentlich fast alle versichert sind. Es gibt sogar ein eigenes kleines Industriegebiet, eine Fensterfabrik, zwei Dachdeckereien, eine Zimmerei, ein kleines Gesundheitszentrum und Bootswana, Freds Kanuladen. Eigentlich ist alles da, was die Welt braucht.

Nach Rita rufe ich Ilse an: »Hast du schon was Neues gehört?«

»Nee, wieso? Ich fahre erst am Nachmittag ins Krankenhaus.«

»Dann bin ich auch da.«

Ilse wird laut: »Quatsch. Da sind nur ein paar Rippen durch bei Hermann.«

»Trotzdem!«

»Möst du sülms wierten!«

»Jau, weit ick ohk! Ilse, noch was anderes.«

»Zügig. Der Garten wartet nicht ewig!«

»Ilse, ich hab mir was überlegt.«

»Was denn?«

»Ich habe überlegt, ich komme mal für ein paar Wochen nach Hause.«

Ilse stutzt: »Wie jetzt? Wohin nach Hause?«

»Zu euch!«

»Zu uns? Warum das denn? Du bist doch in Dortmund zu Hause.«

»Meine Tournee ist demnächst vorbei. Dann kommen nur noch Einzeltermine, und ich kann meine Zeit besser einteilen. Ob ich in Dortmund bin oder in Minden, das ist dann eigentlich egal.«

»Wegen Hermanns Rippen?«

»Sagen wir, auch deswegen. Ich hab gedacht, ich könnte mich mal nützlich machen.«

»Das wäre das erste Mal!«

»Immerhin. Besser spät als nie!«

Ilse sagt: »Das ist doch Blödsinn. Wo willst du überhaupt wohnen? Bei uns etwa?«

»Nee.«

»Du kannst doch nicht die ganze Zeit ein Hotel bezahlen.«

»Das stimmt. Aber ich habe da eine Idee.«

Ilse sagt leicht schnippisch: »Da bin ich aber gespannt.«

»Wohnwagen!«

»Was?!«

»Wohnwagen! Ich miete mir einen Wohnwagen.«

»Du spinnst!«

Ich frage: »Warum das denn?«

Sie holt tief Luft: »Was sollen denn die Leute sagen?«

»Haben die uns jemals interessiert?«

»Das nicht, aber die denken doch, dass wir im Haus keinen Platz für dich haben!«

»Es geht die überhaupt nichts an, wo ich schlafe!«

Ilse fällt wieder ins Plattdeutsche: »Nee, datt nich, ower ...«

»Was aber, Ilse?«

»Owerlech di datt!«

Ich bleibe standhaft: »Keine Sorge. Hab ich mir überlegt.«

Pause. Und dann kommt dieser bei meiner Mutter immer wieder überraschende Moment zwischen dem Kopfschütteln über meine jeweiligen neuen Pläne und einem überraschenden Lösungsansatz. Der Wechsel von Protest zu Pragmatismus.

Ilse sagt: »Doris hat einen Wohnwagen.«

Doris ist unsere Nachbarin »von gegenüber«. Ihr Mann war ein guter Bekannter von mir aus Jugend- und Schwimmbad-Zeiten. Er starb vor ein paar Jahren. Zwischen unseren Familien gibt es eine herzliche Nachbarschaft, bei Reisen werden Kaninchen und Post versorgt und täglich morgens Jalousien raufgezogen und abends runtergelassen. Wegen der Einbrecher – leider gab es im Dorf tatsächlich schon welche. Die beiden waren begeisterte Camper, und Doris führt das nun alleine fort und hat enge Freundschaften auf einem Wintercampingplatz in der Lüneburger Heide. Den Sommer über steht der Wohnwagen bei ihr auf dem Hof, gegenüber unserer Garage. An Doris hatte ich gar nicht gedacht. Aber es stimmt: »Warum in die Ferne schweifen, sieh doch, das Gute liegt so nah!« Ich hatte zwar von der besagten »Knutschkugel« geträumt, aber mir die Fahrt mit Wohnwagen und das Rangieren sparen zu können überzeugt mich sofort.

Ilse fährt fort: »Die brauchst du aber gar nicht fragen. Die verleihen den nicht. Also, den haben die früher nicht verliehen, und Doris wird das jetzt auch nicht machen.«

Ich sage: »Ja, wenn das keinen Sinn hat, dann frage ich sie natürlich gar nicht erst.«

Stunden später treffen wir uns im Krankenhaus. Hermann ist nicht da.

»Muss ich mich sorgen?«, frage ich meine Mutter und deute auf das leere Bett, an dessen Fußende Hermanns Name geschrieben steht.

»Der ist noch zu einer Untersuchung.«

»Und, wie ist es bei dir?«

»Bei mir ist alles gut.« Sie schaut mich an: »Willst du das wirklich machen? Mit dem Wohnwagen?«

»Ja klar«, sage ich.

»Darfst du das denn?«

»Ach so, ich muss euch erst mal um Erlaubnis fragen?«

»Besser wär das!«

Ich räuspere mich: »Ilse, geliebte Mutter …«

»Halblang!«

Ich rede weiter: »Darf ich ein paar Wochen einen Wohnwagen in euren Garten stellen?«

»Da musst du deinen Vater fragen.«

»Seit wann muss ich Hermann fragen?«

»Ja, mir ist das egal.«

Ich jubiliere innerlich, denn das bedeutet fast schon »ja«!

Dann, nach kurzem Überlegen fragt sie: »Und wo soll der hin?«

Irgendwie kommt mir die Frage bekannt vor.

»Zwischen die beiden Bäume, an den Zaun, der an Gräsers Grundstück steht.«

Gräsers, unsere Nachbarn zur Linken. Der Umgang mit ihnen ist eher kühl und beschränkt sich aufs Grüßen.

»Da steht der eigentlich ganz gut!«

Ich staune. Das ist fast schon die endgültige Bewilligung meines Zuzugsantrags.

Ich hake nach: »Das heißt: ja?«

»Mach doch, was du willst.«

Das bedeutet: Ja! Eindeutig!

»Danke!«

Dann gibt sie mir einen Zettel. Mit einer Telefonnummer. Darunter steht »Doris«. Ich sehe Ilse an: »Ich denke, Doris brauche ich gar nicht erst zu fragen?«

»Na ja, vielleicht kannst du sie ja trotzdem mal anrufen. Fragen kostet nichts.«

Dann wird Hermann ins Zimmer geschoben.

»Moin Großer«, sagt er.

»Moin Vadder!«

Ich beuge mich über ihn und umarme ihn.

»Ah!« Ihm entfährt ein Schmerzensschrei, als er seinen Arm um mich legen will. »Das lassen wir mal besser«, sagt er zwischen zusammengekniffenen Zähnen.

»Stell dich man nicht so an!«, kommt es süffisant von Ilse.

Hermann kann sich kaum bewegen. Schon das Atmen strengt ihn an. Lachen geht gar nicht. Das ist schwierig bei uns in der Familie, denn es wird zwar gern und oft gestritten, aber noch mehr gelacht. Nun wird es besonders schmerzhaft, weil die beiden mir erzählen, wie es zu diesem Sturz gekommen ist. Armer Hermann, denn da gibt es viel zu lachen!

Sie sind in der Stadt gewesen zum Einkaufen, um im »Bücherwurm«, meiner Lieblingsbuchhandlung, eine »taz« zu holen. Dort arbeitet Petra, eine alte Freundin, die meinen Eltern die Zeitung automatisch zurücklegt, wenn dort eine Kolumne von mir erschienen ist. Hermann war mit seinen Walking-Stöcken unterwegs. Nach beendeter Shopping-Tour gingen beide wieder zum Auto. Hermann hatte seine Stöcke auf die Rückbank gelegt und wollte gerade vorne einsteigen. Auf dem Gehweg kam von hinten eine Frau entlangstolziert und war schon an ihnen vorbei. High Heels. Kurzer enger Rock, wallende blonde Mähne. Beide, Hermann und Ilse, schauten ihr nach, wenn auch aus unterschiedlichen Motiven. Einem attraktiven Menschen schaut man gern zu, egal, in welchem Alter, egal, welchen Geschlechts. Nur ist man als Mann darauf bedacht, nicht als Spanner zu gelten. Und von der eigenen Frau möchte man sich schon gar nicht erwischen lassen, wenn man auf eine andere blickt, egal, ob mit 28 oder 82. Noch weniger möchte man von der Beschauten ertappt werden. Aber die drehte sich, gerade als sie ein paar Meter weitergegangen war, um, so der Bericht meiner Mutter, und sah von vorne ganz und gar nicht so aus, wie von hinten erwartet.

Meine Mutter sagt, es sei der Schreck gewesen, der Hermann ins Stürzen brachte. Mein Vater sagt, das sei Quatsch, er sei gestürzt, weil er einfach gestürzt sei. Jedenfalls fiel mein Vater zwischen Auto, Bordstein und ein Verkehrsschild. Er hörte es erst deutlich knacken, dann klemmte er fest. Meine Mutter hatte noch gar nichts vom Sturz mitbekommen, wohl aber den Unterschied zwischen Vorder- und Rückseite jener Dame in High Heels.

Ilse rief zu Hermann herüber: »Kiek eis, datt Wief!«

»Datt Wief«, also diese Frau, war inzwischen ungerührt weitergegangen, entweder weil sie ihre unfallfördernde Wirkung schon kannte oder, was wahrscheinlicher ist, weil sie von alledem gar nichts mitbekommen hatte. So wenig wie Ilse. Da ihr Mann nicht antwortete und auch nicht zu sehen war, rief Ilse: »Hermann?«

Und hörte ein Stöhnen. »Unser Mutter« ging in leichter Sorge um das Auto herum. Dort sah sie das Malheur. Hermann saß fest. Er ächzte und konnte sich nicht rühren.

»Wie 'ne Schildkröte hing er da drin«, lacht Ilse auch jetzt wieder bei der Erinnerung, und mit Seitenblick auf Hermann sagt sie: »Ich kann nichts dafür. Ich muss immer lachen, wenn einer fällt. Das geht bei mir gar nicht anders!«

Ein junger Mann, der zufällig vorüberkam, bot sofort seine Hilfe an, und die war mehr als willkommen.

Ilse erzählt: »Hermann wiegt zwar nichts mehr, aber den hätte ich da trotzdem nicht rausbekommen, so wie der festsaß!« Dann lacht sie: »Aber die Frau sah wirklich ein bisschen zum Erschrecken aus!«

Das Ergebnis von Hermanns Pirouette: dreieinhalb Rippen gebrochen. Ein Serienbruch. Drei sind ganz durch, eine ist angebrochen. Die Genesung wird Wochen dauern. Doch auch jetzt am Krankenbett gewinnt Ilse diesem Unglück noch eine positive Seite ab: »Immerhin war es das erste Mal nach fast 60 Ehejahren, dass er mir zu Füßen lag.«

Wir schweigen einen Moment, dann sage ich zu Hermann: »Kannst du noch einen Schreck vertragen?«

»Musst du heiraten?«

Wir lachen.

»Das nicht gerade. Ich habe mir was überlegt.«

Misstrauisch sieht er mich an: »Da bin ich aber gespannt.«

»Ich komme demnächst ein paar Wochen vorbei.«

»Wo?«

»Mensch, Vadder, bei euch. Ich helfe im Garten! Was so anliegt.«

»Bist du aus deiner Wohnung rausgeflogen?«

»Bitte?«

Hermann wird ganz ernst: »Bist du pleite? Kannst du ruhig sagen.«

Ilse kringelt sich.

Ich sage lauter als nötig: »Quatsch!«

»Und warum willst du dann kommen?«

»Wegen deinen Rippen.«

»Um meine Rippen musst du dich nicht kümmern! Die sind doch ruckzuck wieder ganz.«

»Hermann! Darf ich etwa nicht, oder was?«

Ich sehe mich in meinem selbstlosen Vorhaben kalt ausgebremst. Meine heroische Tat – noch ist es mehr mein heroischer Plan – scheint hier eher als unerwünschte Belästigung aufgenommen zu werden. Ich lehne an der Fensterbank und bin ratlos. Da will man endlich mal was Gutes tun für die Eltern, und was ist der Dank?

Hermann fragt: »Wann soll das denn sein?«

»Ich kann in ungefähr fünf Wochen.«

Hermann sagt: »Da sind die Rippen doch komplett wieder verheilt.«

Nun wirft Ilse ein: »Datt glövest du doch oallene!«

38

Überraschend meint Hermann dann: »Obwohl – ein bisschen Hilfe wär mal ganz gut.«

Aha!, denke ich.

Es gibt weitere Bedenken. Jetzt kommt alles auf den Tisch. Die größte Sorge meiner leider nicht vermögenden Eltern ist – nicht einmal zu Unrecht – »rausgeworfenes Geld«. Bei jedem ihrer Söhne haben sie da reichlich Kritik und Anregungen, nun aber ganz besonders.

Ilse wird energisch: »Du bezahlst den ganzen Sommer völlig umsonst Miete in Dortmund!«

Es ist zum Verzweifeln. »Sag mal, Ilse, wollt ihr mich nicht hierhaben?«

Beide schweigen. Dann sagt sie: »Sieh mal zu, dass du selber klarkommst. Um uns musst du dich nicht kümmern.«

Gekümmert habe ich mich jedenfalls in den vergangenen dreißig, fast vierzig Jahren nicht. Seit ich eine Freundin in Hannover habe, hat sich immerhin meine Besuchsfrequenz deutlich erhöht, allerdings eher wegen ihr als wegen ihnen. Ich komme auf jedem Weg zu ihr auch in Minden vorbei, hin und zurück, trinke Kaffee, esse ein Stück Kuchen oder frühstücke oder esse zu Mittag und fahre dann erst weiter. Nur einmal hatte ich nicht gehalten, und ausgerechnet da lag Ilse überraschend im Krankenhaus. Ich hatte getobt.

»Warum habt ihr mir nichts gesagt?«, hatte ich gefragt.

Hermann antwortete: »Hat Ilse mir verboten.«

»Spinnt ihr?«, sagte ich, in meiner Erinnerung relativ laut und streng.

»Redet man so mit seinen Eltern?«, fragte er fast beleidigt.

»In so einem Fall schon!«, blieb ich hart und laut.

»Wir wollten dich nicht beunruhigen.«

»Ich bin aber total beunruhigt, wenn ich weiß, dass ihr mir nicht mal Bescheid sagt, wenn einer von euch im Krankenhaus liegt.«

»Kommt nicht wieder vor«, lenkte er ein.

Ich war überrascht. Es ist selten, dass ich hier kleine Siege erringe. Als ich Ilse dann am nächsten Tag im Krankenhaus besuchte, raunzte sie mich sofort an: »Was machst du denn hier? Ich hatte Hermann doch verboten, dir was zu sagen!«

Im Gegenzug konfrontierte ich sie mit meinem Ärger.

Sie winkte nur ab und sagte: »Wenn's 'ne Beerdigung wird, sagen wir dir schon Bescheid!«

Grinsend musste ich mal wieder feststellen: Gegen sich selbst war sie genauso hart wie gegen andere.

Ich hatte ihr ein Buch mitgebracht ins Krankenhaus. Einen Familienroman, einen echten Schinken. Ich weiß, dass meine Mutter so etwas gern liest. Übersetzt vom wunderbaren Harry Rowohlt, gab ich ihr die Lebensgeschichte des Iren Frank McCourt, »Die Asche meiner Mutter«. Ich hatte mir wirklich nichts dabei gedacht. Meine Mutter schaute auf den Titel und sagte: »Danke schön. Ist das jetzt schon eine Aufforderung?« Sie wartete einen kurzen Moment und hängte achselzuckend an: »Na ja, deutlich is' das ja!«

Hermann hat gerade keinen Zimmergenossen, das macht die Sache einfach. Wir stören keinen und müssen auf niemanden Rücksicht nehmen. Obwohl gerade sowieso keiner von uns spricht. Eine Szene wie im Theater. High Noon.

Der Western letzte Nacht fällt mir ein, die Schießerei am O. K. Corral. Wer zuerst zuckt, hat verloren. Oder gewinnt, wer als Erster den Colt zieht?

Vorsichtig formuliere ich: »Ich habe das Gefühl, ich bin euch nicht gerade willkommen.«

Mein Vater sieht mich erstaunt an. Dann sagt er ernst: »Du bist unser Sohn. Du darfst jederzeit kommen. Und du kannst so lange bleiben, wie du willst.«

Donnerwetter, das war deutlich. Im Grunde eine nie gehörte Liebeserklärung an seine Kinder.

Und Ilse ergänzt: »Das war doch jetzt wegen dir. Du sollst dir nichts zumuten!«

Noch eine Liebeserklärung. Was ist denn hier los?

»Ich komme schon klar«, beschwichtige ich die beiden.

Dann stellt Hermann die Frage aller Fragen: »Wenn du wirklich kommst – wo willst du denn wohnen?« Er setzt nach: »In Axels Zimmer etwa?«

»Nee.« Ich mache eine kleine Kunstpause: »Ich wollte mir einen Wohnwagen in den Garten stellen!«

Hermann lacht laut auf, aber damit ereilt ihn sofort die nächste Schmerzattacke.

Jetzt sagt Ilse streng; »Das mit dem Wohnwagen, das ist doch Quatsch!«

Ich starre sie an: »Ich denke, du warst einverstanden?«

»Bloß weil ich nichts mehr dagegen gesagt habe?«

»Wohnwagen!«, stöhnt Hermann auf.

»Das ist jedenfalls der Plan«, verteidige ich mich zaghaft.

Dann folgt ein erneutes Schweigen. Das muss man aushalten können. Es gibt Menschen, die schaffen das nicht, oft nicht mal für Sekunden, die müssen dauernd reden, die ertragen keine Stille. Das ist beim Ostwestfalen komplett anders. Wir leiden unter Gequatsche. Schweigen ist für uns eine Art Meditation. Trotzdem vergessen wir nicht, um was es geht. In manchen Situationen ist es wie bei Stier und Torero. Das Tier sieht das Tuch, wartet aber ab. Plötzlich stürmt es los. Der Matador muss vorbereitet sein. Im Grunde gibt er das Signal mit der Muleta, bewegt den Stoff nur ein wenig und dann zuckt das Tier nach vorn. Und hier bin ich der Stier.

Dann, es sind sicher Minuten vergangen, in denen wir uns nur anschauen und atmen, bewegt Hermann das rote Tuch: »Wo soll der denn stehen?«

Schon wieder diese Frage!

»An der Hecke zu Gräsers rüber. Aber weiter hinten auf dem Grundstück, zwischen den beiden großen Tannen.«

»Aha!«

Hermann will sich auf die Seite legen, aber sein Rippenbruch ist dagegen. Wieder zieht er stöhnend die Luft durch die Zähne. Ich meine, Mitleid in Ilses Augen aufblitzen zu sehen.

Hermann sagt unvermittelt: »Doris hat doch ihren Wohnwagen im Sommer zu Hause. Die kannst du ja mal fragen.«

Wieder erlebe ich diesen plötzlichen Wechsel von Kritik und Unterstützung.

»Den verleiht sie aber nicht!«, sagt Ilse bestimmt.

»Kann man nicht wissen«, widerspricht Hermann. »Fragen kostet nichts!«

Ich atme tief durch. Damit wurde mein Antrag angenommen. So einfach kann das gehen. Doch dann denke ich mit plötzlich erwachender Skepsis: Das kann ja was werden!

Habe ich plötzlich Angst vor der eigenen Courage? War das wirklich eine gute Idee? Was hat mich denn da getrieben? Aber nun ist es entschieden: Ich werde demnächst für ein paar Wochen wieder in Kutenhausen wohnen, mit dem Wohnwagen im Garten meiner Kindheit.

Am Rapsfeld der Erkenntnis

Ilse und ich verabschieden uns von Hermann. Draußen auf dem Krankenhausparkplatz fragt sie: »Kommst du noch nach Hause?«

»Jau. So in einer Stunde. Ich will noch an die Weser.«

»Ich stell was zu essen hin«, sagt sie in einer Mischung aus Frage und Feststellung, die letztlich keinen Widerspruch duldet.

Ich bin nur einen Kilometer vom Fluss entfernt groß geworden, aufgewachsen mit Wasser. Minden wird durchzogen von der Weser und dem sie überquerenden Mittellandkanal. Ich war Ruderer und habe auf beiden Gewässern viele Jahre trainiert. Unsere ersten Urlaube führten zum Steinhuder Meer und nach Neuharlingersiel an der Nordsee. Beide Meere befuhr ich als Kutenhauser Pirat mit unserer grünen, dreiteiligen Luftmatratze.

Wasser ist für mich auch ein geistiges und emotionales Lebenselixier. Seen, Meere, Küsten, Inseln. Wenn ich aufgewühlt bin oder nachdenken muss, dann ist nichts schöner und trostreicher, als an einem Gewässer zu stehen. Aber am schönsten ist es, der sanft fließenden Weser die eigenen Gedanken mitzugeben. Es zieht mich immer wieder an diesen Abschnitt zwischen Schachtschleuse und Valentins

Mühle in Todtenhausen. Inzwischen ist der »Pattweg« am Fluss geteert und ein vielbefahrener Abschnitt des Weserradwegs.

Ich setze mich auf einen kleinen Steg, umrahmt von Schilf. Meine Beine hängen ins Wasser. Ich lehne mich zurück, lege mich flach auf die Holzplanken und starre in den Himmel, sehe die Wolken ziehen, meine Gedanken ziehen mit, und ich erkenne jetzt den Moment, an dem im Grunde alles begann.

Ich saß damals, es ist erst wenige Monate her, zu Hause in Dortmund. Mein Telefon klingelte.

»Hier is dien Vadder!«

»Moin Hermann.«

Kurzes Schweigen. Wie gesagt, es ist eher ungewöhnlich, dass sich einer von den beiden bei mir meldet. Rufe ich an, halten sie die Gespräche kurz, damit das »nicht so teuer« wird. Sie sagen nach wenigen Minuten schon: »So, denn loat us uppleggen, datt wett süss to dür!« Ich habe Jahre gebraucht, bis sie die Existenz von Flatrates akzeptierten. Manchmal hat mein Vater jetzt »Anwandlungen«, dann redet er am Telefon wie ein geschwätziger Schwabe und erzählt minutiös von Nachbarn, den Abenden »im Keller«, also beim Schützenverein, und anderen Wichtigkeiten.

Ich fragte: »Und?«

Es kam eine Überraschung.

Er sagte nicht: »Muss!«

Er sagte: »Hör moal tau.« Hör mal zu.

Ich nickte am anderen Ende unserer drahtlosen Verbindung: »Was denn?«

»Wir müssen die Kellertür abschneiden.«

»Die Kellertür?«

Ich war total perplex. Wieso sollten wir ausgerechnet jetzt die Kellertür abschneiden?

Das Haus stand seit einundfünfzig Jahren. All die Jahre hatte die Kellertür perfekt gesessen, schrammte nicht über die Fliesen, passte oben und unten und schloss astrein und leichtgängig, trotz des fast schon antik zu nennenden Schlosses. Es gibt bei uns im Keller insgesamt vier Türen und eine Außentür, aber eben nur eine Kellertür. Die anderen sind zwar auch im Keller, werden aber nie »Kellertür« genannt, denn erst hinter dieser einen beginnt das Reich des Guten, die Regale mit dem »Eingemachten«, den Marmeladengläsern: Erdbeere, Erdbeer-Rhabarber, Erdbeer-Kiwi, Johannisbeere. Dazu Gläser mit Bohnen, mit Kirschen, mit eingelegten Pflaumen. Hier steht der Wein. Und das wichtigste Gerät des Hauses, eine Art Tresor der Kulinarik, unsere Tiefkühltruhe! Hier in diesem Raum ist das Paradies der Vorratshaltung. Und die absolute Herrscherin dieses Himmelreiches ist »unser Mudder«. Ein Raum, den wir Männer der Familie nicht einmal ausfegen dürfen. Dafür aber glücklicherweise leeren.

Keine andere Tür des Hauses wird so sorgsam gefettet und geölt. Und von dieser Tür, die höchstens Spinnen einlässt und jeder Maus jahrzehntelang den Zutritt verwehrt hatte, von der sollte nun ein Stück abgeschnitten werden? Was war passiert?

»Warum muss denn plötzlich die Tür abgesägt werden?«, fragte ich.

»Wir haben neue Wasserleitungen bekommen.«

»Warum das denn?«

»Unser Brunnen ist versandet. Wir sind jetzt ans Stadtnetz angeschlossen. Die haben neue Leitungen gelegt, unter der Decke lang, und jetzt geht die Tür nicht mehr zu. Wir müssen da oben was absägen.«

Das war jetzt mehr als eine Premiere. Das war kurz vor einem Weltwunder! Das erste Mal in meinem Leben berichtete mir mein Vater von einem Bauvorhaben im Haus. Es war zwar nur eine Tür abzusägen, aber trotzdem. Nur – wieso sagte er mir das? Als ich ihm, dem erfahrenen Zimmermann, als junger Mann erzählte, ich hätte mir eine Lehrstelle als Zimmerer gesucht, stand er ungläubig vor mir: »Du? Du hast doch nie was gemacht hier zu Hause!« Das lag aber nicht nur an mir. Nie durfte ich Hand anlegen in Feldern, die seine Domäne waren. Kein Schnitt, den ich sägte, war ihm exakt genug, keine Fläche glatt genug geschliffen, keine Schraube ausreichend tief versenkt, kein Nagel senkrecht genug ins Holz geschlagen, und wenn doch, hatte ich seiner Meinung nach viel mehr Schläge als nötig gebraucht. Es war ein Drama! Und es machte keinen Spaß. Ich war hier immer nur der Handlanger, für mehr hatte es nicht gereicht. Er machte lieber alles selbst, als mich auch nur ein Bohrloch anzeichnen zu lassen.

Jetzt klang er ein klein wenig resigniert: »Irgendwie hab ich, glaub ich, ein Problem beim Türaushängen. Da musst du kurz mit anpacken, wenn du das nächste Mal hier bist.«

Probleme beim Türaushängen? Ich sah meinen Vater vor mir: Der Rücken von Jahr zu Jahr mehr gekrümmt. Der ehemals starke Zimmermann war inzwischen eher ein »Männlein«, gebeutelt von den Jahrzehnten auf dem

Bau, den vielen, vielen Tonnen Holz, Eisenbewehrung und Stahlstützen, die er geschleppt hatte. Im Stich gelassen von seinem Herzen, mit Infarkten, Operationen und Bypässen. Hermann muss sich auf Walking-Stöcke stützen und kommt nicht mehr ohne Rollator aus. Er hangelt sich an den Treppengeländern herab wie ein altes Orang-Utan-Männchen. Dabei aber balanciert er, je nachdem was die Lage oder Ilses Auftrag erfordert, Kuchen oder Werkzeug, Pinsel, Farben, Obstteller, Altpapier, Müll oder die Wäsche für die Heißmangel in der freien Hand. Natürlich kann er alleine keine Tür mehr ausheben. Aber sich – und mir – das einzugestehen war ein regelrechtes Erdbeben.

Ich sah vor meinem geistigen Auge, wie Hermann die Tür sauber aus den Angeln hob, wie er sie schräg vor sich balancierte, wie er mit dem schweren Türblatt in der Hand, dessen obere Kante sich immer weiter seinem Schädel näherte, langsam nach hinten kippte, wie er rückwärts stürzte und dabei weiter fest das Blatt mit den Händen umklammerte, dass donnernd auf ihn fiel!

»Ich komme Montag, dann machen wir das«, sagte ich schnell, als könne ich so verhindern, dass er sich augenblicklich auf den steilen Weg in den Keller machte, um sich die Tür auf den zarten Körper zu werfen.

»Ja, wenn es passt«, sagte er. »Du musst nicht extra kommen.«

Ich würde aber extra kommen!

»Ich muss sowieso zu einem Termin«, log ich.

Er ahnte in diesem Moment nichts von meinen Ängsten um ihn, den inneren Bildern, die mich augenblicklich und albtraumhaft angesprungen hatten. Ich hoffte, dieser eine

Sägeschnitt, den er ausführen wollte, würde auf mich warten, hoffte, dass mein Vater die Arbeit tatsächlich so lange verzögern würde, bis ich ihm die Tür und das Werkzeug »parat« gelegt hatte.

Das war damals eine komplett neue Situation für mich. Ein regelrechter Hilferuf meines Vaters. Zum ersten Mal in meinem Leben! Ich war völlig überrumpelt, denn ich wurde von meinen Eltern nie gefragt oder um irgendwas gebeten. Manchmal ergab es sich im Gespräch, bei Besuchen oder am Telefon, dass ich versuchte, meine Hilfe anzubieten, worauf meine Mutter fast schon sarkastisch reagierte: »Ausgerechnet du!« Oder: »Das möchte ich erleben!« Oder auch: »Doar mach jo watt van wer'n!«

Und leider hatte sie fast jedes Mal recht behalten. Bis ich kam, war alles immer schon erledigt. Letztlich war mir das recht, höchstens murmelte ich leise etwas wie: »Wollte ich doch machen.«

Hermanns Standardantwort war dann: »Wenn wir auf dich gewartet hätten, wär das heute noch nicht fertig!«

Ich war seit Jahrzehnten regelrecht verwöhnt, was meine Mitarbeit an und in diesem Haus betrifft. Keiner der beiden erwartete irgendetwas. Das glaubte ich jedenfalls. Nun war das mit einem Schlag anders. Ich fühlte mich regelrecht berufen durch diesen Anruf meines Vaters. Nicht herbeizitiert, sondern gebeten! Ich sollte eine Tür aushängen. Immerhin. Odysseus hatte zwar größere Taten vollbracht, Sisyphos muss bis in alle Ewigkeit täglich seinen Steinblock den Berg hinaufrollen. Aber ich würde immerhin eine Tür aushängen und – nach vollbrachtem Schnitt – auch wieder einhängen. Kann man sich verdienter machen um Elternhaus und Heimatland? Und es sollte noch wundersamer werden.

Ich fuhr wie versprochen am Montag nach Minden zu meinen Eltern. Als ich um 12 Uhr ankam, nahm Ilse gerade das Essen vom Herd, der Tisch war gedeckt.

»Hol Hermann mal hoch, der rüsert unten im Keller rum«, sagte sie.

Ich ging die Treppe hinunter, vorbei an den Tapeten mit dem Muster einer Schiefermauer. Ich kannte jede Stufe. Unten sind die Wände vertäfelt. Fast alles in unserem Haus ist vertäfelt. Das Haus könnte viel mehr Volumen haben, wenn nicht überall Wände und Decken vertäfelt wären. Gut, ich übertreibe. Aber nur etwas.

Links in einem Kellerraum hat sich Hermann sein eigenes kleines Reich eingerichtet, rechts ist der Heizungskeller. An der Wand gestapelt einige Reste meines Bühnenlebens. Eigentlich müsste ich hier seit Jahren mal konsequent aussortieren. Aber die Glitzerjacken aus meinen Anfängen als Kabarettist in den Müll tun? Schließlich passen sie ja fast noch. Sie schließen vorne zwar nicht mehr und kneifen unter den Armen, aber diese Wendejacken in Silber und Gold, die mein Bühnenkollege Thomas und ich damals als »Kabarett Zappenduster« trugen, wie soll man sich je davon trennen? Ein wirklicher Fundus. Daneben türmen sich Bühnenbilder und Musikkassetten. Jahrgänge Göttinger, Kasseler und Mindener Stadtzeitungen (Stattzeitungen!), in denen ich früher Kolumnen schrieb. Man kann das fast schon ein Archiv nennen.

Der nächste Raum ist die Waschküche. Von dort geht

die Kellertür nach rechts. Sie stand offen. Ich hörte einen Staubsauger brummen, bog um die Ecke und wollte gerade laut grüßen, als ich abrupt in meiner Bewegung innehielt. Dort stand mein Vater und saugte die Spinnweben vom metallenen Kellerfenster. Was heißt: Er stand? Er schien zu schweben. Der alte Mann, der nur noch mit dem Rollator durch die Siedlung spazieren kann, stand – wie einst in seinen besten Jahren im Gebälk eines frisch gerichteten Hauses – nun mit einem Bein auf einem Schemel, der wiederum auf einem Stuhl stand, das Bein selber angewinkelt, das andere weit ausgestreckt auf einer Stehleiter so alt wie das Haus, also höchstens 20 Jahre jünger als mein Vater, aber mindestens so wackelig wie er. Es sah aus, als verpasse er seiner Leiter einen Tritt, voller Verachtung für das klapperige Gerät, deren aufdringliche Stütze, er, der Schwebende, nur mit höhnischem Lachen kommentieren konnte.

Ich hielt den Atem an und dachte: Wenn Hermann mich jetzt hört, schreckt der zusammen. Der fällt von der Leiter. Falls nicht Leiter und Schemel ihn ohnehin jeden Augenblick zu einem Spagat zwingen, der in der Luft zu Ende geturnt werden musste. Sachte und lautlos rückte ich näher, stellte mich breitbeinig hin, um Hermann im unweigerlich jeden Moment erfolgenden Fall zu fangen. Ich würde ihn im Sturz greifen und sicher zu Boden setzen. Er konnte nicht viel mehr als ein Sack Zement wiegen. Den hatten wir uns früher locker zugeworfen!

Ich hob meine Hände und ging ganz leicht in die Knie. Ich war bereit. Ich schaute auf seinen Rücken. So! Komm! Fall!, dachte ich.

Hermann saugte mit einer Akribie, als säße er an einer Intarsienarbeit. Genauestens fuhr er Rahmen, Scheibenränder und Fensterbank ab. Dann war er zufrieden, beugte sich herunter, drückte mit dem Saugrüssel auf die Ein-/Aus-Taste seines Gerätes, stieg krumm, aber elegant von Schemel und Leiter, drehte sich um, sah mich, erschrak keinesfalls, sondern fragte nur: »Wieso stehst du da so komisch rum? Und wieso hast du die Hände oben?«

Ich schaute auf meine Hände, dann auf ihn, noch mal auf meine Hände, nahm sie herunter und richtete mich auf: »Nur falls du fällst.«

»So weit kommt das noch. Ich und fallen!«, brummte er. »Wir müssen erst essen. Dann machen wir die Tür.«

»Ich sollte dich sowieso grad holen«, sagte ich.

Dann saßen wir am Tisch. Es gab dicke Bohnen mit Speck, Kartoffeln, Frikadellen, Bohnensalat.

Etwas übermütig sagte ich, mit vollem Mund kauend: »Ich dachte, das Essen müsste ich mir erst verdienen?«

»Overnimm di nich«, höhnte meine Mutter. Übernimm dich nicht. Leider hatte sie recht, gestand ich mir ein, ich hatte mich jahrelang zurückgehalten.

Wir redeten über die Nachbarn. Über Johann. Über Grubmann. Über andere. Hermann hatte den Pudding aufgegessen und schabte mit seinem Teelöffel genießerisch die letzten Reste vom Glasrand.

Ilse schaute missbilligend zu ihm herüber: »Wer sick nich satt äten kann, kann sick ock nich satt licken!«

Hermann grinste: »Ich glaub, wir gehen mal in den Keller.«

»Und wer rümt aff?«, kam es sofort von Ilse.

Ilse hat uns gut im Griff. Wir trugen das Geschirr in die Küche, dann stieg ich hinter Hermann die Treppe hinunter in den hintersten Kellerraum. Wir stellten einen Stuhl bereit, auf den das Türblatt aufgelegt werden sollte, um es absägen zu können. Angezeichnet hatte Hermann den Schnitt schon. Er stöpselte die Stichsäge in die Steckdose.

»Du oben, ich unten?«, fragte er.

»Lass mich das Ding mal alleine rausheben«, sagte ich.

Ich fasste links und rechts, und mit einem leichten Drehen hob ich die Tür aus den Angeln. In diesem Moment wurde mir klar, dass ich das ungefähr 20 Jahre lang nicht mehr gemacht hatte. Ich wohnte immer zur Miete und hatte keine Türen mehr streichen, geschweige denn einsetzen müssen. Ich drehte mich nach links und setzte die Tür ab. Es war sehr eng hier, wie in einem schmalen Gang, rechts stand die Gefriertruhe, links die nun unbrauchbare Wasserpumpe und dazwischen ich mit dem ausgehängten Türblatt.

Mein Vater kommandierte: »Kommen lassen!«

Wieder hatte ich das Bild vor Augen, wie er von der Tür erschlagen wird. Ich hielt das Blatt fest umklammert.

»Was ist?«, fragte mein Vater ungeduldig von der anderen Seite.

»Moment, ich komm mal rum«, sagte ich, stellte die Tür quer und ging zu ihm hinüber, drehte sie wieder zurück, und auf Hermanns erneutes Kommando »Kommen lassen!« gingen wir rückwärts, ließen sie herab und legten sie auf dem Stuhl ab.

Auf meiner Seite sah ich oben den Bleistiftstrich. Mir

gegenüber stand mein Vater. Hier im engen Keller war das eindeutig die falsche Seite, denn auf meiner musste gesägt werden. Dann passierte das Wunder. Wasser wurde zu Wein. Hermann griff hinter sich, nahm die Stichsäge und reichte sie mir wortlos herüber. Ich griff zu, als hätte es nie eine andere Arbeitsteilung zwischen uns beiden gegeben.

Ich schaute auf die Stichsäge in meiner Rechten. Genauso wenig, wie ich in den letzten zwanzig Jahren eine Tür ausgehoben hatte, genauso wenig hatte ich in dieser Zeit einen Schnitt mit irgendeiner Motorsäge gemacht. Und noch nie hatte Hermann mich hier im Haus selbständig einen Arbeitsgang machen lassen.

Die Stichsäge lag gut in der Hand. Ein vertrautes Gefühl. Sägen und Hämmern und all diese Dinge sind wie Fahrradfahren. Das verlernt man nicht. Ich schaute nach, welches Sägeblatt Hermann eingespannt hatte, und ließ sie einmal kurz laufen, um die Geschwindigkeit zu testen, mit der sie sich gleich ins Holz hineinfressen würde.

In diesem Moment grinste Hermann mich an und sagte: »Was ist? Mach hin! Oder hast du Angst?«

Ich sägte, wir passten ein, arbeiteten etwas nach und hängten die Tür, nachdem wir die Kloben neu gefettet hatten, wieder ein.

»Sitzt, passt, wackelt und hat Luft!«, sagte Hermann.

Wären er und ich 20 Jahre jünger gewesen, hätten wir uns abgeklatscht.

Kaum kam ich aus dem Keller nach oben, sagte Ilse zu mir: »Könnst du no watt moaken?«

»Klar kann ich noch was machen.«

54

»Kannst du den Tisch aus der Gartenbude auf den Freisitz stellen?«

»Ja, klar.«

Ich ging in die Bude, so nennen wir diesen kleinen Anbau neben der Garage, ein Raum aus Holz zum Sitzen, Feiern, Treffen. Hier wird winters gelagert, was im Sommer auf den Freisitz neben der Lärche kommt. Ein Windschutz umrahmt zwei Bänke, die draußen überwintert hatten. Ich griff mir den Tisch, der zwar nicht sehr schwer, aber extrem unhandlich war, kippte ihn um 90 Grad in die Senkrechte und trug ihn durch die Tür hinaus. Wegen der für die Türbreite zu langen Tischbeine musste ich ein bisschen jonglieren, ihn quasi »um die Ecke tragen«. Das konnten die beiden wirklich nicht mehr allein bewältigen. Ich holte gleich noch den Sonnenschirm und steckte ihn in den Betonfuß.

Ilse kam mit einer Tischdecke und sagte: »Danke.«

Ich war irgendwie perplex.

»Dafür musst du dich doch nicht bedanken, Mama.«

Sie breitete die Tischdecke aus und sagte: »Den krieg ich mit Hermann da sonst nicht raus.«

Ich war sprachlos, wollte mir das aber nicht anmerken lassen und schlenderte über den Rasen zum Feld. Ich hörte im Rapsfeld ein Fasanenmännchen rufen. Ich hatte die Hände in den Taschen, das Feld vor mir und mein Elternhaus hinter mir. Diese letzte halbe Stunde hatte mich durchgerüttelt. Mir war überhaupt nicht klar gewesen, dass meine Eltern mittlerweile so alt, so gehandicapt und auch so schwach waren, dass sie eben nicht mehr einfach einen Tisch drehen und aus der Bude heraustragen konnten, geschweige denn eine Tür aus den Angeln heben. Die hielten Haus und Hof am Laufen mit immer weniger Möglichkeiten und immer mehr Einschränkungen. Ich war jahrzehntelang nur gekommen, um mich an den gedeckten Tisch zu setzen. Was getan werden musste, hatten die beiden getan, und wenn sie es nicht alleine konnten, fand sich ein Nachbar, der mit anpackte. Nur die Söhne waren nicht vor Ort. Unerreichbar. Der eine in Finnland, der andere meistens irgendwo auf der Autobahn, unterwegs zum nächsten Auftritt. Oder mal zu Hause in Dortmund, aber garantiert nicht in Minden.

Jetzt, heute, nachdem ich Hermann im Krankenhaus besucht habe, an der Weser sitzend, erinnere ich mich, und die Erinnerung wird mir ein Rapsfeld der Erkenntnis. Ich beschneide bei ihnen im Frühjahr nicht die Bäume, ich mähe kein Gras, ich streiche weder Bude noch Bänke. Ich wechsele keine Winterreifen. Ich schiebe keinen Schnee und streue bei Eis kein Salz. Ich mache nichts, und das seit vielen Jahren. Ich bin der Gast, der jederzeit kommen darf, der verwöhnt wird. Es gibt immer ein leckeres Essen. Und Finanzspritzen zu den Geburtstagen, von denen ich nicht weiß, wie sie sich das von der kaum vorhandenen Rente auch noch absparen.

Ich bin ein mieser Sohn, denke ich. Und mit einem einfachen Radwechsel scheint es mir hier zu Hause langsam auch nicht mehr getan zu sein. Im Leben meiner Eltern scheint sich ein veritabler Motorschaden anzudeuten. Der Motorradfahrer in mir ahnt: Da ist es mit Kette spannen nicht mehr getan!

Ja, es wird Zeit, etwas zu tun! Das wird mir immer klarer. Was war, ist gewesen. Die Jahre des Nichtstuns, ohne Ver-

antwortung, sind vorbei. Ich komme zurück! Ich werde schwitzen und ackern, ich werde mich bedanken für die Schwere der Geburtswehen und den Ärger in der Pubertät, ich werde ein guter Sohn sein. Und ich werde im Wohnwagen wohnen. Wenn wir als Zimmerleute früher auswärts arbeiteten und dort übernachteten, nannten wir das »auf Montage« sein. Ich werde auf Montage sein bei meinen eigenen Eltern. Es wird herrlich werden. Ich bin sicher. Kurz bin ich wie berauscht von meiner Idee. Dann zieht eine Wolke vor die Sonne. Ist es deshalb? Ganz sicher bin ich mir in diesem Moment plötzlich doch nicht.

Nach dem Abendbrot sage ich zu meiner Mutter: »Ich geh mal rüber zu Doris. Wegen des Wohnwagens.«

»Die ist eben zu Monika gegangen.«

Auch Monika ist, wie Doris, eine junge Witwe. Sie wohnt zwei Häuser neben unserem, auf der anderen Seite neben Gräsers. Sie gehört zu den Menschen, die ich am längsten kenne. Wir lebten ab Säuglingsalter sechs Jahre lang im gleichen Mietshaus, dann bauten ihre Eltern fast zeitgleich mit uns hier auf der »Müsse«. Monika ist zwei Jahre älter als ich, lernte Friseurin und trug Mini. Vielleicht war es der Mini, der mich faszinierte, ich war jahrelang heimlich verliebt, aber allein durch den Altersunterschied ohne jede Chance. Als sie heiratete, war ich mit ihrer Schwester Kerstin zusammen Brautführer, und wir sollten versuchen, die Entführung der Braut zu verhindern, was natürlich nicht gelang, und dann mussten wir sie in den damals noch sechs Kneipen in den drei Dörfern Kutenhausen, Todtenhausen und Stemmer schnell genug wieder finden und auslösen, bevor die Stimmung auf der Hochzeit sank, was fast immer mit dem Verschwinden der Braut passierte.

Monikas Mutter Wilma öffnet. Mit 89 ist sie die Älteste in unserer Siedlung.

58

»Na, auch mal wieder im Lande?«, begrüßt sie mich.

»Ich wollte zu Monika.«

Sie grinst: »Ja, dass du nicht zu mir alter Frau willst, habe ich mir wohl gedacht.« Wilma hat, wie meine Mutter, eine herrliche Kodderschnauze.

»Aber von allen alten Frauen, Wilma, bist du immerhin die jüngste!«

Sie muss lachen: »Spar dir deine Komplimente lieber für deine Freundin!«

Von hinten aus dem Wohnzimmer ruft Monika: »Lass den Mann durch, Mutter. Der hat bestimmt Durst!«

Wilma ruft zurück: »Glaubst du, den halte ich auf? Der ist mir zu jung!«

Dann sitze ich mit Doris und Monika am Tisch.

»Bier?«

»Nee, danke. Muss noch Auto fahren. Ich wollte nur mal nach Hermann gucken.«

»Wie geht es ihm denn?«

»Er stöhnt, aber er hält sich senkrecht.«

»So isser«, sagt Monika.

»Der Arme. So was sind ja Schmerzen. Und wie geht es Ilse?«, fragt Doris.

»Och, hält sich auch. Und kennt kein Mitleid.«

Monika prustet: »Typisch Ilse!«

Doris fragt: »Und du willst heute noch weiter?«

»Ich muss morgen irgendwo hinter Bonn spielen. Da fahre ich lieber heute noch bis Dortmund.«

Doris sagt: »Du bist aber auch nur unterwegs. Du solltest dir einen Caravan kaufen. Dann kannst du wenigstens überall schlafen.«

»Caravan ist eigentlich ein ganz schönes Stichwort«, sage ich. »Doris, ich hab mir überlegt, wegen Hermann jetzt und überhaupt, dass ich mal für ein paar Wochen nach Hause komme. Ich habe gedacht, ich stelle mir einen Wohnwagen in den Garten. Und ich wollte nur mal fragen, ob du vielleicht ...«

Doris fällt mir ins Wort: »Ja, hat Ilse schon erzählt!«

Ich bin perplex. Mir hatte sie dreimal erzählt, Doris werde den Wohnwagen garantiert nicht verleihen. »Hat sie schon?«

Doris nickt: »Ja, und ich hatte ihr schon gesagt, ich würde das wohl machen.«

Nun bin ich doppelt erstaunt, über beide Frauen: »Ilse sagte, du verleihst den nicht.«

»Ja, das stimmt. Aber ich habe mir das überlegt. Mit dir, das wär ja anders. Also, wenn du nicht Hunderte Kilometer damit irgendwohin fährst.«

»Ich hab sogar Schiss, auch nur 100 Meter mit so einem Teil zu fahren!«

Doris lacht: »Nur zu euch rüber? Das würde ich machen. Ich kann dir den auch rangieren. Der hat einen Mover.«

»Mover?«

»So ein Rollensystem mit Fernbedienung.«

Ich sitze plötzlich sehr, sehr glücklich im Sessel und kann es kaum fassen: »Echt?«

»Ja klar. Und Monika und ich – also, ich hab ihr das eben erzählt, durfte ich doch, oder?«

Ich nicke: »Klar!«

Doris fährt grinsend fort: »Wir haben beide schon total

gelacht bei dem Gedanken, was die Nachbarn dann wohl sagen.«

Monika schnappt regelrecht nach Luft: »Stell dir mal vor, wie Gräsers dann schauen, wenn du da einen Wohnwagen hinstellst.«

Doris lacht: »Da kommt aber Leben hinter die Gardine!«

Ich kann es nicht glauben: »Die stehen doch nicht hinter der Gardine!«

Monika sagt nur: »Wart's ab!«

Und dann kommt die Frage, die man hier bei uns auf dem Lande immer stellt: »Doris, was willst du dafür haben? Oder soll ich das lieber fragen, wenn Monika nicht mit am Tisch sitzt.«

»Quatsch, wir sind doch Freundinnen. Das würde ich ihr sowieso erzählen. Ich will da nichts für haben. Ob der Wohnwagen bei mir auf dem Hof steht oder bei euch, das ist doch egal. Du kannst den wirklich gerne haben.«

Ich denke: Unfassbar, dass mein spontaner Plan so schnell und leicht Wirklichkeit wird. Und dann hat Ilse mir den Wohnwagen quasi auch noch organisiert.

Ich sage: »Da musst du doch was für nehmen.«

»Nee, ich hab mir das überlegt. Das hätte Hans-Jürgen auch nicht gewollt. Monika und ich freuen uns, wenn wir dann alle ab und zu mal zusammen im Garten sitzen kön-nen. Das wird ein schöner Sommer. Wann willst du eigent-lich kommen?«

»In fünf Wochen etwa?«

»Von mir aus.«

Ich schaue in meinem Handy nach dem Kalender: »Am 1. Juni? Ist ein Mittwoch.«

»Ich bin da.«

»Abends um sechs?«

Doris holt ihr Handy raus: »Schreib ich mir auf. Mittwoch, 1. Juni, 18 Uhr.«

Monika ruft Richtung Küche: »Mutter, kommst du mal mit dem Pflümli und vier Gläsern? Wir haben was zum Anstoßen!«

Wilma ruft: »Heiratest du, Bernd?«

Ich rufe zurück: »Schlimmer!«

Dann kommt Wilma mit einem Tablett, darauf vier Likörgläser und Pflümli, Pflaumenschnaps.

»Was ist den schlimmer als heiraten?«, fragt sie.

»Ich ziehe zurück zu meinen Eltern. Jedenfalls für ein paar Wochen.«

Wilma fragt mit großen Augen: »Zu uns in die Buchfinkstraße?«

Ich nicke.

Wilma sagt: »Dann brauche ich einen Doppelten!«

Monika lacht und stößt mit ihr an: »Mutter, du hast doch nur einen Grund für einen Doppelten gesucht.«

Wilma grinst: »Aber das weiß Bernd doch nicht!«

I Like To Move It

Mittwoch, 1. Juni. Heute ist der Tag der Tage. Ich fühle mich eigenartig. Eine seltsame Mischung aus Euphorie und »Schiss inne Böcksen«. Mein selbstgewähltes Exil beginnt. Ich gehe in Dortmund noch mal durch alle Räume meiner Wohnung. Eine Kiste mit überlebenswichtigen Büchern ist gefüllt und im Auto verstaut. Am liebsten würde ich noch einige der Bilder abhängen und mitnehmen, aber der Wohnwagen hat zu wenig Wandfläche zum Hängen. Mein Koffer ist gepackt. Die Sporttasche auch. Gute Vorsätze sind also gefaltet und ebenso an Bord. Das Handykabel. Vorsichtshalber zwei. Eine Regenjacke. Meine uralte Zimmermannshose, ich fahre schließlich zum Arbeiten. Nicht Summer in the City, sondern Sommer in Kutenhausen.

Das kann ja was werden! Ich will jede Woche einmal nach Dortmund zurück, für eine Nacht, um nach der Post zu sehen. Ansonsten werde ich durchhalten. So lautet an diesem Morgen mein Plan. Alles wird gut, sage ich mir in einer Mischung aus Mantra und Selbstsuggestion. Ich werde mich bedanken dafür, dass ich von meinen Eltern gezeugt und großgezogen worden bin.

Ich biege auf die B1 Richtung Kreuz Dortmund/Unna und schaue aufs Navi. 157 Kilometer auf der A2. Die einsamsten 157 Kilometer meines Lebens. Ich vermisse-

Dortmund schon am Kamener Kreuz, die Freunde, meine Stammkneipe, die »Porreebar«, meine Stammbuchhandlung »Anton Reiser«, meine Lieblingseisdiele »Cream« direkt gegenüber. Ich vermisse die Freunde, Sylvia und Ganter, mit denen wir uns oft in der Dienstags-Kneipe treffen, einer Kneipe, die wirklich nur dienstags auf hat. Genauso Freund und Kollege Fritz, mit dem ich oft montags in »Jungs-Filme« gehe und dann auf ein Bier zur »Session« ins Domizil, wo wir jedes Mal Wim treffen, den grandiosen Saxophonisten. Ulla, inzwischen seine Frau, kannte ich hier fast als Erste, sie nahm mich bedingungslos in ihren Freundeskreis auf und zeigte mir Kultur und Kneipen. Ich sitze in meinem Auto und denke darüber nach, wie sehr mir Dortmund in diesen wenigen Jahren Heimat geworden ist. Nun reise ich in meine alte, meine erste Heimat.

Ankunft Kutenhausen. Ich parke den Wagen rechts neben der riesigen Blautanne. Links an ihr vorbei müssen wir gleich mit dem Wohnwagen rangieren. Der Regen hat seit heute Morgen nicht nachgelassen. Es pladdert unaufhörlich. Ich steige aus und ziehe den Kopf ein. Ich sehe, dass hinten an unserer Gartenbude die Regenrinne überläuft.

Muss ich dann wohl mal saubermachen, überlege ich und habe damit schon meinen ersten Arbeitseinsatz geplant, bevor ich das Haus betrete. Dann stehe ich vor der Eingangstür, hole tief Luft und klingele. Ich fühle mich beinah wie sonst hinter der Bühne, wenn gleich der Vorhang aufgeht und ich nie weiß, was mich erwartet. Hier auch nicht. Ich habe tatsächlich Lampenfieber. Niemand kommt. Ich klingele ein zweites Mal. Trotz der Klingeltonverstärkung innen und dem zusätzlichen Lichtsignalgeber kann das erste Läuten an meinen beiden hörgeschädigten Eltern schon mal vorüberrauschen. Dann sehe ich einen Schatten hinter der verglasten Tür. Der Schlüssel dreht sich. Hier wird auch tagsüber die Tür verschlossen gehalten.

Meine Mutter öffnet, betrachtet mich kritisch und sagt: »Hoffentlich muss ich nicht in die Kur, wenn du wieder nach Hause fährst!«

Keine untypische Begrüßung meiner Mutter für ihren Sohn.

»Moin Mama!«

»Moin!«, sagt sie.

Wir umarmen uns. Ihr Hörgerät fiept, als ich meinen Kopf seitlich an ihren drücke. Eine Rückkopplung!

»Und?«, frage ich.

»Muss ja!«

Dann schaut sie mich an: »Willst du das tatsächlich machen?«

Ich stutze. Eine Frage wie auf dem Standesamt. Ja, ich will. Natürlich! Eigentlich ein völlig verrücktes Vorhaben. Zu meinen Eltern ziehen, fast einen ganzen Sommer lang. Ich bin inzwischen fest entschlossen. Alle zwischenzeitlichen Zweifel sind verflogen. Alle Bedenken weggewischt. Gleich werde ich den Wohnwagen aufstellen und die nächsten Wochen fast komplett bei meinen Eltern verbringen, mit Ausnahme meiner geplanten Postkutschenfahrten, kurzen Abstechern in meine geliebte Dortmunder Bärenhöhle.

Ilse verschränkt die Arme: »Das ist doch Unsinn!«

»Warum denn, Mama? Und außerdem ist es jetzt zu spät. Es ist alles geplant.«

»Und das Wetter?«

»Was ist damit?«

»Es regnet. In Strömen!«

»Ja, und?«

»Das Gras ist doch viel zu nass, um einen Wohnwagen aufzustellen.«

»Wieso? Der wiegt doch nix. Das klappt schon.«

»Mach, was du willst. Aber damit das klar ist: Wegen uns musst du das nicht tun!«

Aha. Für Vater und Mutter muss ich das also nicht machen. Weshalb dann? Mir wird klar: Von dieser Seite habe ich das noch gar nicht betrachtet. Warum komme ich denn? Der Grund sind die zwei, ganz klar. Und Hermann im Besonderen. Das alles mache ich hier doch nicht wegen mir. Oder?

Ich schaue durch die verglaste Küchentür in den Garten. Ein paar Spatzen fliegen auf. Herrlicher Empfang, denke ich und zitiere ihren Satz noch mal: »Hoffentlich muss ich nicht in die Kur, wenn du wieder abreist!«

Vielleicht ist das, was ich hier vorhabe, ja vollkommener Blödsinn. Wahrscheinlich wartet hier tatsächlich niemand auf mich. Und wenn die Rippen wieder richtig zusammengewachsen sind, bin ich sowieso überflüssig. Hermanns Sturz liegt schon fast fünf Wochen zurück. Da sollte das Gröbste überstanden und das meiste verheilt sein.

Ilse holt mich aus meinen Gedanken: »Kaffee ist fertig!«

Es ist wie immer. Der Kuchen steht auf dem Tisch. Der Kaffee ist durchgelaufen. Melitta-Kaffee im Melitta-Kaffeefilter in der Melitta-Kaffeemaschine. Minden ist Melitta-Town, die Konzernzentrale sitzt hier und trägt den Namen

66

der Stadt in die Welt. Selbst in der kanadischen Zentralarktis habe ich im Supermarkt Melitta-Kaffeefilter gefunden mit dem Stempel: Produced in Minden / Westfalen. Als Kinder wurden wir groß mit dem Reim: »Willst du Schwangerschaft verhüten, nimm Melitta Filtertüten.« Die Filtertüten kannten wir da schon, was Schwangerschaft war, hatte uns noch keiner erklärt, trotzdem plärrten wir den Satz zu jeder Gelegenheit. In ihm schien so etwas wunderbar Verbotenes zu liegen. Heute erklärt er vielleicht die hohen Geburtenraten in Ostwestfalen.

Hermann ist knurrig, weil ihm die Rippen immer noch weh tun, sobald er sich bewegt, lacht oder hustet. Da ändern auch die fünf Wochen Heilungsprozess nichts.

»Wie willst du das gleich hinkriegen da draußen?«, fragt Hermann. »Ich kann da nämlich nicht mit anpacken.«

»Papa, ich stelle nur einen Wohnwagen auf den Rasen! Da muss keiner anpacken. Und du schon gar nicht.«

»Aha!«

»Ich werde doch wohl noch einen Wohnwagen bei uns in den Garten kriegen!«

»Das werden wir ja sehen!«, verkündet der Verletzte unheilvoll.

Ilse sagt: »Doris hätt vertellt, ütt hätt, wie heitete datt Dingen?«

»Mover. Das ist Englisch und heißt Beweger.«

»Ich kann kein Englisch«, sagt Ilse.

»Trotzdem hast du zwei Söhnen die Englischvokabeln abgehört! Und Latein und Französisch.«

Ilse ignoriert mein Lob und wiederholt stattdessen das Wort: »Mover. Na ja.«

»Wie funktioniert der denn?«, fragt Hermann.

Ilse erklärt: »Damit fährt Doris den Wagen ganz allein. Sie hat 'ne Fernbedienung.«

Ich erkläre meinem Vater die Technik mehr schlecht als recht: »Da fassen zwei Rollen von rechts und links wie Zangen um den Reifen und treiben den an. Mit einem kleinen Motor. Deshalb hängt bei Doris der Wagen auch immer am Strom.«

»Un datt klappet?«, fragt er.

»Was soll da denn nicht klappen, Papa?«, frage ich leicht genervt.

Ich ermahne mich selber. Ich bin hier zum Helfen, und wenn Hermann nun leidet, weil er nichts tun kann, nachdem er Jahrzehnte alles, wirklich alles in Garten und Haus gemacht hat – außer natürlich dem, was Ilse hier geschuftet hat –, da sollte ich nicht beleidigt reagieren.

»Ich bin schon groß«, versuche ich, das Gespräch ins Witzige zu ziehen.

»Sehr groß bist du aber nicht geworden«, grinst Hermann.

»Vielleicht haben sich meine Eltern nicht genug Mühe gegeben«, sage ich und trinke meinen Kaffee aus. »Ich geh mal zu Doris rüber.«

Doris hat schon ihre Gummistiefel an: »Also, ich hab mir überlegt, ich ziehe den Wohnwagen mit meinem Auto bis an das Grundstück, und dann fahre ich den mit dem Mover aufs Gras. Ich hab doch Allrad. Damit würde ich euch sonst den ganzen Rasen kaputt machen.«

»Du bist Chefin!«

»Okay. Wollen wir?«

»Jau!«

Wir hängen den Wohnwagen an Doris' Wagen. Sicher und routiniert rollt sie mit diesem Trumm vor unser Grundstück. Dort koppeln wir mein künftiges Domizil wieder ab, alles im strömenden Regen. Wir kurbeln die Zangenkonstruktion des Movers ans Rad. Doris nimmt die Fernbedienung. Langsam, schildkrötengleich kriecht der Wohnwagen in leichter Kurve auf den Rasen.

»Läuft aber schwer«, kommentiert Doris.

In diesem Moment bleibt er auch schon stehen. Das rechte Rad ist leicht eingesackt. Ilse steht mit dem Regenschirm neben uns. Hermann sitzt geschützt in der Tür unserer Gartenbude auf seinem Rollator. Er zeigt mit dem Finger in die Richtung, in die wir rangieren müssen. Der Wohnwagen steckt fest. Der Mover-Motor brummt, aber nichts bewegt sich.

»Er schafft es nicht«, konstatiert Doris.

»Schieben!«, kommandiert Ilse.

Und tatsächlich kriegen wir das Fahrzeug zurückbewegt und aus der kleinen Kuhle geschoben. Doris setzt erneut an und dirigiert das Gefährt langsam um das Loch im Rasen herum. Der Wohnwagen steht jetzt komplett auf dem Grundstück, etwa drei Meter von der Straße entfernt, aber immer noch nicht parallel zum Wohnhaus. Noch eine kleine Kurskorrektur, und dann müssen wir etwa zehn Meter geradeaus fahren, an der Blautanne vorbei bis zum endgültigen Standplatz vor den Stachelbeerbüschen.

Unsere »Stechfichte« streift aggressiv mit ihren spitz benadelten Zweigen den vorübergleitenden Wohnwagen, als wollte sie einen ungebetenen Eindringling zurückdrängen. Deutlich hören wir das Schrappen der Nadeln auf dem Lack und an den Plastikfenstern.

»Schneid das ab!«, ruft Hermann mir zu.

»Sitzt wieder fest«, ruft Doris.

»Moment!« Ich hole die Baumschere und schneide ein paar Zweige und einen überhängenden Ast herunter.

Dann rütteln, schieben und ziehen Ilse, Doris und ich in alle Richtungen am Wohnwagen. Wir rutschen auf dem nassen Rasen aus. Nichts geht. Ich hole meinen Volvo Kombi und hänge ihn vor den Wohnwagen. Ich wende alle Tricks an, die ich je gelernt habe, vor- und rückwärts schaukeln, Kupplung langsam kommen lassen, wenig Gas geben, viel Gas geben. Meine Räder drehen durch, immer wieder, und Ilse bekommt einen Teil des Rasens an ihre Hose geschleudert.

»Danke schön!«, sagt sie.

Es hat keinen Zweck, nicht bei dieser Nässe. Ich koppele den Wohnwagen ab, wende und fahre den Wagen wieder auf die Straße. Ich steige aus und beschaue mir Teufels Werk und Beitrag. Dieses Rasenstück war in meiner Kindheit ein Obst- und Gemüsegarten, und wir haben dort gepflanzt und geerntet. Seit mindestens 20 Jahren ist es »eingesät«. Tipptopp gepflegt. Bis vor zwei Minuten. Nun sind hier breite Spuren in den Boden gefräst, fast hätte ich nicht mal mehr meinen eigenen Wagen herausbekommen. Die Grünfläche sieht übel aus. Ich schiele zu Hermann herüber. Er hat die Hände verschränkt und hält den Kopf schief.

Leise wiederholt er meine Worte: »Ja, was soll da nicht klappen?«

Ilse holt Hilfe, zwei weitere Nachbarn, Vater und Sohn, Hans und René. Starke Kerle. Im Gefolge kommt auch deren Senior und Freund meines Vaters, Johann. Wir schieben, drücken und ziehen zu viert, zu fünft, zu sechst. An diesem Tag bleibt jedes Manöver erfolglos.

Das Gefährt steht schräg auf dem Grundstück, alles andere als vernünftig ausgerichtet, gerade mit Blick auf das ästhetische Empfinden von Zimmermann Hermann und seiner leitenden Gartenarchitektin, meiner Mutter. Für die zwei ist der rechte Winkel neben dem jeweiligen Verwandtschaftsgrad die wichtigste Konstante im Leben. Es tut ihnen – und auch mir – regelrecht körperlich weh, das Fahrzeug so stehen zu sehen. Das ist aber nicht alles. Leider steht er auch noch schief. Wir versuchen genauso vergeblich, das Gefährt in die Waagrechte zu bringen. Es lässt sich weder hinten anheben noch vorne absenken. Die Räder stecken schon zu tief im Boden. Es sitzt auf. Ich muss an eine Boa constrictor denken, die sich den Kiefer ausrenken kann, um große Beutetiere im Ganzen zu schlucken. Hier scheint der durchweichte Boden nach meinem Wohnwagen zu schnappen!

Ilse schaut auf das doppelt schiefe Gefährt. Sie sagt: »Du kannst ja heute Nacht im Haus schlafen.«

Hermann verkneift sich freundlicherweise sein: »Hab ich ja gleich gesagt!«

Unsere Nachbarn stehen im Regen.

Dann sagt Hans zu mir: »Was willst du eigentlich mit dem Wohnwagen?«

»Ich, ich wollte, also ich will, ich meine … ich bleibe ein paar Wochen hier.«

Hans stutzt: »Hier?«

»Im Wohnwagen. Ja.«

Johann, Hans und René schauen mich fragend an.

Ich antworte: »Ich werde ein bisschen helfen.«

Hans sagt: »Du?«

Seine Augenbrauen rucken hoch. Man weiß hier in der Siedlung zwar, dass es mich gibt, aber ich bin vor 35 Jahren ausgezogen und habe seitdem kaum eine Nacht in diesem Haus zugebracht. Ich halte meine Besuche kurz, und den Nachbarn begegne ich in der Regel gar nicht. Nun nicken alle drei. Schweigend. Dem Ostwestfalen kann man vieles nachsagen, und fast alles ist positiv, vor allem, dass er so wenig spricht. Gerade jetzt freue ich mich über jeden Kommentar, der nicht ausgesprochen wird. Alle drei nicken, als sei es das Selbstverständlichste von der Welt, dass ich nun für einige Wochen in einem schief und schräg stehenden Wohnwagen wohnen werde. Ich selbst tröste mich mit dem Gedanken, dass ich mir so das Kopfkissen sparen kann.

Rider On The Storm

Ich habe bisher nur ein einziges Mal in meinem Leben in einem Wohnwagen geschlafen. Die Eltern meiner Freundin hatten einen auf Fehmarn stehen. Sie war 17, ich war 19 und fuhr einen klapprigen VW Käfer, den nur noch die Aufkleber zusammenhielten. Ich besuchte sie heimlich, als ihre Eltern einmal nicht da waren, schlich mich nachts auf den Campingplatz und vor Morgengrauen wieder davon. Es war wunderbar aufregend, ist Jahrzehnte her, und ich erinnere mich mehr an das seltsame Vorzelt als an den Wohnwagen selbst. Aus Angst, erwischt zu werden, machten wir kein Licht an und verbrachten die Nacht mit dem Strahl einer kleinen Taschenlampe. Wie es drinnen aussah, hatte ich in dieser Nacht gar nicht gesehen.

Nun steht dieses riesige Gefährt in unserem Garten. Und es braucht Strom! Zum Garten hin liegt an unserer Garage der Abstellraum mit den Gartenwerkzeugen. Ich kippe das Fenster und führe von dort ein Verlängerungskabel zum Haus, vorn an der Treppe zur Küche vorbei, dann über den Rasen quer durch den Garten. Es gibt ab jetzt mehrere Stellen, die zu Stolperfallen werden können, weil man über das Kabel steigen muss. Für Hermann und Ilse, die täglich den Kabelweg vielfach kreuzen, ist das nicht ungefährlich. Jetzt wünsche ich mir vor allem, dass keiner der beiden

dort stürzt. Dann hätte ich das genaue Gegenteil von dem erreicht, was ich hier eigentlich will. Statt zu helfen, schaffe ich Gefahrenquellen! Ganz wohl ist mir nicht, aber einen anderen Weg finden wir auch nach eingehender Beratung nicht für meine Stromversorgung.

Dann sind die Anschlüsse miteinander verbunden, und es wird Licht in meinem künftigen Schloss auf Rädern. Doris öffnet die Tür und lässt mich ein in ihr Reich, in dem ab heute ich residiere. Sie weist mich in die Wunderwerke der Wohnwagenkonstruktionskunst ein. Das ist Klappkompetenz auf engstem Raum. Falzkunst und Faltkunst! Manches hier drin grenzt an Origami. Alles immer mit Sicherheitsarretierungen. Links eine Sitzecke mit Tisch, Doris zeigt mir, wie man die Tischplatte tiefer stellen und eine weitere Schlaffläche schaffen kann. In der Mitte des Wagens das Kochfeld mit dem Kühlschrank drunter, gegenüber die Toilette. Überall sind Klappen, Schränkchen, Öffnungen. Stauraum, für den ich gar nicht genug Sachen aus Dortmund mitgebracht habe. Hoffentlich nimmt mir der Wagen nicht übel, das so vieles leer bleiben wird. Im hinteren Teil, mit Fenstern rundum, rechts und links des Mittelgangs zwei Schlafkojen. Die rechte ist komplett bezogen, darauf liegen ein Kopfkissen und eine Bettdecke in Himmelblau.

Für Jungs, denke ich und sage: »Doris! Du hast das doch wohl nicht für mich bezogen? Ich habe selber Bettzeug mit.«

»Das war Ilse, sie hat vor zwei Tagen das Bettzeug schon fertig rübergebracht und hier reingelegt. Das lässt sie sich doch nicht nehmen.«

Für die Toilette gibt es eine Sonderregelung, aber ich winke ab, ich werde unsere Außentoilette am Haus benutzen.

Dann kommt der große Moment: die feierliche Schlüsselübergabe. Ich hatte mich auf diesen Augenblick vorbereitet. Im Keller meiner Eltern steht ein zweiter Kühlschrank, den habe ich bei meinem letzten Kurzbesuch vor drei Wochen quasi beschlagnahmt und mit Sekt, Weißwein und Bier befüllt. Meine Mutter war etwas entsetzt, aber ich weiß, dass bei jeder Form von Umzug das Wichtigste die Verpflegungsgruppe ist, und spätestens am Abend sind da Getränke gefordert.

Wir sitzen zu viert bei meinen Eltern im Wohnzimmer und stoßen an.

Ilse sagt: »Eigentlich müssten wir dafür ja im Wohnwagen sitzen!«

Ich sage: »Ich habe den noch gar nicht richtig bezogen. Außerdem – wollt ihr durch den Regen raus? Es stürmt sogar schon ein bisschen.«

Ilse nickt wieder: »Kannst auch bei uns im Haus übernachten!«

»Dafür haben wir den nicht hingestellt.«

Stunden später. Ich gehe mit Regenjacke und Gummistiefeln um den Wagen herum, getreu dem Motto von Konfusion, die Dinge von allen Seiten zu betrachten. Meine Kemenate steht keine zehn Meter Luftlinie von meinem Elternhaus entfernt. Dann setze ich mich an den Tisch. Meine erste Nacht im Wohnwagen. Es ist drei Minuten nach Mitternacht. Plötzlich schießt mir ein Gedanke durch den Kopf. Die Welt in dieser Nacht scheint irgendwie mystisch. Und

ich bin sicher: Gleich fliegen die ortsansässigen Hexen los auf ihren Besen. Sie werden an meinem Caravan rütteln, und Nachbar Baumann wird um ihn herumschleichen, denn der geistert, wie mir meine Eltern erzählten, immer um Mitternacht durch die Siedlung, und dieses plötzlich aus dem Nichts aufgetauchte, erleuchtete Objekt wird sich Mister Neugier auf keinen Fall entgehen lassen. Es ist Anfang Juni, und ich fühle mich wie sonst nur zu Halloween. Ich rechne jeden Augenblick mit einer Fratze hinter meiner Wohnwagengardine.

Dann gehe ich zu meiner Koje und spüre es, das hat man als Zimmermann in sich, Lot und Waage, den doppelten Schiefstand! Das ist nicht nur Augenmaß, das steckt auch im Blut und in den Füßen, wäre hier aber auch für den Amateur mit bloßem Auge zu erkennen: Ich werde schief schlafen, da mein Wohnwagen schief steht. Nicht mal nach zwei Flaschen Wein habe ich mich jemals so in Schieflage gefühlt. Ich lege mich ins Bett, den Kopf ans obere Ende dieser Steigung, meine Füße zu Füßen des Gefälles.

Von fern brummeln Gewitter. Aus ganz Deutschland zeigt das Fernsehen seit Tagen Horrorbilder von reißenden Bächen, fortgespülten Häusern, und auch mein kleiner Wohnwagen im Ostwestfälischen wird sicher in dieser Nacht ein Opfer der Klimakatastrophe, von El Niño und dem aktuellen Tief Elvira. Ein Name wie aus der Nachbarschaft. Wahrscheinlich nach einer der ortsansässigen Hexen benannt, die jetzt, es ist mittlerweile fünf Minuten nach Mitternacht, über den Baumwipfeln und Giebeln auf ihren Reisigbesen reiten. Vermutlich fliegt auch meine Mutter mit in diesem Tross. Warum sollte sie sonst morgens immer so müde sein? Es gibt Dinge zwischen Himmel und Erde, zwischen Porta Westfalica und Kutenhausen, die ahnt man als Durchschnittsmann nicht einmal. Man hat gerade als Sohn keine Vorstellung von den wahren Fähigkeiten der eigenen Mutter.

Der Wind pfeift. Ich summe: »Riders on the storm, into this house we're born, into this world we're thrown.« Genau. Ich bin auch in dieses Haus geboren, in diese Welt geschleudert – ich bin ein Rider on the Storm! Jetzt muss ich lachen, der Wind macht eine kurze Pause, und ich höre draußen, ganz profan – Frösche quaken. Mitten in der Nacht! Mitten in der Stadt. Halt, das muss ich korrigieren. *Ich* wohne in der Stadt, mitten in Dortmund. Hier ist Land. Dorf. Ostwestfalen. Kutenhausen. Bei Minden. Hier gibt es natürlich Frösche und sonstiges Getier. Ich liege wach und lasse den Tag an mir vorüberziehen, diesen Tag und die Wochen, die zu diesem Tag führten. Hierher in mein Heimatdorf, in dem ich nie wieder wohnen wollte, nachdem ich erst einmal fortgezogen war. Das war mir aber so was von klar! Und nun bin ich doch wieder hier.

Der Sturm frischt auf. Der Wohnwagen wackelt nicht, denn er ist längst bis zu den Achsen eingesunken. Die gesamte Bodenfläche scheint aufzuliegen. Mein Caravan kauert im Rasen wie der Hase in der Furche. Nur dass mein Gefährt nicht aufspringen und davonhoppeln kann. Schon wieder höre ich Frösche! Also hat der Wind nachgelassen. Ich würde gerne trinken. Viel trinken. Hochprozentigen Alkohol. Aber ich will im Wohnwagen nicht die Toilette aktivieren, und in dieses Wetter möchte ich nicht hinausmüssen, um zu müssen.

Zum zweiten Mal an diesem Tag sehne ich mich nach Dortmund. Ich wohne noch nicht lang genug dort, um mich schon jemals danach gesehnt zu haben, aber nun ist der Moment erreicht. Dort habe ich eine Höhle. Sie ist meist nicht aufgeräumt, darum habe ich sie oft für mich. Es hängen Bilder an der Wand. Hier im Wohnwagen wartet nur die Fratze von Nachbar Baumann hinter der Gardine. Keine zehn Meter von hier schlafen meine Eltern. Ich kann nicht schlafen. Ich liege wach, und mein Kopf diktiert mir Gedanken. Wenn ich wenigstens Alkohol trinken könnte! Aber da sei der Toilettengang vor!

Ich liege, den Kopf hoch, die Füße tief, habe das Licht ausgestellt, um nicht doch noch besagten Nachbarn an mein Fenster zu locken. Meine erste Nacht. Mir kommt ein lateinischer Begriff in den Kopf. Jus primae noctis. Das Recht der ersten Nacht. Das Recht der Feudalherren früherer Jahrhunderte, die Hochzeitsnacht mit den Bräuten, den Mägden zu verbringen, die ihnen unterstanden. Ob irgendeine der Hexen hoch oben in der Luft an solch einem Jus mit mir interessiert sein könnte? Was ist überhaupt aus meinen Jugendfreundinnen geworden? Wir küssten uns stundenlang in unseren Jungendzimmern und unterbrachen die Küsse nur, um die Leonard-Cohen-Platte umzudrehen. Küssen die immer noch so leidenschaftlich? Und wen? Damals war ich ein Jugendlicher mit gelocktem Haupt. Nun bin ich ein älterer Herr, immer noch in T-Shirt und Lederjacke, aber ohne Haar, dafür mit Plauze. Diese zauberhaften Hexen meiner Jugend, was ist aus ihnen geworden, und wie viel mögen sie wohl wiegen? Mit solchen Gedanken schaukelt mich der Wind sanft in den Schlaf.

Der Weckruf des Fasans

»Eeeh-Eh!«

Pause.

»Eeeh-Eh!«

Pause.

»Eeeh-Eh!«

Ein seltsames lautes Rufen weckt mich.

»Eeeh-Eh!«

»Quook!«

»Eeeh-Eh!«

Ich drehe mich auf den Bauch und hebe, noch verschlafen, die Gardine an der Stirnseite meines Wohnwagens an.

»Eeeh-Eh!«

Ein Fasan. Aber was für einer! Ein Männchen mit rotbunt schimmerndem Gefieder, zum Bauch hin gelbviolett. Der Kopf blaugrün, zum Körper weiß abgesetzt, das Auge rot umrandet. Phasianus colchicus. Meine Eltern hatten schon von ihm erzählt. »Verscheuch den bloß nicht!«, hatte Ilse gesagt.

»Eeeh-Eh!«

Die Fasane zählen hier mittlerweile mindestens so viel wie die Söhne. Kein Wunder. Sie kommen regelmäßiger und bleiben länger. Bei uns sind sie zuverlässiger als Erst- und Zweitgeborener zusammen.

»Eeeh-Eh!«

Ich schaue mir das stolze Tier an. Er klingt fast schon autoritär. Ein Fasan als Platzhirsch! Ganz klar, er will sein Revier neu abstecken, denn hier im Wohnwagen sitzt ein neuer Hahn. Oder hat er in diesem Frühling keine Henne abbekommen? Ruft er weiter nach den Weibchen? Ist es Frust, den er der Welt entgegenkräht?

»Eeeh-Eh!«

Letztes Jahr hat er sich tatsächlich, als Treibjagd war, bei uns im Garten vor den Jägern versteckt. Meine Mutter hat mir das feixend – wegen der Jäger – und glücklich über das pfiffige Tier erzählt. Klug und clever. Er hat sich von meinen Eltern quasi adoptieren lassen und hat nun eine neue Familie, wir Jungs einen dritten Bruder. Dieser Phasianus colchicus hier ist also kein tumber Schönling. Trotzdem, wie er da steht, mitten auf dem Rasen, sich nun putzt, den Kopf immer wieder vorstreckt, mit dem Schnabel links und rechts am Hals die Federn zurechtrückt, wie er in tausend Schattierungen glänzt – Eitelkeit hat einen Namen. Aber ich muss zugeben, ein schöner Kerl. Kurz geht mir durch den Kopf: Wäre sicher auch sehr lecker.

»Eeeh-Eh!!«, beschwert er sich prompt.

Kann er Gedanken lesen? Ist er ein schamanistisches Wesen? Meine eigentlich so erdverbundenen Eltern scheinen mir ohnehin mit diversen Naturgeistern in Verbindung zu stehen, so wie hier alles grünt und die Tierwelt sich in unserem Garten ein Stelldichein gibt. Auch Rückzugsorte für Trolle, Feen und Elfen finden sich rundum. Jedenfalls glaube ich das heimlich und unausgesprochen. Von unseren Nordland-Reisen sind sicher ein paar in unseren ostwestfälischen Süden mitgekommen und haben mit den hiesigen Ortsgeistern Freundschaft geschlossen. Wir reden nie über so etwas, aber ich bin sicher, dass es bei uns mehr gibt zwischen Himmel und Mutterboden, als man auf den ersten Blick sehen kann. Die Mitgliedschaft meiner Eltern in der evangelischen Kirche ist wahrscheinlich nur ein Zugeständnis an die Dorfgemeinschaft.

An der Wand unserer Bude im Garten hängt der Hexenbesen. Und er sieht gebraucht aus. Die Hexen sind übrigens hilfreich und zauberhaft, wenn nicht sogar erotisch, garstig nur, wenn man sie reizt, aber nie hässlich und böse, wie sie mancher Volksglauben darzustellen versucht.

»Eeeh-Eh!«

Ich suche meine Siebensachen zusammen, öffne die Tür und trete vorsichtig hinaus.

»Eeeh-Eh!«

Leise sage ich zu ihm: »Ja, ich weiß! Ich bin nur zu Besuch hier. Ich werde dir dein Reich nicht streitig machen.«

Es ist kurz vor acht. Ich gehe ins Haus. In der Dusche warten zwei Handtücher auf mich. In der Küche stehen auf einem Tablett Brot, ein Teller mit Aufschnitt, Kaffee, Tomaten, Marmelade und Butter. Kein Vier-Sterne-Haus kann Frühstück schöner anrichten. Nur – meine Eltern saßen wohl schon vor Stunden hier am Tisch. Mein Vater steht am Fenster und schaut nach dem Fasan.

»Eeeh-Eh!«

Dann plötzlich wieder: »Quook.«

»Was ist das denn, Hermann?«

»Die Frösche, bei Doris im Teich.«

»Wo ist Ilse?«

81

»Die ist deine Zeitungen holen.«

Bitte? Ich hatte mir das so schön ausgedacht. Ganz anders als in Dortmund wollte ich hier früh am Morgen losradeln, zwischen den Feldern entlang, durch ein Meer roter Klatschmohnblüten zum »Buchbinder«, so heißt hier seit Jahrzehnten der Zeitungs- und Schreibwarenladen mit Lottoannahmestelle und zu Edeka Röthemeier, um mir meine Tageszeitungen zu kaufen. Ich bin regelrecht enttäuscht. Wieso fährt Ilse einfach so los? Ich bin doch gekommen, um zu helfen, stattdessen erwache ich im Hotel Mama. Ich hatte ganz anderes gewollt und erträumt. Da steh ich nun, ich armer Tor, und bin ein Sohn als wie zuvor.

In diesem Moment kommt sie zurück.

»Mama, du sollst doch nicht wegen meiner Zeitungen los! Die will *ich* holen.«

Hermann grinst und sagt: »Sei doch froh, wenn wir dir mal ein bisschen bei der Arbeit helfen!«

Das sollte mein Text sein! Nach dem Frühstück schnappe ich mir die Zeitungen und gehe noch mal in den Wohnwagen, kurzzeitig meine Beleidigtenhöhle, obwohl »unser Ilse« natürlich nur in bester Absicht losgeradelt war.

Zwei Stunden später. Ich komme durch die Hintertür in die Küche. Meine Eltern sitzen am kleinen Tisch, einen Stapel Karten vor sich.

»Was macht ihr denn da?«

»Rommé«, sagt Ilse knapp.

»Jetzt?«, frage ich.

»Spielen wir fast jeden Morgen um diese Zeit«, sagt sie.

Ich schaue aufs Handy. 10 Uhr 15. Es ist ihr tägliches

Ritual. Es gibt Tee und eine kleine Arbeitspause von zwei oder drei Spielen. Hermann schaut auf die Küchenuhr. Ich merke, hier wird die Zeit noch normal und nicht digital genommen.

»Der Beutel kann raus«, sagt er und erhebt sich.

Er zieht die Luft durch die Zähne. Sein Serienbruch meldet sich immer wieder mal, auch wenn sein Sturz nun schon etliche Wochen zurückliegt.

»Und?«, frage ich.

»Muss, tut manchmal noch sauweh!«

Ilse sagt fast spöttisch: »Stell dich bloß nicht so an!«

Hermann schüttelt den Kopf. Diese kleinen Kabbeleien sind eher liebevoll als ernst gemeint und dauern bereits die ganze Ehe an.

»Und wann ist das vernünftig verheilt?«, frage ich.

»Paar Wochen noch«, sagt er.

»Das ist vage.«

Hermann nickt.

Ilse hat die Karten ausgeteilt und ordnet ihre: »Mistblatt. Immer kriegt er die guten Karten. Aber mit den Dummen ist Gott, den ganz Dummen hilft er!«

Das muss ich erklären. Unsere Mutter ist zauberhaft, absolut liebenswert, aber man muss das wissen, denn sie zeigt es nicht unbedingt. Man muss es erkennen und herauslesen können. Sie hat sich einen harten Ton angewöhnt, oft ironisch, und auf Außenstehende kann er sogar garstig wirken. Für uns Insider ist er dagegen vor allem komisch. Sie ist herzlich, aber gnadenlos. Und am gefährlichsten ist sie, wenn sie friedlich wirkt.

Unter Männern gibt es eigentlich nur zwei Kategorien,

Schisser und Helden. Ilse will Helden, die nicht zeigen müssen, dass sie welche sind. Wenn wir Lob erwarten, tadelt sie eher mit: »Bescheidenheit ist eine Zier, doch es geht auch ohne ihr!« Mitleid gibt es nie, aber Liebe jede Menge. Die ist nur eben gut versteckt, alles andere wäre – vor allem ihr – zu viel Gefühl. Aber wenn es darauf ankommt, verteidigt Ilse uns drei Männer wie die Löwenmutter das Junge.

Ich linse interessiert in ihre Karten und frage: »Soll ich gleich was machen?«

»Geht nicht«, sagt Hermann. »Ist noch zu nass. Das muss erst trocknen. Sieht auch so aus, als ob es bald wieder regnet. Bei dem Wetter können wir draußen nichts tun.«

»Dann mach ich mich mal weiter im Wohnwagen heimisch und räume ein.«

»Wie war denn deine erste Nacht?«, fragt Hermann.

»Ich hab tief geschlafen!«

Ilse spielt eine Karte aus und sagt etwas spitz: »Na, Hauptsache *du* hast geschlafen!«

Ich bin erstaunt: »Du etwa nicht?«

Es kommt heraus, dass sie fast die ganze Nacht wachgelegen hat, sich Sorgen gemacht hat um ihren ältesten Sohn, der in Sturm und Regen doch so wohl behütet in seinem Wohnwagen geschlafen hat. Ich finde, dass Hermanns Rippen eher Grund zur Sorge sind, als eine Nacht im Campingmobil bei Sturm und Regen.

»Wenn der nicht vor seine Füße guckt!«, grummelt Ilse. Und schon wieder meint sie, hart sein zu müssen, wo sie noch vor kurzem um ihn bangte.

»Du musst dir um mich keine Sorgen machen, Mama!«

Hermann meint: »Sorgen wären eventuell angebracht gewesen, wenn du in einem Zelt geschlafen hättest.«

»Traust du mir nicht zu, die Heringe richtig in den Boden zu schlagen?«

Hermann sagt: »Na ja, die hätte ich unauffällig kontrolliert.«

Mitten in dieses Geplänkel platzt meine Mutter mit ihrer eigentlichen Angst. Sie sagt energisch: »Um dich muss man sich dauernd Sorgen machen!«

Ich schaue sie erstaunt an. Will sie streiten? Was ist denn hier los?

»Um mich? Wieso?«

»Du mit deinem komischen Beruf. Alles brotlose Künste.«

Und wieder muss ich das übersetzen. Man könnte es, wie sie es sagt, für aggressiv halten, aber es ist die pure Sorge. Nun ist wichtig, was ich in langen Jahren gelernt habe. Jetzt darf ich selber nicht einknicken. Distanz ist bei uns kein Problem. Und mit so etwas kommt sie nicht durch mein Kettenhemd.

»Ich halte mein Übergewicht!«, verteidige ich mich gegen die unerwartete Breitseite. Ich dachte, dieses Thema wäre durch. Aber manche Dinge brauchen die stete Wiederholung. Und heute wird es besonders heftig.

»Du wolltest ja nicht auf uns hören!«

»Mama, was ist denn gerade los?«

»Ach, ist doch wahr! Und die Karten hier sind auch Mist!«

Es ist typisch bei uns, über ernste Themen eher nebenbei, aber trotzdem heftig zu streiten. Dann steht, wie jetzt das

Kartenspiel, etwas anderes im Vordergrund, und der Streit wird eher Nebensache, auch wenn es genau genommen umgekehrt ist. Das alles ist nicht unkompliziert.

»Konzentrier dich und spiel!«, ermahnt Hermann seine Frau und gießt Tee nach. Erneut quälen ihn seine lädierten Rippen. Er atmet vorsichtig aus.

»Wann habe ich nicht auf euch gehört, Mama?«

Ilse schnauft: »Du wolltest ja nicht zum Kreis.«

Darum geht es also. Das ist über 30 Jahre her. Als ich damals mein Abitur machte, hatten mir meine Eltern ernsthaft nahegelegt, eine Verwaltungslehre bei der Kreisverwaltung Minden-Lübbecke zu beginnen. Ich war entsetzt, daran erinnere ich mich sehr gut. Als Alternative schlugen sie noch vor: Sparkasse!

Sparkassen galten damals noch als seriös, hilfsbereit, kundenorientiert und vor allem krisensicher. »Sparkasse« war eine Garantie für eine sichere berufliche Zukunft und kam direkt nach der Kreisverwaltung. Der Traum für Eltern. Mir hingegen schien das ein grausames Schicksal zu sein.

Ilse erinnert sich genau an unsere Diskussionen um die Berufswahl: »Du hast damals zu mir gesagt: ›Mutter, bilde dir nicht ein, dass ich mein Leben lang morgens zur gleichen Zeit durch die gleiche Tür gehe.‹«

Ich staune über meine damalige Weitsicht. »Das habe ich gesagt?«

»Hast du!«

»Musst du wohl von mir gehabt haben«, sagt Hermann etwas stolz.

»Trotzdem warst du dagegen, als ich Zimmermann lernen wollte.«

»Weil du hier zu Hause nie was getan hast!«, sagt er.

»Bis heute nicht!«, ergänzt Ilse.

»Ich durfte nicht!«, rechtfertige ich mich.

Ich schaue meinen Vater an: »Ich durfte dir doch höchstens die Nägel anreichen.«

Hermann sagt schelmisch: »Das konntest du aber ganz gut!«

»Danke fürs Lob«, grinse ich zurück. »Kann ja auch nicht jeder!«

In meinem Leben war das immer so: Ich hatte eine Idee, begann etwas Neues, und meine Eltern waren entsetzt. Nach dem Abitur sollte ich nicht Zimmermann lernen, sondern an die Uni gehen und etwas »Besseres« werden. Nach der Lehre, als ich doch studieren ging, »auf Lehramt«, hieß es: »Du bist so gut in deinem Beruf, werd doch Meister!« Als ich nach dem Studium versuchte, mir mit Bühne, Kabarett und Schreiben eine Existenz aufzubauen, hieß es: »Warum machst du mit deinen guten Zensuren kein Referendariat?« Ausnahmsweise hatte ich Kunst, Kernstudium und Evangelische Theologie mit eins Komma abgeschlossen, so etwas war mir vorher nie gelungen. Ich habe lange gebraucht, bis ich begriffen habe, dass dieses – in meinen Augen – »Rumgemeckere« der beiden nie ein mangelndes Vertrauen in meine jeweils neuen Pläne war, sondern die Sorge um meine Existenz, weil mein jeweils vorhergehender Abschluss, Gesellenbrief wie Staatsexamen, in ihren Augen, aus dem Blickwinkel dieser Kriegsende-Generation, die Deutschland in Trümmern erlebt hatte, immer ein Versprechen auf eine »gesicherte Zukunft« zu bedeuten schien. Die Angst um Einkommen und Auskommen der Söhne war der Motor für langjährige Konflikte. Die haben wir gemeinsam überwunden, und aus Sicht von uns Söhnen kann man vielleicht sogar sagen: Unsere Eltern sind echt lernfähig!

Jetzt sagt Ilse: »Es regnet, und du kannst nichts draußen machen. Da hättest du auch in Dortmund bleiben können.«

»Mama. Dann schreib ich eben irgendwas.«

»Ach so, du bist zum Schreiben hergekommen!«

»Nein, zum Arbeiten!«

»Merke ich aber noch nichts von!«

»Es regnet!«

»Es gibt auch im Haus was zu tun!«

Das alles gehört zu unserem Streitgespräch, ein lächerliches, kleines Nachbeben, es muss aber auch noch durchgestanden werden.

Ich sage: »Dann her damit!«

»Ich denke, du musst schreiben?«

»Also, was kann ich tun?«, frage ich, mittlerweile doch etwas genervt.

Jetzt erst schaltet sich Hermann ein: »Du hast hier doch noch ein paar Kisten im Keller, mit den alten Zeitungen, mit deinen Kolumnen. Und oben sind noch deine Bücherkisten. Das kannst du sortieren, während es regnet. Da kann bestimmt das meiste von weg.«

Ich werde leicht rot. Diese Kisten hatte ich ganz vergessen. Komplett verdrängt. Sie sind hier im Haus Altlasten wie die abgebrannten atomaren Brennstäbe im Zwischenlager Gorleben.

Dann wird es wieder überraschend klar am Himmel hier

im Haus. Die Wolken in der Küche sind fort, und das Donnergrollen hat sich verzogen.

Zuckersüß fragt Ilse plötzlich: »Was willst du denn essen?«

Ich verschlucke mich fast: »Was ich essen will?«

»Ja?«

Gerade habe ich mir noch richtig »eine gefangen«, und nun will mir meine Mutter Essenswünsche erfüllen. Ich habe keine Ahnung, was ich haben möchte. Ich bin völlig überrumpelt von der Frage.

»Ilse, du sollst doch jetzt wegen mir nicht extra was kochen. Ich esse, was ihr esst.«

»Bei uns gibt es heute aber nichts Besonderes. Kohlrabi-Eintopf.«

»Der ist doch voll lecker!«

»Voll lecker, das ist auch so ein Ausdruck!«, sagt Ilse gespielt vorwurfsvoll.

»Das sagen wir jungen Leute so, Ilse.«

Ich lache, und sie lacht auch. Das ist das Besondere an unserer Familie. Selbst wenn es kracht, ist schnell wieder Ruhe. Ärger, der vorbei ist, ist vorbei. Und nichts wird später wieder hervorgeholt. Höchstens mal die Querelen um die Berufswahl. Oder bei Hermann, der muss sich die Sünden seiner nun fast 60 Ehejahre immer wieder und oft genug in kompletter Aufzählung anhören. Das allerdings ist eher Ritual als Rache.

Ich gehe hoch ins Dachgeschoss. Dort ist mein altes Jugendzimmer, eng und gemütlich in die Dachschräge gebaut. Ich erinnere mich an die Nächte, als ich mit der Taschenlampe

unter der Bettdecke Abenteuerromane las. Im Regal steht noch die Schachtel mit Medaillen aus meiner Zeit als Ruderer. Ich denke zurück an meine erste Reise zu einer Regatta nach Paris als Achter-Steuermann, wo ich am Kiosk die französische Satirezeitung »Hara-Kiri« entdeckte. Jetzt liegen hier vor mir drei leicht zerfledderte Ausgaben. Damals suchte ich eine ähnliche Zeitung in Deutschland und fand die »Pardon«, ein kleiner Stapel davon liegt im »Schapp«, im Schrank. Warum lasse ich diese Schätze bei meinen Eltern? Warum belaste ich das Haus mit meinem Altpapier? Ist das Nostalgie? Angst vor dem Phantomschmerz, wenn diese Erinnerungen an meine Jugend in die Altpapiertonne wandern? Ich schaue auf die Uhr. Schon fast eine Stunde ist vergangen. So werde ich hier nie fertig. Lese ich die wirklich noch mal? Ich sortiere Bücher aus drei Jahrzehnten, in ungefähr zehn Bananenkisten gelagert, und stapele sie in zwei Kategorien: »Behalten« und »Kann weg«. Der Stapel »Behalten« wächst in die Höhe und bekommt sogar Geschwister. »Kann weg« erhebt sich kaum über die Teppichfliesen. Bücher sind für mich die wertvollsten Objekte im Leben. Papier ist im Grunde heilig. Unter Qualen versuche ich, annähernd Gleichstand zu erstapeln.

Dann kommt der erlösende Ruf meiner Mutter von unten: »Äten is feddich!«

Der schöne Johnny

»Eeeh-Eh!«

Ich werde wach. Mein Wecker ruft draußen nach Weibchen. Es regnet immer noch, auch an meinem zweiten Tag. Ich liege in Schräglage im gemütlichen Wohnwagen und wackele mit den Zehen.

Ich denke: Ob die Hexen wieder unterwegs waren? Die fliegen doch sicher auch bei Regen? Hoffentlich ist Ilse nicht nass geworden bei ihren Flügen durch die letzte Nacht. Oder können sie zaubern, dass ihre Kleidung trocken bleibt? Mal sehen, was meine Mutter sagt, wie sie geschlafen hat.

Ich steige in meine gelben Nokian-Stiefel, Direktimport aus Finnland, und stapfe durch den Garten über das nasse Gras zur Küchentür. Hermann sitzt am Tisch und liest Zeitung. Der Kaffee dampft in seiner Tasse. Ich will fürs Frühstück eindecken.

»Vorsicht!«, warnt mein Vater.

Allein daran kann man hier sehr schnell scheitern: Den Tisch richtig zu decken ist eine Kunst. Da ist Fachwissen gefragt, und jede Nachlässigkeit vermiest den Start in den neuen Tag. Jeder von den beiden hat sein spezielles Holzbrett und sein spezielles Messer. Und wehe, man legt das Falsche hin.

»Ilse schläft noch«, sagt er leise. »Die war wohl wieder die halbe Nacht wach und ist heute Morgen erst eingeschlafen, als es schon hell wurde. Willst du was essen?«

Mir rutscht raus: »Waren sie wieder unterwegs?«

»Bitte?«

»Ach nix.« Ich kann ihm ja nicht so einfach erzählen, dass ich vermute, seine Frau, meine Mutter, würde nächtens auf dem Hexenbesen mit den anderen Nachbarinnen um die Siedlung sausen. Vielleicht weiß er das auch längst, aber das sind eben Dinge, über die man nicht spricht.

»Nee, lass uns ruhig auf Ilse warten«, sage ich.

Hermann konstatiert: »Das wird heute noch nichts mit dem Arbeiten draußen. Hast du noch was zu tun?«

»Ich kann immer was schreiben. Oder mache in meinem Zimmer bei den Büchern weiter. Aber ich muss mich auch vorbereiten. Ich trete doch heute Abend in Petershagen auf.«

»Alles drei vernünftig«, brummt er.

In diesem Moment öffnet Ilse schon die Tür.

Ich frage: »Na, wie hast du geschlafen?«

»Hör bloß auf. Ich hab die halbe Nacht kein Auge zugetan.«

»Hoffentlich nicht wieder aus Sorge um mich.«

Ilse schläft seit vielen Jahren schlecht. Man hatte ihr ein Medikament in die Ohren getropft, gegen ihren Schwindel, Morbus Menière. Das Medikament heißt Gentamicin und hat horrende Wirkungen. Vor allem bei Überdosierung. Ich bin sicher, dass das bei Ilse passiert ist. Sie hatte der Behandlung erst nach langem Überreden seitens der Ärzte zugestimmt. Meine Internetrecherche bringt diese

Erkenntnisse: »Die therapeutische Breite von Gentamicin ist gering. Steigen die Plasmakonzentrationen (durch Überdosierung oder bei Kumulation bei Nierenfunktionseinschränkung) über den kritischen Spiegel, so nimmt das Risiko für nephrotoxische Reaktionen und für irreversible Innenohrschäden (Ertaubung) des Patienten gefährlich zu. (...) In 1–3 % der Fälle tritt ein Hörschaden auf. Am Innenohr führt schon ein geringer Übertritt von Gentamicin in die Haarzellen zum irreversiblen Verlust der Sinneshärchen. Es kommt zu Gleichgewichtsstörungen und zum im Hochtonbereich beginnenden Hörverlust.«

Anders als sonst im Leben hat Ilse hier wohl den Hauptgewinn gezogen. Nachdem sie mit diesem Mittel behandelt wurde, trat tatsächlich verstärkter Gehörverlust auf, weiterer Schwindel und eine extreme Schlaflosigkeit. Sie trägt auch das meistens mit Fassung, ab und an mit leichter Verzweiflung. Ich tendiere dazu, von Ärzte- beziehungsweise Behandlungsfehler zu sprechen, sie tröstet sich mit dem statistischen Risiko. Und meint, sie sei ja selber schuld, sie habe der Medikation ja zugestimmt.

Sie öffnet die Küchentür: »Was für eine Pladderei. Das wird ja schon wieder nichts mit dem Garten heute. Ich muss den aber fertig kriegen.«

Hermann wirft ein: »Der Fasan kommt schon wieder.«

Ich frage: »Hat der eigentlich einen Namen? Der gehört doch praktisch zur Familie.«

»Ja, der ist öfter hier als Axel und du«, sagt mein Vater.

Jetzt ist es raus! Das wird hier also auch ganz offiziell so gesehen! Wahrscheinlich wird der Fasan hier alles erben!

»Der hat noch keinen Namen«, meint Ilse und schaut dem Tier zu.

Hermann lächelt: »Vielleicht ist er noch nicht mal immer derselbe.«

»Letztes Jahr hatten wir hier drei verschiedene«, erzählt Ilse.

Hermann ergänzt: »Und im Jahr davor hat der mit dem einen Bein immer bei uns in der Lärche übernachtet.«

Ich staune. Ein Fasan mit einem Bein. Sogar der ist durch sein Leben gekommen und flatterte jeden Abend zum Schlafen in unseren Baum, unerreichbar für den Fuchs und andere Bösewichte.

Ilse sagt: »Übrigens, die Lärche muss weg.«

Ich zucke zusammen: »Der schöne Baum?«

Hermann erinnert sich: »Den haben wir geschmuggelt.«

»Geschmuggelt?«

Er erzählt: »Damals waren wir im Urlaub in Kufstein. Bei einer Wanderung haben wir die ausgegraben. Die war keine 30 Zentimeter hoch, den ganzen Berg runter hab ich sie in der Hand getragen. Die Wurzel haben wir in eine Plastiktüte gesteckt und die Pflanze in unsere Jacken gedreht. Wir wussten ja nicht, ob das verboten ist.«

»Das sind an die 40 Jahre, die der Baum euch begleitet.«

»Ungefähr«, sagt Ilse.

Ich frage: »Der ist doch heute bestimmt zwölf Meter hoch, oder?«

Hermann meint: »Kann hinkommen.«

»Den könnt ihr doch nicht ummetern!«

»Irgendwann ist das hier alles weg«, sagt Ilse. Dann schaut sie mich an: »Du wirst das Haus doch nicht nehmen.

Und Axel sicher auch nicht. Und dann ist sowieso alles im Container.«

Ich sehe sie an: »Ilse, das kommt mir jetzt als Thema zu überraschend!«

Sie setzt nach: »Ich sage das ja nur. Und der Baum kommt weg!«

Ich erinnere mich an meinen alten Lieblingsbaum: »Es war schon schade genug um die Birke vorne.«

Ilse gerät fast in Rage: »Die hat doch nur jede Menge Dreck gemacht. Hast du das etwa weggefegt? Hast du die Fenster geputzt? Und kaum hatten wir die Buche wegge-macht mit ihrem vielen Laub, schenkst du Hermann eine neue! Ich dachte, ich spinne.« Dann lacht sie: »Jetzt sieht die eigentlich ganz gut aus.«

Ich hatte Hermann zum fünfundsiebzigsten Geburtstag eine Hainbuche geschenkt. Nicht mal einen Meter hoch. Jetzt rankt die sich hinter dem Freisitz in die Höhe. Ich fand damals, das sei ein schönes Geschenk, symbolisch gerade für einen Mann in seinem Alter, mit der Hoffnung, stark wie ein Baum, der unermüdlich wächst, auch noch viele weitere Jahre voranzukommen. Als ich die Buche in Kutenhausen aus dem Auto hob, schlug Ilse die Hände über dem Kopf zusammen: »Ich werd' nicht mehr! Wir haben unsere doch gerade umgemacht!«

Hermann betrachtet weiter den Fasan.

Dann sagt er versonnen: »Ganz schöner Johnny!«

»Ist er, oder heißt er so?«, frage ich. Ein richtiger »John-ny« ist bei uns im Ostwestfälischen ein »Kawenzmann«, ein »Mordskerl« oder »dicker Brocken«.

Ilse nickt: »Ab heute heißt der so!«

95

Am Abend habe ich den Kabarettauftritt. Da gehe ich spätestens ab Mittag in meinen ganz eigenen Modus. So geringe Distanzen wie heute zu einem Auftritt in die Nachbarstadt Petershagen sind selten. Die Fahrt vom Wohnwagen in Kutenhausen Richtung Norden dauert ganze zwölf Minuten. Zwei Stunden vor Auftrittsbeginn bin ich jeweils am Spielort. Das ist heute auch nötig, wie sich herausstellt. Normalerweise laufen Auftritte routiniert ab. Hier ist Chaos. Noch weiß keiner, wie die Ton- und Lichtanlage funktioniert, auf der Bühne stehen Möbel und eine Kreissäge. Die Sägespäne liegen noch auf dem Boden. Das einzig Schöne ist meine Künstlergarderobe – ein alter Gerichtssaal. Inzwischen dient er als Trauungszimmer, wurde aber unverändert gelassen mit Richterbank und Stühlen. Ich nehme auf dem Richterstuhl Platz und breite meine Texte auf dem Tisch aus. Mir scheint das angemessen.

Der Auftritt selber ist wunderbar, und das Publikum zauberhaft und begeistert.

Meine Eltern sitzen in der ersten Reihe, und für ihre Zwischenrufe müsste ich ihnen eigentlich von der Gage etwas abgeben. Sie sind beim Publikum mindestens ebenso beliebt wie ich.

Danach trinken meine Eltern und ich zu Hause noch ein Glas Wein, ich auch ein zweites. Meine Mutter mahnt, als sie ins Bett geht: »Drink nich mehr so vierl!«

Ich sage: »Mama, das gehört zum Berufsbild!«

»Denk an dien Herz! Und an dien Liev!«

Ich winke ab, weiß aber, wie recht sie hat. Kein Wunder, sie ist meine Mutter. Besonders dem Aspekt »dien Liev«, deinen Leib, kann ich kaum widersprechen. Etwas schlanker zu sein täte mir sehr gut. Wenn man als Bühnenkünstler nach dem Auftritt voller Adrenalin steckt und einige Stunden braucht, um runterzukommen, dann hilft der Wein leider nur zu gut. Und natürlich schläft man am folgenden Tag entsprechend lange …

Nicht einmal Fasan Johnny hat mich heute Morgen wach bekommen. Es ist Freitag, der 3. Juni. Mein dritter Tag. Seit Monatsbeginn steht mein Wohnwagen hier im heimischen Garten. Meine Freundin Rita feiert morgen in Hannover einen runden Geburtstag, sie wird 50 Jahre alt, das junge Ding. Ich will gleich zu ihr fahren, es ist früher Nachmittag, um sie ein wenig bei den Vorbereitungen zu unterstützen. Sie will mit vielen Freunden und Kollegen feiern und hat auch Ilse und Hermann eingeladen. Die haben tatsächlich zugesagt, auch um sich vorher – am Nachmittag – erstmals Ritas Wohnung anzusehen. Auch Nachbarin Doris kommt mit und wird die beiden von Minden in die niedersächsische Hauptstadt fahren.

Wir sitzen in Kutenhausen am Tisch, meine Eltern und ich. Ich trinke meinen Kaffee aus: »So, ich fahr dann mal.«

Ich will zum Abschied meine Mutter umarmen. Sie schaut mich ganz seltsam an.

»Ist was, Mama?«

»Du bist jetzt schon den dritten Tag hier, hast aber noch keinen Handschlag gemacht. Warst du nicht gekommen, um hier am Haus was zu arbeiten?«

Was soll ich jetzt sagen? Die ersten beiden Tage waren komplett verregnet. Gestern musste ich auftreten.

»Ich hätte gerne was gemacht!«, verteidige ich mich lahm.

»Du bist hier noch nie in die Pötte gekommen!«

Ergeben halte ich den Nacken gebeugt.

»Tschüss Mama, bis morgen in Hannover!«

Wie geplant und natürlich auf die Minute pünktlich treffen am nächsten Tag Doris und meine Eltern ein. Ilse hat einen ihrer legendären Kuchen gebacken.

Rita wohnt im fünften Stock eines Hauses ohne Aufzug in der hannoverschen Innenstadt. Meine Eltern geraten auf der schier endlosen Treppe außer Atem, aber sie sind tapfer. Hermann schafft es trotz seiner lädierten Rippen und aller anderen Malessen in Rekordzeit nach oben. Rita hatte angeboten, Stühle zum Ausruhen in den einzelnen Stockwerken aufzustellen. Das hatte Hermann allerdings entrüstet abgelehnt. Zur Sicherheit begleite ich ihn unauffällig bei diesem Aufstieg und stehe immer nur einen Schritt hinter ihm, aus Angst er könnte fallen. Eine neue Erfahrung, meinen Vater so zu sehen. Mich so zu sorgen, dass er stürzen könne. Eigentlich müsste ich auch nach meiner Mutter schauen, aber das hat Doris übernommen: »Bleib du man bei euerm Vadder! Ich geh mit Ilse.«

Wieder bin ich beeindruckt und berührt von der Fürsorge von Nachbarin Doris, die über die Jahre zur Freundin geworden ist.

Ich hatte unten gesagt: »Dann gib mir wenigstens den Korb mit dem Kuchen!«

Aber Doris lachte: »Nee, lieber nicht. Wer weiß, sonst bleibt ihr damit einfach im dritten Stock sitzen.«

Wir feiern später bei bestem Wetter in der Gaststätte einer

Kleingartenanlage, mit Jazztrio und wunderbaren Überraschungen der Gäste für das Geburtstagskind. Mein Stern des Südens sieht toll aus und ist bezaubernd und glücklich im Kreise ihrer Lieben. Spät in der Nacht gibt es in den nahe gelegenen Herrenhäuser Gärten noch ein gigantisches Feuerwerk, Deutschlands Beitrag zum 26. Internationalen Feuerwerkswettbewerb. Rita kündigt es ihren Gästen als »ihr« Feuerwerk an und wird belacht und erhält Ovationen. Mitten im Funkenregen treten meine Eltern und Doris die Heimfahrt an. Rita lächelt mich an, als wir sie zum Wagen begleiten. Ich zeige auf die Raketen und Fontänen am Himmel und sage nur: »Angemessen!«

Eine Stunde später kommt eine SMS von Doris: »Sind heil und bestens gelaunt zu Hause angekommen. Grüß Rita. Danke von uns dreien für das Fest und die Einladung. Und danke auch für das Feuerwerk zur Abfahrt. Ilse meinte, es wäre nicht nötig gewesen. Hermann fand es angemessen! Feiert noch schön! Bis die Tage am Wohnwagen! Doris.«

Es ist Montagmittag. Das Wochenende hatte ich noch in Hannover verbracht. Nun bin ich zurück in Minden-Kutenhausen. Ich parke mein Auto wieder neben unserer gewaltigen Blautanne. Der Anblick meines Wohnwagens macht mich glücklich. Mein neues Zuhause. Sogar das Wetter ist gut. Nun sollte es was werden mit meiner Hilfe rund um Haus und Garten.

Ich steige aus und gehe zum hinteren Kücheneingang. Mir bleibt fast das Herz stehen. Mein Vater thront auf der Leiter und schaut in die Regenrinne unserer Gartenbude.

»Vadder, was machst du auf der Leiter?«, entfährt es mir.

Aus der offenen Küchentür dringt Ilses Stimme: »De Ohle is doch wall nicht up de Leddern stiergen?«

»Doch, ist er, Mama!«

Ich greife nach der Leiter.

Hermann sagt von oben: »Die brauchst du nicht zu halten, die kippt nicht.«

Ich frage vorwurfsvoll: »Was machst du da?«

»Ich wollte mal schauen, ob ich die Rinne sauber kriege.«

Ich schüttele den Kopf: »Sag mal, wofür bin ich denn gekommen?«

»Du warst ja nicht da!«, sagt er grinsend von oben herab.

»Ach so, das hatte jetzt keine Zeit mehr bis heute Mittag?«

»Außerdem musste ich mal da reinschauen, damit ich dir sagen kann, was du machen sollst.« Hermann ist regelrecht vergnügt, mal wieder zwei Meter über dem Erdboden zu stehen.

Ich sage: »Ich glaube, du kommst da jetzt mal runter. Was ist denn überhaupt mit deinen Rippen?«

»Schon viel besser!«

»Blitzheilung auf der Leiter?«

Er steigt langsam Sprosse für Sprosse herab: »Das ist jetzt schon fast sechs Wochen her. Das wird immer besser. Ab und an zwickt das noch und zwackt, aber im Großen und Ganzen geht es einigermaßen.«

Ilse ruft: »Middach is ferdich!«

Hermann grinst: »Siehst du? Jetzt kannst du schon wieder nicht arbeiten.«

Kaum bin ich angekommen, soll ich schon wieder essen.

»Nach dem Essen fang ich dann aber gleich an.«

»Von wegen. Du machst da nichts ohne mich«, bestimmt Hermann.

Ich spüre, wie leichter Ärger in mir aufsteigt.

»Wieso? Das ist doch nur eine Regenrinne!«

»Weil ich es sage!«

Es hat keinen Sinn. Ich muss mir meinen Platz in der Hierarchie erst einmal erkämpfen. Es ist wie beim Dschungelcamp, wo Marc Terenzi einst formulierte: »Die Regels sind die Regels. We must them halten.« Und hier ist nach der Mahlzeit Mittagsruhe auf dem Gelände. Da darf nicht mal in der Regenrinne gekratzt werden. Wahrscheinlich können die beiden nur nicht vertragen, dass jemand anderes arbeitet, während sie ruhen, denke ich im Stillen. Kein Wunder, dass Hermann Pause machen will, der war ja schon auf der Leiter. Das reicht für einen Mann in seinem Alter.

Ich stimme ergeben zu: »Ja, Chef!«

Mir ist es recht. Ich habe zwar noch nichts getan, aber ruhen kann ich immer. In diesem Moment erwische ich mich selber: Ich bin viel mehr Sohn als Helfer. Das muss ich ändern. Sofort! Augenblicklich! Ich werde ab jetzt arbeiten, und wenn es »nur« für mich ist. Wenn mir die Regenrinne noch kurzzeitig entrinnt, kratze ich eben meine Notizen zusammen und schreibe eine Kolumne. Über die Gefahren der Natur, die Angst des Deutschen vor Wolf, Fuchsbandwurm und Zecken. Je kleiner das Tier, umso größer die Angst! Wir haben mittlerweile alle mehr Zeckenzangen zu Hause als Bratwurstzangen. Ich gehe in meinen Wohnwagen und klappe den Laptop auf. Ich tippe die Überschrift: »Biss vorm Abendbrot«. Dann haue ich in die Tasten.

Anderthalb Stunden später klopft es an meine Wohnwagentür. Ilse. Kaffee ist fertig. Das heißt hier aber auch: Es steht Kuchen auf dem Tisch.

»Wenn ich noch drei Wochen hier bin, könnt ihr mich rollen!«, sage ich.

Dann, wir haben abgeräumt, der restliche Kuchen ist verstaut, geht es endlich zur Regenrinne. Hermann händigt mir seine edelsten Werkzeuge aus, die alten verkratzten Maurerkellen. Mittlerweile sind diese zwei, die kleine und die große, seine bevorzugten Geräte, mit denen er noch lieber hantiert als mit seinem Zimmermannshammer. Ich nehme den Eimer, die beiden Kellen und steige zum Dach hoch. Hermann greift an die Holme.

»Hältst du dich fest oder hältst du mir die Leiter?«, frage ich von oben.

»Ich muss mich nicht festhalten! Ich sehe zu, dass du da nicht runterkippst!«

»Vadder! Als ob ich das erste Mal auf einer Leiter stehe!«

»Oft habe ich dich noch nicht auf einer gesehen! Und nimm die kleine Kelle.«

»Da wär ich jetzt nicht drauf gekommen, aber danke für die saubere Bauleitung!«

Ich schaufele mit der kleinen Kelle Moos und Schlick aus der Rinne, altes Laub, angefaulte Äpfel, die vom Baum aufs Dach gefallen und in die Rinne gerollt sind, sogar das Gerippe eines kleinen Vogels. Kein Wunder, dass die bei Starkregen übergelaufen ist.

Als ob Petrus mich bei der Arbeit beobachten würde, will der nun sofort die Arbeit testen. Ich bin aber längst nicht fertig, höchstens die Hälfte ist geschafft.

»Feierabend«, sagt Hermann. »Es regnet.«

Von der Küchentür kommt der entsprechende Ruf.

»Ett gallert! Rin kurmen! Beide!«, kommandiert »unser Ilse«.

Ich widersetze mich kurz: »Ich mach das noch zu Ende!«

Hermann knurrt: »So weit kommt das noch. Bei Regen machen wir nix. Die Leiter kannst du stehen lassen. Eimer und Werkzeug kommen mit runter.«

»Glaubst du, ich lass den Eimer hier oben vollregnen?«

Kaum ist der Satz draußen, frage ich mich, warum ich nicht einfach mal den Mund halten kann. Hermann ist über 80. Was soll ich den jetzt noch zu ändern versuchen? Er ist hier nun mal der Vorarbeiter, der Polier, der Bauleiter. Er ist der Chef. Es sei denn, von Ilse wird etwas anderes angeordnet.

Satanische Fersen

Es ist später Abend. Wir sitzen im Wohnzimmer. Meine Eltern werden gleich nach oben in ihr Schlafzimmer gehen, ich zu meinem Wohnwagen stiefeln.

Hermann gibt das endgültige Aufbruchssignal: »Beddegoanstied!« Zu-Bett-geh-Zeit.

Er steht auf, und Ilse folgt ihm auf dem Fuß, dabei fällt ihr Blick auf seinen Nacken: »Du musst zum Frisör.«

Hermann sagt: »Schon wieder?«

Ilse schnippisch: »Oder du lässt dir gleich einen Zopf wachsen.«

Hermann lächelt: »Ich weiß aber nicht, ob ich noch so lange lebe, bis ich den mal flechten kann. Dann geh ich doch lieber zum Friseur.«

Hermann ist Diplomat. Er kann exzellent einlenken. Eine typische Waage, ausgleichend und um Ausgleich bemüht. An seinem letzten Geburtstag hatte er gesagt: »Viele glauben ja, Ilse sei bei uns der Chef. Aber das stimmt nicht. Wir verhandeln noch!«

Ich brauche noch eine Nachtlektüre und will nach den alten Karl-May-Bänden sehen, nach Jahrzehnten wieder in den legendären Abenteuern von Winnetou, Old Shatterhand, Kara Ben Nemsi und Hadschi Halef Omar blättern. Die Bücher mit der goldenen Prägung auf dem grünen

Buchrücken stehen noch immer im Regal in meinem ehemaligen Jugendzimmer. Ich gehe die Treppe nach oben, barfuß. Ich weiß genau, welche Geräusche jede Stufe macht, wusste früher, wenn ich meine Eltern hochkommen hörte, weil sie noch mal nach den Kindern sehen wollten, auf die Sekunde, wie viel Zeit mir blieb, um das Licht auszumachen und mich schlafend zu stellen, während ich den »Schatz im Silbersee« unter der Bettdecke versteckt hielt.

Als ich am Schlafzimmer meiner Eltern vorbeikomme, fällt mein Blick durch die halbgeöffnete Tür. Unwillkürlich bleibe ich stehen. Hermann sitzt auf einem Stuhl. Er trägt Kompressionsstrümpfe. Das wusste ich nicht. Ilse kniet vor ihm. Sie ergreift den rechten Strumpf am oberen Rand und zieht ihn runter bis zu den Knöcheln, rollt ihn dann über die Ferse bis zu den Zehen. Ich sehe wie sie sich dabei anstrengen muss. Hermann beugt sich, so weit er kann, nach vorne und zieht den Strumpf ganz aus. Dann wiederholt sich das Prozedere mit dem anderen Bein. Ilse stützt sich auf und erhebt sich mühsam. Ich schaue wie gebannt zu. Ich sehe plötzlich nicht mehr meine agilen, kraftvollen Eltern, sondern zwei alte Menschen, die einander rührend helfen, sehe einen, der auf die Hilfe des anderen angewiesen ist. Ihre Körper fordern Tribut für die langen Jahre voller Arbeit. Ist das Erschöpfung? Oder, ich traue mich kaum, das Wort zu denken: Hinfälligkeit? So beschreibt man die eigenen Eltern nicht, und doch legen ihre Körper mit den vielen Malessen ein Zeugnis der Vergänglichkeit ab, zumindest zeigen sie einen Verlust an Vitalität.

Ilse dreht sich um, gleich wird sie mich in der Tür stehen

sehen. Ich räuspere mich, weil ich mich fühle, als sei ich in einen sehr intimen Moment eingedrungen.

Ilse blickt auf und sagt: »Ich hab dich gar nicht gehört. Habe die Hörgeräte schon draußen. Ist noch was?«

»Nee, ich wollte nur gute Nacht wünschen!«

»Nacht!«

Das Bild meines hilfsbedürftigen Vaters und meiner vor ihm knienden Mutter geht mir nicht aus dem Kopf. Auch nicht am nächsten Morgen, an dem ich zuverlässig von Johnny geweckt werde.

Am Frühstückstisch sage ich: »Ich wusste nicht, dass du Kompressionsstrümpfe trägst.«

»Schon ewig«, sagt Hermann.

»Machst du das jeden Abend?«, frage ich meine Mutter.

»Seit Jahren«, sagt sie. »Hermann kommt da nicht mehr ran, und dann sitzen die so eng, die kriegt der alleine nicht runter.«

»Anziehen klappt alleine«, erklärt Hermann.

»Aber aus kriegst du die nicht!«

Hermann nickt.

»Machst du sonst noch was?«, frage ich meine Mutter.

»Morgens helfe ich ihm, das Unterhemd über den Buckel zu ziehen.«

Hermann hat mittlerweile einen krummen Rücken und wird immer kleiner.

»Wusste ich alles nicht«, sage ich.

»Woher auch?«, fragt meine Mutter.

Ja, woher auch? Muss man den Kindern so etwas erzählen? Überhaupt finde ich es großartig, wie Hermann, aber auch Ilse mit ihren fortschreitenden körperlichen Handicaps umgehen. Jammern würde ohnehin nicht helfen. »Mött keiner wiarten. Gaht keinen watt an!«, ist ihr Motto. Muss keiner wissen. Geht keinen was an. Das ewige Gejammer meines Onkels, dessen ständiges Erzählen und Aufzählen aller Krankheiten und Wehwehchen auf jeder Familienfeier bringen Ilse auf die Palme. Kein Wunder. Wären die Krankheiten in unserer Familie ein Wettbewerb, Ilse und Hermann würden in jeder Kategorie gewinnen.

Vor dem Jammern, denke ich, liegt ja erst noch das Mitteilen der kleinen und großen Nöte. Das darüber Sprechen. Aber meine Eltern haben das Gefühl, sie würden andere damit belästigen.

Ich frage noch mal nach: »Und wenn wir beide unten länger gesessen haben, Vadder? Was hast du dann gemacht?«

»Manchmal war Ilse noch wach.«

»Gut, dass ich nicht so gut schlafe!«, sagt Ilse. Nach ein paar Sekunden setzt sie nach: »Aber was sitzt er da auch so lange unten? Kann der nicht mit mir hochgehen?«

»Wenn Bernd und ich aber noch was zu reden hatten?«, fragt Hermann zurück.

»Das hatte nicht Zeit bis morgen?«, kontert Ilse.

»Hört mal auf zu kabbeln«, sage ich. »Und wenn Ilse schon geschlafen hat?«

»Och, dann hab ich das allein versucht. Meistens hab ich die dann nur ein bisschen runtergeschoben und über Nacht angelassen.«

Ich bin entsetzt: »Die ganze Nacht in den Scheißdingern?«

Hermann sagt: »Was soll ich denn machen?«

108

»Mir zum Beispiel sagen, dass ich dir beim Ausziehen helfen soll.«

»So weit kommt das noch!«, sagt Ilse.

»Ja, warum denn nicht?«

Es ist seltsam, anwesend zu sein, vieles aber gar nicht tun zu dürfen. Berührt es beider Schamgefühl, dass ich das mit den Strümpfen gesehen habe? Ilse schien es fast unangenehmer zu sein als Hermann. Will meine Mutter nicht, dass ich diese Hilfe leiste? Oder wollte sie nur nicht vor ihm kniend gesehen werden? Wollen sie mir Gebrechlichkeiten und Altersfolgen verheimlichen? Aus Stolz? Aus Scham? Im Gespräch waren sie nicht schamhaft darüber. Nur selber eingreifen darf ich nicht. Später, in meinem Wohnwagen liegend, frage ich mich, was ich hier noch alles nicht weiß.

Zwei Tage später ist es so weit. Wieder sitzen wir am Abend noch im Wohnzimmer, dann geht Ilse ins Bett. Hermann und ich reden. Irgendwann will er hoch.

»Und deine Strümpfe?«, frage ich.

»Willst du mir die ausziehen?«, fragt er.

»Da ist doch nun wirklich nichts bei!«

»Gibt aber morgen Ärger mit Ilse.«

»Dann sag ihr, du hättest die selber ausgezogen.«

»Das glaubt die mir nie.«

»Hermann! Die Chefin ist im Bett. Hier sind nur wir beide. Willst du in den Dingern schlafen?«

»Nee.«

»Na dann!«

Hermann sitzt im Sessel, krempelt das Hosenbein hoch und hält mir sein Bein hin. Ich schaue den Kniestrumpf an,

gehe in die Hocke, fasse in den oberen Rand und will ihn hinunterziehen. Er sitzt so eng, als hätte man Hermanns Bein in Schrumpffolie gepresst. Ich verliere ein wenig das Gleichgewicht. Ich knie mich also hin, wie meine Mutter, kriege den Strumpf aber immer noch nicht vom Fuß. Irgendwas läuft hier falsch, auch die Erdanziehungskraft ist keine Hilfe.

»Satanische Fersen!«, ächze ich, zerre am Strumpf und richte mich dabei etwas auf, wobei ich automatisch Hermanns Bein mit hochreiße.

»Na!«, ruft mein Vater.

Windschief sitzt er im Sessel. Ein Zimmermann mit Schlagseite, kurz vorm Kentern.

»Oh, Entschuldigung!«, rufe ich.

»Komm, hat keinen Zweck!«, sagt er.

Ich stutze. »Lass es mich doch lernen«, sage ich und versuche es erneut, ziehe den Strumpf diesmal direkter nach unten und komme sogar mit viel Mühe um die verteufelte Ferse herum.

»Es ist halt noch kein Meister vom Himmel gefallen. Als Zimmererlehrling hab ich ja auch immer erst mal ein paar Nägel krumm gekloppt.«

»Bis heute«, grinst Hermann.

Beim zweiten Bein gelingt das alles schon sehr viel geschmeidiger.

»Geht doch!«, sage ich.

Hermann grinst: »Danke!«

Ich meine es aus ganzem Herzen: »Dafür nicht!«

Als Gott die Krankheiten verteilte

Als der liebe Gott die Krankheiten verteilt hat, muss mein Vater irgendetwas falsch verstanden haben. Jedenfalls hat er mehrmals laut und vernehmlich »Hier!« gerufen, dazu noch »Ja, bitte!« und »Jau, das nehm ich dann auch noch!«. Nun hat er so ziemlich alles, was man sich denken kann, und die Krankenkassenbeiträge haben sich für ihn wirklich gelohnt.

Alles begann mit einem Unfall. Als junger Mann wurde ihm die rechte Hand zerschmettert, als er an unserem Haus baute, unten in der Klärgrube saß, die schweren Betonringe rutschten und seine Hand einklemmten. In drei Metern Tiefe, in der Enge der Betonröhre. Wie er aus diesem Loch mit der zertrümmerten Hand überhaupt wieder herauskam, ist im Grunde ein Rätsel.

Der nächste große Einschnitt kam mit Ende 40. Der erste Herzinfarkt, ein schwerer Hinterwandinfarkt, und bevor Hermann 50 wurde, hatte er seine erste Bypass-Operation, eine damals noch sehr junge Operationstechnik, die nur Spezialisten ausführten. Er kam in die Uniklinik Göttingen. Die Firma, bei der Hermann vorher fast 20 Jahre als Kolonnenführer, Vorarbeiter und Polier gearbeitet hatte, entließ ihn sofort. Er wurde berufsunfähig. In den folgenden Jahren hielt er seine Familie nur mit Hilfe der ein oder anderen

Schwarzarbeit über Wasser. Hermann ist Treppenbau-Spezialist gewesen, und es waren nicht wenige »Krauter«, die ihn dafür holten, eine Arbeit, die ihn körperlich bei weitem nicht mehr so forderte wie alles andere zuvor.

Ilse und Hermann wechselten damals die Rollen, er wurde der Hausmann und machte Wäsche und Einkauf, Ilse ging als Arbeiterin in die Fabrik, in das Nährmittelwerk Parco, wo auch ich schon in den Ferien gejobbt hatte. Puddingpulver und Fertigkuchen.

Der nächste Infarkt kam, die zweite Bypass-Operation. Seit Jahren sind alle Bypässe wieder dicht bis auf einen, aber unser Vater ist zäh. Eine weitere Operation trauen die Ärzte seinem Körper nicht mehr zu. Dann begannen seine Hände, mächtig zu zittern, und es hieß, das sei eine Nebenwirkung der Herzmedikamente. Eigentlich müsste er an der Wirbelsäule operiert werden, da er eine Spinalkanal-Verengung hat. Der Kardiologe legte auch hier sein Veto ein gegen eine Operation von prognostizierten fünf Stunden Dauer. Bei den Untersuchungen stellte sich heraus, dass das Zittern keine Nebenwirkung war, sondern die Auswirkung der Parkinson'schen Krankheit. Als die mit Medikamenten einigermaßen eingestellt, der Tremor im Griff war, kam vor wenigen Wochen, im Nachgang des Serienrippenbruchs, heraus, dass er auch an Osteoporose erkrankt ist. Diese Untersuchung hatten meine Eltern vom Arzt erbitten müssen, das war nicht etwa dessen Idee gewesen, obwohl Hermann seit Jahren kleiner wird, der Rücken immer krummer, als Folge des inoperablen Rückgrats. Mittlerweile ist er ein Mann mit Buckel. Er wurde gemessen und war geschockt – zwölf Zentimeter weniger an Körper-

größe als zuvor. Genau genommen ist das eigentlich das erste Mal, dass eine Krankheit *wirklich* an ihm nagt.

Zur Aufzählung gehört noch der graue Star auf beiden Augen, dazu eine Netzhautablösung. Und er leidet unter Schwerhörigkeit und trägt Hörgeräte in beiden Ohren. Aber sonst ist der Mann topfit!

Bei Ilse sieht es ähnlich aus. Seit neuestem plagt sie eine Gürtelrose. Die ist äußerst schmerzhaft, aber fast schon lächerlich harmlos gegenüber allem anderen vorher. Vor allem ihre steten Hörstürze sind eine bleibende Quälerei, das Pfeifen des Morbus Menière auf beiden Ohren und das stark nachlassende Hörvermögen. Gerade sie, eine der kommunikativsten Personen, die ich kenne, ist damit stark gehandicapt. Sie mag, wenn sie etwas schlecht versteht, nicht dauernd nachfragen, empfindet das für sich und andere als lästig, oft genug unzumutbar, womöglich auch beim zweiten oder sogar dritten Mal die jeweilige Äußerung noch nicht richtig verstanden zu haben. Zudem hat diese Krankheit zur Folge, dass jede Form von Lärm quälend wird. Am schlimmsten ist die Kakophonie der Stimmen, wenn viele Menschen in einem Raum durcheinanderreden, z.B. bei Familienfesten, den Jubiläen der Freunde oder auch in den Pausen im Theater. Es gelingt ihr, oder besser ihrem Gehirn, dann nicht, einzelne Stimmen zu eliminieren und einem Gegenüber zuzuhören, stattdessen drückt die Gesamtheit der Geräusche und Schallinformationen wie ein akustischer Tsunami in Ilses Ohr.

Sie hat eine Bandscheibenoperation ertragen. Die ersten sechs Wochen in der Reha musste sie im Stehen essen. Dazu kam immer wieder Pech. Auf glatter Straße ist sie in der vereisten Fahrspur ausgerutscht und holte sich einen Trümmerbruch im Handgelenk. Beim Walken stürzte sie und brach sich die Hand. Auf unserer Kellertreppe übersah sie die letzte Stufe und zog sich eine Fraktur im rechten, nach einem Fahrradsturz eine Fraktur im linken Schultergelenk zu, beide mit folgenden Operationen an den Rotatorenmanschetten. Weiter als auf Schulterhöhe kann sie ihre Arme nicht mehr heben. Wie sie es trotzdem schafft, ihre Gardinen ab- und wieder aufzuhängen, grenzt an zirzensische Techniken. Das alles trotz der schweren Arthrose in Händen und Schultern. Sie sagt: »Hauptsache, es ist Sommer. Im Winter ist es schlimmer.«

Der wichtigste Eingriff war sicherlich ihr Herzschrittmacher.

Bei beiden ist es unfassbar, wie sie die Malessen ihrer Körper ertragen und sich immer wieder mit bester Laune in die Tage stürzen. Allem, was passiert, begegnen sie mit ihrer schärfsten Waffe, ihrem Humor. Als Ilse kürzlich vom Augenarzt kam, erzählte sie am Mittagstisch: »Also, der Doktor hat gesagt, es sind nur noch 60 Prozent Sehvermögen.«

»Was?«, entfährt es mir.

Aber schon hat Ilse, Profikomödiantin, die sie eigentlich ist, auch aus diesem Dilemma eine Pointe geschlagen: »Hat ja auch sein Gutes, dann seh' ich den Dreck nicht mehr so!«

Und Hermann steht ihr in Schlagfertigkeit und Pragmatismus in nichts nach: »Dann sieh mal zu, dass deine neue Brille nicht zu gut wird!«

Und trotzdem, zur Zeit hält hauptsächlich Ilse das Schiff auf Kurs, fährt Hermann zur Krankengymnastik, zum Reha-Sport und zur Logopädie, zum Sprechunterricht, den er wegen seiner Parkinson-Erkrankung bekommt. Daneben stehen für beide in regelmäßigen Abständen die »normalen« Arzttermine an – Zahnarzt, Hausarzt, Kardiologe, und immer wieder finden sich Untersuchungen an Augen und Ohren auf dem Plan.

»Außer der Reihe« waren beide zuletzt beim Neurologen, um sich auf Demenz untersuchen zu lassen. Bei meiner Mutter gibt es nämlich diesen wunderbaren Widerspruch: Sie hat große Angst, dement zu werden. Sie vergisst aber nichts! Es kann schon sein, dass ihr das ein oder andere mal nicht einfällt, wie bei der Suche nach einem Wort oder einem Begriff, besonders wenn sie über einem ihrer geliebten Kreuzworträtsel sitzt. Die Sünden eines langen Lebens allerdings kann sie alle auflisten und würde nicht eine vergessen. Das bekommt Hermann immer wieder zu spüren. Viele dieser Sünden liegen Jahrzehnte zurück, Ilse holt sie aber immer wieder unerbittlich ans Tageslicht. Und wenn sie dann in dieser Mischung aus manchmal echter Verbitterung, erneuter Wut, aber auch ironischer Überhöhung erzählt, dass unser Vater damals beim Hausbau sich regelrecht machohaft verhalten und mit ihr nicht genügend beraten und abgesprochen hat mit Bauzeichnung und Ausführung unseres kleinen Einfamilienhäuschens, dann sieht man die Stärke dieser Frau. Und von Demenz ist da keine Spur!

Beide sind unverwüstliche Optimisten. So dachte ich das zumindest noch in meinen ersten zwei, drei Tagen im Wohnwagen. Jetzt sehe ich morgens die Müdigkeit, weil Ilse wieder seit vier Uhr nicht geschlafen hat oder da erst einschlafen konnte. Ich bemerke die Erschöpfung meiner

Eltern, wenn sie mittags aus dem Garten kommen und Hermann am Tisch schon fast die Augen zufallen. Und trotzdem ist all das getragen von einem steten »Man muss ja!«

Mein erster Impuls, als ich mein Domizil im Garten bezog, war zu sagen: »Dann mache ich jetzt mal die schweren Arbeiten hier im Haus.« Aber sie lassen mich nicht mal an die leichten! Kaum will ich meiner Mutter in die Jacke helfen, keift sie: »Loat datt, ick bin kein ohld Wief!«

»Ich hab dir nur in die Jacke helfen wollen!«

»Das hast du früher auch nicht gemacht!«

»Umso schöner, dass ich das jetzt endlich mache, Ilse.«

»Ich kann mich allein anziehen. Du musst auch die Wasserkiste nicht in den Keller bringen. Das können wir selber.«

»Aber die ist doch schwer!«

»Wir packen immer ein paar Flaschen in den Korb, dann geht das schon.«

»Aber dafür bin ich doch jetzt da!«

»Genau«, sagt Ilse streng, »und irgendwann bist du wieder weg, und dann müssen wir wieder alleine klarkommen!«

Ich bin sprachlos. Mit meinem Wohnwagen bin ich ein Eindringling in ihre Welt. Alles war bis zu meinem Kommen geordnet. Nun ist plötzlich einer da, der die Abläufe durcheinanderbringt, der die Regeln bricht. Der zu lange schläft und versorgt sein soll, auch wenn der das gar nicht will. Der alte Instinkt bei Elternpaaren, die Jungen zu füttern, setzt beim Menschen nie aus. Wo in der Fauna das Muttertier das Junge irgendwann verstößt, hat sich der Versorgungstrieb bei Ilse eher noch gesteigert. Jeder Einsatz und Ansatz meinerseits ist faktisch keine Hilfe, sondern ein massiver Angriff auf die Autonomie der beiden. Ich muss mir mein Terrain langsam und behutsam erobern, ohne dass die beiden Gebietsverluste erleiden. Jedenfalls keinen spürbaren.

Nun sitzen sie vor mir. Jeder hat eine Tablettenschachtel. Akribisch ordnen sie am Vorabend, was am folgenden Tag zu unterschiedlichen Zeiten eingenommen werden muss: Medikamente gegen Bluthochdruck, Cholesterin, Schwindel, Gicht.

»Allerhand Tabletten«, sage ich.

Ilse lästert: »Immer wenn er Pillen nahm!«

Diese legendäre TV-Serie hatten wir früher zusammen geschaut. »Seine große Stunde kam, immer wenn er Pillen nahm.« Stanley Beamish, der schüchterne Tankwart, der Superkräfte durch Pillen entwickelte, die bei ihm als Einzigem so wirkten.

Hermann reißt mich aus meiner Erinnerung. Er steckt sich eine blaue und eine gelbe Tablette in den Mund, spült sie mit einem Schluck Tee hinunter und sagt: »Eine fehlt noch – die gegen Geldarmut!«

Ärzte und andere Zumutungen

Ich bin erschüttert, welche Erfahrungen meine Eltern in den Jahren mit Krankenhäusern, Ärzten und deren Mitarbeiterschaft gemacht haben.

Als Hermann sich die Rippen brach, haben meine Eltern den Hausarzt darum gebeten, ihn auf Osteoporose zu untersuchen. Volltreffer. Wie schon gesagt, von selber war der nicht darauf gekommen. Gegen diese Knochenschwäche gibt es Medikamente in drei Kategorien. Die Krankenkasse will, dass das günstigste Medikament verschrieben wird, dass gleichzeitig auch das mit der geringsten Wirkungskraft ist. Effektivität und Preis der Arzneimittel steigern sich in zwei Schritten bis hin zu teuren Spritzen, die jedes halbe Jahr gegeben werden müssen. Natürlich hatte unser Hausarzt Hermann nur die AOK-Variante aufgeschrieben.

Meine Mutter ist inzwischen aus Hilfs- und Fassungslosigkeit zu einem anderen Arzt gewechselt. Ilse war zur Ärztin gefahren, weil sie neue Herztabletten brauchte. Die Damen vom Empfangstresen sagten, sie könnten ihr das Rezept nicht ausstellen, die Ärztin wolle selber mit meiner Mutter reden. Diese Ärztin, eine Vertretung, schaute nach, wann das letzte Rezept ausgestellt wurde, und rechnete meiner Mutter – dem peniblen Milchmädchen, der Kopfrechen-Expertin, der Sorgfalt in Person – vor, dass sie noch Tabletten haben müsse. Mag sein, dass das bei einigen Senioren angebracht ist. Ich glaube auch gerne, dass einige ältere Patienten sich am liebsten wöchentlich eine neue Vierteljahresration verschreiben lassen würden, aber meine Mutter ist geistig wach und wird gern auch mal angemessen garstig. Der Tonfall der Halbgöttin in Weiß muss wohl ins Schnippische gegangen sein, jedenfalls holte »unser Mutter« tief Luft, sah die Ärztin an und sagte: »Das sind Blutdrucktabletten, die ich da brauche. Und meiner ist jetzt schon auf 240!«

Die Frau Doktor sah erstaunt auf. Widerworte war man hier scheinbar nicht gewohnt, und Kritik schon gar nicht.

»Und«, fügte Ilse an, »meine Tabletten sind alle. Verbraucht. Wenn ich nichts brauche, komme ich auch nicht her. Die Behandlung bei Ihnen ist nämlich tatsächlich eine …«

»Eine was?«

»Zumutung!«

Es stellte sich heraus, dass Ilse recht hatte, dass auf dem Krankenblatt die Dosierung falsch eingetragen worden war und Ilse zwei und nicht nur eine dieser Tabletten am Tag nehmen musste. Nur: Entschuldigt hat sich die Ärztin nicht.

Als sie mir davon erzählt, ist Ilse sofort wieder auf 180: »Überhaupt, bei den Ärzten und bei den Krankenkassen, das ist alles Mist. Das ist Scheiße, wenn du alt bist. Die nehmen einen alle nicht mehr für voll. Die tun so, als wären wir dement! Wenn ich denen aber sage: ›Bitte sprechen Sie deutlicher und etwas lauter, ich habe Hörgeräte‹, dann machen die das höchstens eine halbe Minute lang, wenn überhaupt. Und dann reden die schon wieder schnell und leise.

Und ganz schwierig ist das, wenn die Ärzte nicht richtig Deutsch können. Ich freu mich ja, dass die da sind und uns behandeln. Aber diese Russin, diese Augenärztin. Ich kann doch nicht fünfmal alles nachfragen! Dann lass ich die am Ende einfach reden. Auch wenn ich es gar nicht verstehe.«

Das erlebe ich nun selber, als ich meine Eltern zu einem gemeinsamen Augenarzttermin bringe. Wenn »getropft« wird, dürfen sie eine Zeitlang nicht Auto fahren.

Ilse sagte zu mir: »Du musst da nicht wegen uns deine Zeit vertun!«

»Ilse, ich bin doch jetzt ein paar Wochen da, um mich nützlich zu machen. Habt ihr ein Heft dabei, um mitzuschreiben?«, frage ich, als wir losfahren.

»Das merke ich mir so«, sagt Hermann.

»Ausgerechnet! Der fragt auch nie nach. Der kommt nach Hause und weiß immer noch nicht, was er gehabt hat!«, sagt Ilse energisch.

»Mama!«, versuche ich zu beruhigen.

Ich begleite Ilse in den Behandlungsraum und erlebe alles genauso, wie sie es erzählt hat. Ilses Bitte um »langsam und laut« findet so gar keine Entsprechung. Ich mische mich so freundlich wie bestimmt ein und frage das ein oder andere nach. Und notiere das. Aber so etwas ist nicht vorgesehen. Ich kann gar nicht so schnell schreiben, wie sie redet. Die Dame ist beherrscht, aber sichtbar ungeduldig. Als ich mich in der Tür noch einmal umdrehe, um freundlich zu grüßen, sehe ich, wie sie den Blick schon genervt nach oben gen Zimmerdecke gewendet hat über die Mutter, vielleicht noch mehr den Sohn, die ihren Terminplan und Rhythmus so zielstrebig durcheinanderbrachten.

Nachmittagstee. Ilse hat Apfelkuchen gebacken. Sahne gibt es natürlich auch.

Ich frage: »Wie ist es denn bei dir, Mama? Ich meine, du hast ja immer viel gemacht, aber jetzt, wo Hermann nicht mehr so kann, ist das ja eher noch mehr geworden.«

»Ich hatte ne Kur beantragt«, erzählt Ilse.

»Das wär aber klasse.«

»Ach, eigentlich kann ich Hermann gar nicht mehr hier allein lassen.«

Die Klarheit dieser Aussage überrascht mich.

Sie fährt fort: »Aber ich dachte, jetzt geht es vielleicht noch mal.«

»Und? Was ist mit der Kur?«, frage ich.

»Die kriegst du in meinem Alter nicht mehr. Haben die abgelehnt. Ist ja klar. Wenn deine Arbeitskraft nicht mehr erhalten werden muss.«

Das ist so bitter wie wahr.

In dieser Hinsicht hat meine Mutter so einiges erlebt. Als sie etwas über 70 war, hätte sie nach diversen Hörstürzen wegen hochgradiger Schwerhörigkeit operiert werden müssen, um wenigstens 50 Prozent ihres Hörvermögens wiederzuerlangen. Das verweigerte die Krankenkasse unter anderem mit dem Hinweis aufs Alter und erklärte allen Ernstes, sie solle sich ein mit dem Hörgerät kombinierbares Mikrophon kaufen, in das die Gesprächspartner hineinsprechen können. Meine Mutter geht gerne zu Konzerten von Hannes Wader und Reinhard Mey, aber auch zu Kleinkunst- und Kabarettabenden, zu Liedermachern oder skandinavischer Volksmusik. Soll sie dort die Techniker fragen, ob sie ihr Mikro am Bühnenrand platzieren

121

darf? Hallo? Krankenkasse? Geht's noch? Wo bleibt dein Erbarmen?

Also: Reiche leben nicht nur länger, die hören auch länger zu. Aber für die allein hat Hannes Wader seine Lieder nicht geschrieben!

Ein Freund, ein guter Freund

Es ist früher Abend. Ich bin aufs Rad gestiegen und durchs Dorf gefahren zu meinen Freunden Ute und Uli. Quasi mein Antrittsbesuch für diesen Sommer. Die beiden gehören nicht nur zu meinen engsten Freunden, er ist auch mein ältester im Sinne von längster Freund, noch aus Schülerzeiten, den Jahren beim CVJM und aus der gemeinsamen Clique. Wir zwei waren zwar auf unterschiedlichen Schulen, fuhren aber täglich gemeinsam nach Minden, und unter seiner Anleitung habe ich das erste Mal blaugemacht. Es wurde ein herrlicher Tag am Mittellandkanal, mit Babybel-Käse und Lambrusco. In all den Jahren und Jahrzehnten haben wir uns nie aus den Augen verloren. Auf der Hochzeit von Ute und Uli war ich mit ihrer Schwester gemeinsam Brautführer, ihre Kinder sagen bis heute »Berni« zu mir, mein früherer Spitzname, mit ostwestfälischem »Ä« gesprochen. Ich bin, auch als die beiden schon verheiratet waren, mit Uli zusammen nach Gomera gereist oder in Ski-Urlaube gefahren. Ich lebte in drei verschiedenen Städten, in Nordhessen, im Rheinland und im Zentrum von Westfalen, und immer haben wir engen Kontakt gehalten, in allen diesen Städten haben sie mich besucht, und das nicht nur einmal. Das gilt auch für andere Freundinnen und Freunde hier im Dorf – wir müssen nicht ständig Zeit miteinander verbringen, damit die Freundschaft bestehen bleibt. Sie hält über Distanzen und durch Jahre.

Als meine Beziehungen noch wechselten, nahmen Ute und Uli jede neue Freundin mit offenen Armen auf. An meinen Wänden hängen Bilder, die Ute gemalt hat. Und auch meine Eltern sind mit den beiden eng verbunden. Nicht nur deshalb haben sie Ilse und Hermann manches Mal zu meinen Geburtstagsfeiern in Dortmund und den anderen Städten mitgebracht.

Uli öffnet, und wir umarmen uns.

»Moin Zarter!«, sagt er. Sein spezieller und liebevollster Gruß für einen Freund in diesen Breiten.

»Ich bin dann mal da«, sage ich.

»Wohnwagen steht?«, fragt Uli.

»Ehrlich gesagt weder im Winkel noch in der Waage. Aber das spart das Kopfkissen. Und ich hab den Rasen ziemlich kaputt gefahren.«

Uli tröstet mich lachend: »Wird wieder eingesät, wenn du weg bist.«

An der Terrassentür stehen die zwei Airedale Terrier Frieda und Thore. Ich gehe erst mal mit den beiden im Garten spielen.

Uli ruft: »Berni, Bier?«

»Jau!«

Uli ist begeisterter Tierfreund, seit Jahren haben er und Ute Hunde. Uli reitet, besitzt zwei Island-Ponys, und eine Zeitlang hatten sie eine kleine Herde mit Gallowayrindern auf der Weide nebenan. Nun möchte er mit seiner Hündin eine kleine Zucht gründen und hat einen poetischen Namen für seinen Zwinger gefunden: Ex Corvus Nidum.

Aus dem Rabennest, ein Wortspiel mit ihrem Familiennamen.

Wir sitzen im Garten, die Hunde liegen zufrieden im Gras, und wir reden und schweigen abwechselnd. Ute kommt von einer Chorprobe zurück und setzt sich zu uns. Sie fragt nach meinem Bruder und Rita, ich frage nach Utes und Ulis Geschwistern. Wir sprechen über ihre Kinder. Philip, ihr Ältester, will mit seiner jungen Familie ein Haus bauen. Jakob steigt ein in den elterlichen Betrieb und zieht gerade mit seiner Freundin zusammen. Dann kommen wir im Gespräch auf unsere Eltern. Beide haben ihre schon verloren. Sie erinnern sich, erzählen von deren Krankheiten, der Pflege, der Demenz.

Ute erkundigt sich nach Hermann und Ilse. Wir tauschen uns aus über Schönes, das wir mit unseren Eltern erlebt haben, aber auch über die Sorgen und Nöte mit den älter werdenden Eltern. Wenn sich die Beziehungen verändern, wenn Pflege nötig wird, wenn Demenz die Hierarchien umkehrt, wenn Medikamente Nebenwirkungen haben.

Es ist ein Abend, der wie immer zwischen Witz und Tiefe wechselt, getragen von einer engen Freundschaft. Als ich durch die dunkle Sommernacht langsam nach Hause radele, bin ich sehr nachdenklich. Ich beneide die beiden ein wenig um ihre Familie, die Kinder, die nun selber Familien gründen. Ich vermisse in meinem Alltag sonst weder Kinder noch die tägliche Gemeinschaft mit meiner Freundin. Ich war auch noch nie in meinem Leben verheiratet. Ob das an mir liegt? Ich muss lachen, letztlich vor lauter Lebensglück, allein in der Nacht auf meinem Rad, während eine Eule über mich hinwegfliegt.

Ich biege auf unser Grundstück ein und stelle das Rad ab. Ich hole mir einen Gartenstuhl vom Freisitz, einen Wein aus dem Kühlschrank und setze mich auf den Rasen neben meinem Wohnwagen, wie ein echter Camper. Ich schaue hoch zum Mond. Ein leichter Wind bewegt den Roggen auf dem Feld. Ich überlege, wie schön es ist, meine Eltern noch zu haben. Beide. Und so wach und witzig. Ich empfinde es als großes Glück, jetzt bei ihnen sein zu können. Und dann werde ich nachdenklich. Ich fühle mich topfit. Ich hatte erst vor einem Jahr ein Buch über Fünfzigjährige geschrieben, »Gefühlte Dreißig«. Lang dauert es bei mir aber nicht mehr, dann kommt die Sechzig. Ich tröste mich mit: »Sechzig ist das neue Vierzig!« Aber ich merke, dass ich den etwas dunkleren Gedanken damit aus dem Wege gehe. Ute und Uli haben Kinder, das erste Enkelkind. Das ist Familie, die bestehen bleibt. Die beiden werden irgendwann einmal, wenn nötig, unterstützt werden, wie auch sie ihre Eltern stützten und unterstützten. Mich wird, wenn ich erst 70 und älter bin, kein Kind besuchen kommen. Wenn ich dann auf eine Leiter steige, wird niemand sie festhalten. Und wen werde ich dann bitten können, mir die Stützstrümpfe auszuziehen? Ich schenke mir Wein ein und schaue in den Himmel, zu den Sternen.

Ilses Gardinenpredigt

Montagvormittag, elf Uhr. Ich komme zurück von zwei Auftritten am Wochenende in Köln und Dortmund. Ich parke neben der Blautanne. Dann lüfte ich als Erstes den Wohnwagen, halte Ausschau nach Johnny, dem alten Rumtreiber, und gehe schließlich ins Haus. Niemand da. Ich schaue auf die wöchentliche To-do-Liste meiner Eltern, wobei meine Mutter Anglizismen hasst, also ihre Zu-erledigen-Liste. Hier stehen in erster Linie die Arztbesuche, aber auch die Geburtstage im Freundeskreis und in der Familie, Verabredungen, Kulturveranstaltungen, Kartoffelfeste, Werkstatttermine für Auto und Rasenmäher und dergleichen mehr. Heute: Hermann Augenarzt, 10 Uhr 30. Das kann dauern. Und hier im Hause Gieseking ist es gefährlich, Dinge ohne Auftrag und vor allem ohne Genehmigung zu tun.

Ich setze mich mit der Zeitung in die »Stube«, natürlich auf »meinen« Platz, mit dem Rücken zum Fenster links. Axel säße rechts, ihm gegenüber Ilse, vor mir Hermann. So ist die Sitzordnung. In den Teppich gemeißelt, in die Tischplatte gefräst, ins Parkett geschnitzt. Seit Anbeginn der Zeiten, noch bevor der liebe Gott am siebten Tage ruhte, hatten wir diese Sitzordnung, verbindlich bis in alle Ewigkeit. Kommt Rita zu Besuch, sitzt sie auf Axels Platz. Sind wir zu fünft oder sogar beide Söhne mit Begleitung da, gibt

127

es ein Problem. Dann muss jemand »vor Kopf« sitzen, und das ist bei uns so etwas wie am Katzentisch.

Ich lese das »Mindener Tageblatt«, den Spielbericht über GWD Minden. Mein Verein. Sie spielen in der Handballbundesliga. Aus einem Impuls heraus drehe ich mich um und schaue aus dem Fenster. Es ist eigentlich nichts Besonderes zu sehen. Nachbarin Doris ist »auf Arbeit«, wohl mit dem Fahrrad, denn ihr Auto steht vor dem Haus. Ich stehe auf und schiebe die Gardinen zur Seite und schaue Richtung Wiehengebirge, dem von uns auch sogenannten Porta-Berg.

»Die Gardinen!«, schießt es mir durch den Kopf.

Als wir am Freitag kurz vor meiner Abfahrt zu Mittag aßen, hatte Ilse beiläufig erzählt, sie wolle endlich wieder Gardinen waschen. Sie käme aber kaum noch da oben ran, weil sie seit der letzten Operation am gebrochenen Schlüsselbein die Arme nicht mehr über Schulterhöhe bekäme.

»Dann nehme ich die schnell mal ab«, hatte ich gesagt.

»Du? Ich glaube es geht los! Datt könnst du nich!«

»Als ob Gardinen abnehmen eine Kunst wäre! Du hast doch selbst gesagt, dass du die Arme nicht mehr hoch genug bekommst. Es reicht doch schon, wenn ich sehe, wie du versuchst, die Schüsseln oben aus dem Küchenschrank zu heben.«

»Irgendwie muss das gehen, aber du lässt da die Hände von!«

»Das ist doch Unsinn, Mama!«

»Das hier ist immer noch mein Haus!«

Das sind schwere Geschütze, die sie da auffährt.

»Ich will ja nichts von deinem Haus, ich will dir nur die Gardinen abnehmen.«

Hermann gibt mir ein Zeichen, den Mund zu halten, mit der flachen Hand streicht er in Hüfthöhe von links nach rechts. Das ist eindeutig. Okay, denke ich, dann eben Kapitulation. Es ist fast wie früher. Nur dass ich damals nicht kapitulierte, sondern mich stritt. Oft und laut. Man ist so schrecklich unvernünftig, wenn man jung ist …

Jetzt fällt mir das Gespräch vom Freitag wieder ein. Die Gardinen müssen runter, Ilse kann das selbst eigentlich nicht mehr machen – und sie ist nicht da, um ihr absolut unsinniges Gardinen-Abnehm-Verbot aufrechtzuerhalten. Wie von unsichtbarer Hand gezogen, suche ich die Stehleiter, stelle sie vor die Fensterbank und steige empor. Die Konstruktion in den Gardinenschienen scheint noch aus dem Kambrium zu stammen. Ich entferne den Stopper, zuppele etwas an den Gleitrollen und ziehe langsam die ersten Aufhängungen aus der Führungsschiene. Geht doch! Dann klemmt was. Kann ich den bisher schon herausgezogenen Meter vorne bei mir einfach runterhängen lassen? Oder reißt der Stoff dann durch das Gewicht etwas ein, während ich die Leiter verrücke und hinten versuche, die Blockade zu lösen? Andere Menschen machen feinste Intarsienarbeiten, da werde ich doch wohl den Fensterbehang abnehmen können! Ich habe einen Gesellenbrief in einem Handwerksberuf!

Ich persönlich hasse Gardinen, und noch nie, seit ich alleine wohne, habe ich welche aufgehängt, und schon gar keine Jalousien. Jalousie ist die Steigerung von Gardine. Lässt man sie herab und schließt sie, bekomme ich klaustrophobische Anfälle. Ich fühle mich dann schon eingesargt! Ich habe Vorhänge, die auf einer Vorhangstange aufgezogen sind, die über dem Fenster in je zwei Klauen eingelegt ist. Die hebe ich raus, wenn ich meine Vorhänge wasche. Aber meistens ziehe ich so häufig um, dass es reicht, die Vorhänge beim Umzug zu waschen. Staub lagert sich schließlich in der Horizontalen ab, nicht im Vertikalen. Glaube ich zumindest. Es muss reichen, wenn die Fenster geputzt sind. Im Direktvergleich zwischen meinen Vorhängen und meinen Motorrädern erfordern die Krafträder ein ganz anderes Pflegekonzept, eine ganze andere Pflegenotwendigkeit.

Bevor ich also die Gardine lang und eventuell mit Einreiß-Gefahr hängen lasse, werfe ich sie mir als Bündel über die Schulter. Und ziehe sie ein Stück in Richtung Blockade zurück. Sie »knüchelt« dabei etwas.

Das hängt sich raus, denke ich. Nein, Quatsch, die Gardine wird ohnehin gewaschen! Da wird sie sowieso kraus, also ist es ganz egal, wie sehr ich sie beim Abnehmen knülle und knautsche. Der Stoff soll sich mal nicht so anstellen. Ich sehe morgens auch zerknittert aus!

Ich zuppele, ziehe und schiebe und in einem ziemlichen Hin und Her von Stoff und Plastikröllchen, einarmig, rechts im Arm wie eine stumme, hingebungsvolle Geliebte beim Tanz die geraffte Gardine, mit der Linken abwechselnd mich an der Leiter haltend, schiebe und zerre und rupfe ich an den verbliebenen Haken in der Laufschiene. Dann habe ich es geschafft und lege die arg zerknüddelte Gardine wie ein erlegtes Wild auf den Tisch.

Ich zitiere mir Wilhelm Busch über das berühmteste deutsche Freundespaar, Max und Moritz: »Dieses war der erste Streich, doch der zweite folgt sogleich!«

Im Wohnzimmer, gleich neben der Stube, muss noch

130

eine weitere Gardine herunter und als Drittes die lange vor der Terrassentür. Mit fortschreitender Übung wächst die Routine, hatte ich gehofft, aber es kommt natürlich anders. Vor allem bei Gardine Nummer zwei geraten die Pflanzen auf dem Fensterbrett arg in Mitleidenschaft. Zuerst brechen nur ein paar Blätter und die ein oder andere Blüte an Ilses Orchideen ab. Dann aber werfe ich mit meinem Bündel Gardinen beim Absteigen von der Leiter den Blumentopf daneben komplett herunter.

Ich tröste mich selber: »Wo gehobelt wird, da fallen Späne!«

Schließlich sind alle drei Gardinen abgenommen, und ich lege sie in den Wäschekorb im Keller, wo sie vor der Waschmaschine nun auf ihre Reinigung warten. Die abgerissenen, oder besser: die abgeschwenkten Blüten und Blätter sind schnell eingesammelt, die Scherben des Blumentopfes zusammengefegt und liegen zusammen mit der Blumenerde im Müll. Der Rest der Pflanze ist gerettet und im neuen Topf auf dem Fensterbrett drapiert. Die Macke im Parkett könnte vom Sturz stammen, sich aber genauso schon vor Jahrzehnten in das Holz gedrückt haben.

Ich sitze wieder zufrieden vor der Zeitung, mit dem Rücken zum Fenster und habe darum die Rückkehr meiner Eltern erst gar nicht bemerkt. Ich höre erst in dem Moment, als sie die Küchentür von außen aufschließen, wie mein Vater sagt: »Langsam!«

Ilse allerdings poltert: »Langsam? Ich glaube ich spinne!«

Und dann steht sie vor mir. Ihre Augen sprühen Funken: »Bist du denn von allen guten Geistern verlassen?«

»Ich? Wieso? Was ist denn Mama?«

»Die Gardinen!«

»Was ist mit denen?«

»Die waren frisch gewaschen!«

»Ich denke, die sollten erst noch gewaschen werden«, antworte ich leise.

Hermann sagt: »Haben wir am Wochenende gemacht.«

»Warum das denn?«

»Weil das Wetter danach war, dass man Gardinen trocknen konnte. Wo hast du die jetzt?«, fragt sie dann.

»Im Keller«, sage ich tonlos.

»Wie, im Keller?«

»Im Wäschekorb.«

»Kraus!«, attestiert Ilse, ohne sie gesehen zu haben.

Ich bin gekommen, um zu helfen. Das Ergebnis heute ist Mehrarbeit. Unnütze Mehrarbeit.

Ich nicke ergeben: »Tut mir leid, Mama! War nur gut gemeint!«

Streng, als wäre ich 15, entgegnet sie: »Ich hatte es dir verboten!«

Ich entgegne mit dem schlechtesten Gewissen der Welt: »Verboten ist ein eigenartiges Wort, wenn der Sohn schon über 50 ist.«

»Aber du siehst doch, wie nötig es ist, dir Sachen zu verbieten!« Ihre Augen blitzen angriffslustig: »Du kannst ja noch nicht mal saubere von dreckigen Gardinen unterscheiden!«

Dann schaut Ilse ins Zimmer nebenan. Fast tonlos flüstert sie: »Watt häst du mit de Blaumen moaket?«

Ihre Kraft reicht scheinbar nicht mehr, um laut zu werden: »Das war meine Lieblingsorchidee. Und der Topf, der da jetzt fehlt, das war ein Geschenk von Tante Lina.«

Sie steht mit traurigem Blick vor den Pflanzen.

»Zu nichts zu gebrauchen!«, sagt sie und meint mich.

Mein Vater Hermann kann schon wieder grinsen: »Wenigstens macht der Bengel keine halben Sachen.«

»Haltet ihr ruhig zusammen!«, schnauft Ilse. »Wie früher!«

Ich gehe nicht drauf ein. »Und jetzt?«, frage ich.

Hermann, die Waage, zeigt sich wieder als ausgleichender Charakter: »Getz wasket wi de nomoal. Denn blitzte de ower!«

Da kann auch Ilse wieder lachen: »Dann ist die Nachbarschaft wenigstens mal richtig geblendet, wenn die unsere Gardinen sehen!«

Wortlos gehe ich aus dem Zimmer. Was soll ich auch noch sagen? Mir fallen zwei Weisheiten aus dem deutschen Zitatenschatz ein: »Das Gegenteil von Gut ist nicht Böse, sondern gut gemeint.« Und: »Gut gemeint ist noch lange nicht gut gemacht!« Ich fühle mich unumwunden scheiße. Trotz des Scherzes am Ende ist das natürlich nicht so einfach vergessen und vergeben. Das wird noch nachwirken. Ich lege mich in meinem Wohnwagen auf die Koje. Macht das Sinn, was ich hier tue? Hermanns Rippen scheinen gut zusammengewachsen. Soll ich abbrechen? Stehe ich im Wort? Wollen die überhaupt, dass ich da bin?

Das Tonnen-Barometer

Meine ersten Wochen sind um. Was mein Tun und Wirken bei meinen Eltern bisher betrifft, ist die Bilanz nicht gerade überragend. Aber ich bemühe mich! Immerhin bin ich da, und das weit länger als in den Jahren zuvor. Ich sitze am Frühstückstisch und blättere durch die Zeitung, meine Gedanken aber sind ganz woanders. Über den Zeitungsrand hinweg sehe ich die Müdigkeit in Ilses Gesicht, die blasse Haut meines Vaters. Hermann trägt einen Trainingsanzug. Gleich muss er zur Gymnastik.

»Ich kann dich fahren«, sage ich.

Ilse wirft ein: »Nee, ich muss sowieso zum Einkaufen.«

»Könnte ich auch erledigen.«

Sie sagt nur kurz: »Du weißt ja gar nicht, was wir brauchen. Und von welcher Firma!«

Meine Eltern kaufen markenbewusst. Das heißt nicht, dass es das Billigste sein muss, das Teuerste sowieso nicht, aber es muss immer das Gleiche sein. Bei der Vielzahl der Hersteller traut sie ihrem Sohn nicht zu, die jeweils »richtigen« Lebensmittel aus dem Regal zu ziehen. Diese Markentreue zahlt sich natürlich aus, denn nur dadurch schmeckt alles so gut wie immer, wie es Mann und Söhne seit Jahrzehnten lieben.

»Außerdem«, fährt sie fort, »kennst du die Preise nicht.

Es gibt Sachen, die hole ich bei Edeka und andere im WEZ.«

Ich stutze: »Du fährst bei einem Einkauf in zwei verschiedene Supermärkte?«

»Natürlich! Vor allem, wenn ich dabei sparen kann.«

»Dann räume ich wenigstens den Tisch ab.«

»Aber stell nicht alles einfach so in die Spülmaschine. Das muss vorher schon mal kurz abgewaschen werden.«

Ilse braust jedes einzelne Teil heiß ab, bevor es in den Geschirrspüler kommt. Bei mir käme das so gereinigte Zeug direkt in den Schrank. Bei ihr ist das lediglich die Vorwäsche.

»Aber dann ist das doch sauber, Mama. Wenn das Geschirr bei mir zwei Stunden im Gerät gewaschen wurde, glänzt es immer noch nicht so wie bei dir nach dem Abbrausen.«

»Du hast ja auch keine Ahnung von Haushalt!«, sagt Ilse streng.

Hermann grinst. Ilse beginnt zu räumen. Ich lege meine Zeitung beiseite und helfe.

Sie schaut auf Hermann: »Röhge di!«

Er lächelt verschmitzt: »Ich muss mich nicht bewegen. Das macht mein Sohn für mich, weil ich dreieinhalb Rippen gebrochen habe!«

Ich spitze die Ohren. Kabbeln sie sich gerade wieder, oder wird meine Hilfe tatsächlich langsam akzeptiert?

Typisch für Ilse ist das Gefühl, dass nicht genug »geschafft« wird. Meine Eltern sind immer in Bewegung. Den ganzen Tag. Ständig gibt es irgendwas zu tun. Das große

Grundstück, das Haus mit Keller, Erdgeschoss, erstem Stock und Dachboden will in Schuss gehalten werden. Andauernd laufen die beiden die Treppen hoch und runter. Das kleinste Papierfitzelchen wird in die Papiertonne gebracht, natürlich umgehend. Also geht es ständig die kleine Treppe vor der Küchentür zu den Mülltonnen auf und ab. Sowie das Wetter es zulässt, sind die zwei im Garten, schneiden hier und buddeln da, und alles was geschnitten wurde, Baum, Busch und Gras, wird sofort in die Biotonne gefüllt und vorher, wenn nötig, sorgfältig zerkleinert. Oft reichte unsere Tonne nicht aus für den ganzen Grünschnitt, deshalb haben wir seit kurzem eine zweite. Früher ging Ilse schon mal heimlich am frühen Morgen gegen sechs Uhr, kurz bevor der Müllwagen kam, zu den Nachbarhäusern, wo die Tonnen schon an der Straße standen, und schaute, wo sie noch etwas von unseren Gartenabfällen verfüllen konnte.

Die Mülltonnen sind in unserer Siedlung übrigens multifunktional. Natürlich sind sie in erster Linie für die Entsorgung da, aber man schaut auch gegenseitig nach den Tonnen, ob jemand vergessen hat, seine rauszustellen. Dann greift die Nachbarschaftshilfe. Das ist aber noch nicht alles. Als ich neulich Nachbarin Doris anrufen musste, weil ich meine Eltern telefonisch nicht erreichen konnte und besorgt war, beruhigte die mich mit den Worten: »Du, die Tonne stand heute Morgen draußen und ist jetzt schon wieder drin. Ich hab extra geschaut! Die müssen also da sein. Die waren sicher nur kurz unterwegs.«

Und das ist eben nicht Neugierde, sondern Fürsorge und Umsicht. Die Mülltonnen haben also auch eine soziale

Funktion im positiven Sinne, sie sind quasi ein Fieberther-mometer der Befindlichkeiten, eine Art Tonnen-Barometer.

Es passierte früher selten, dass ich mich um meine Eltern sorgte. Im Gegenteil war ich immer genervt, wenn ich, so-bald ich irgendwohin unterwegs war, sofort anrufen sollte, ob ich auch »gut angekommen« sei. Jedes Mal, wenn ich meine Eltern während meiner Studienzeit in Kassel oder danach besucht hatte, kam, kurz bevor ich vom Hof fuhr, dieser Satz: »Ruf an, wenn du angekommen bist.« Inzwi-schen haben sich meine Eltern geändert, wir haben in dieser Beziehung regelrecht die Rollen getauscht. Wenn ich mich jetzt nach der Rückkehr von Besuchen bei ihnen noch mel-de, sagt mein Vater am Telefon schon mal: »Was willst du denn schon wieder? Wi hebt doch güst olles vertellt.«

Inzwischen schaue ich sorgenvoller auf meine Eltern als noch vor ein paar Wochen. Bei meinen früheren Besuchen saßen sie immer da, wie aus dem Ei gepellt. Meistens gut-gelaunt, ab und an mal etwas erschöpft nach einer schlecht durchschlafenen Nacht. Jetzt erlebe ich ihre Müdigkeit am Morgen, die Erschöpfung am Mittagstisch, die Mattig-keit am Nachmittag, wenn Hermann im Sitzen schon mal wegnickt, wenn Ilse sagt: »Vondoage bin ick oawer puttig!« Heute bin ich aber kaputt!

Trotzdem treiben sich die beiden mit eiserner Disziplin an alle Arbeiten. Diese Mischung zwischen Pflicht und in-zwischen nicht mehr ganz so viel Vergnügen hält beide in Bewegung.

Ich habe all diese Aufgaben rund um Heim und Hof nie gesehen oder wahrgenommen. Als Kind und Jugend-licher hatten mich die Pflichten genervt. Im Garten bei der

Ernte zu helfen, beim Einkochen, beim Feld umgraben, das war eher eine Art Zwangsarbeit. Und dann war ich ja weg. Ich habe mein Leben in verschiedenen Städten gelebt, mit nicht einmal einer Balkonpflanze, weil durch meine vielen Abwesenheiten alles, was über Schnittblumen hinausgeht, unweigerlich welken würde. Und selbst die finde ich nach meiner Rückkehr getrocknet in den Vasen.

Jahrelang habe ich meinen Eltern kein einziges Mal im Garten geholfen, war nie draußen, es sei denn, wir hatten dort den Tisch für ein Frühstück gedeckt. Die vielen Arbeiten, die ich als junger Mann gar nicht ausführen durfte, weil ich meinem Vater dabei nie ordentlich genug war, sind für beide inzwischen kaum noch zu schaffen. Das bemerke ich nun. Und es erschreckt mich.

Vor ein paar Tagen bat mich Ilse, eine Glühbirne in der Lampe an der Wendeltreppe zu wechseln, die in den ersten Stock führt. Noch nie wurde ich um so etwas gebeten. Aber inzwischen sind beide zu klein und zu wackelig, hängt für sie die Lampe zu hoch und ist die Abdeckung zu schwer zu lösen. Hermann ist alles andere als standfest, kann ohne Gehhilfe kaum noch gerade stehen, hatte sich aber trotzdem eine Fußbank auf eine der Treppenstufen gestellt, um an die Birne zu kommen. Ilse konnte ihn gerade noch von seiner wackeligen Konstruktion herunterscheuchen.

Ilse hatte gerufen: »Willst du noch mal fallen? Vier Rippen reichen wohl nicht! Du könnst di van mi uht gliecks dän Hals bräken!« In ihren Schrecken mischte sich Wut über seine Unvernunft.

Hermann kann sich kaum eingestehen, dass vieles für ihn nicht mehr zu bewältigen ist. Er hat all die Jahre sein

Selbstvertrauen nicht zuletzt aus seinen wirklich exzellenten handwerklichen Fähigkeiten gezogen. Wie schafft man das, dieses Akzeptieren der neuen Unzulänglich- und Unmöglichkeiten, der neuen Ein- und Beschränkungen?

Ich falte die Zeitung zusammen. Gleich wird Ilse zurückkommen, mit Hermann und einem gefüllten Einkaufskorb im Auto, und sie wird ein Mittagessen kochen für uns drei. Ich darf hier nicht an den Herd. Dann werden sie am Nachmittag wieder im Garten sein. Hermann wird irgendwo knien und ab und an schmerzhaft die Luft einsaugen, wenn er seine zusammenwachsenden Rippen überfordert. Später wird Freund Johann vorbeikommen, sich auf die Bank setzen und Hermann bei der Arbeit beobachten. Sie reden nicht viel dabei. Es sei denn, Johann hat neue Nachrichten aus dem Dorf und der Nachbarschaft. Johann ist hier quasi der Nachrichten-Troubadour.

Ilse wird am Abend wieder sagen: »Ich könnte das alles verkaufen! Diese viele Arbeit! Und Hermann schafft auch nichts mehr!«

Aber dann werden Monika oder Doris mit einer Flasche Sekt vorbeikommen oder Uli Finke auf ein Bier, und sie werden viel lachen. Fasan Johnny wird noch mal über das Grundstück stolzieren, und alle werden so lange schweigen, bis er weitergegangen ist. Die Sonne wird glutrot leuchten, die mohnbewachsenen Getreidefelder bescheinen und Schattenspiele werfen und dann hinter dem Wiehengebirge versinken. Und morgen wird wieder ein neuer Tag beginnen, und man wird darauf achten, dass der Nachbar auch die richtige Mülltonne rausgestellt hat.

Das Luder

»Schon wieder das Luder! Verdammt nochmal!«

Ilse ruft ihre Wut laut hinaus. Sie steht an der verglasten Küchentür und schaut in den Garten. Der Maulwurf hat neue Haufen geworfen. Der Maulwurf ist – neben den Nacktschnecken – Ilses größter Feind. Der schwarze Gräber. Ein Gegner, gegen den sie machtlos ist. Eine Situation, die sie sonst nicht kennt.

Immer wieder zogen wir früher Rüben oder Möhren aus der Erde, die der emsige Tunnelbauer angefressen hatte. Jedenfalls glaubten wir das. Es war aber die Wühlmaus. Mittlerweile ist die gesamte Gartenfläche eingesät. Seit Jahrzehnten haben wir das Pflanzen und Ernten immer mehr zurückgefahren. Ilse geht jetzt zu den Landwirten auf die Felder und pflückt dort gegen kleines Geld Erdbeeren, diese wunderbaren Früchte, die sie dann zu leckersten Marmeladen verkocht, unter tätiger Mithilfe ihres Rührassistenten Hermann.

Nun liegt unsere heimische Rasenfläche wieder wie mit Pocken übersät da. Die kleinen Erdhaufen sind für Ilse Vulkane ihrer Wut. Der unsichtbare Feind raubt ihr den Gleichmut und sogar den Schlaf, vor allem aber die innere Balance. Es ist jedes Mal aufs Neue ein Wettlauf gegen einen unsichtbaren Gegner, den wir täglich neu verlieren.

Ich erinnere mich, wie wir vor Jahrzehnten einmal einen Maulwurf dabei erwischten, wie er sein Erdreich aus dem Tunnel nach oben schob. Hermann war mit einem Spaten in der Hand über den Rasen geschlichen. Im Grunde war es die Jagdtechnik der Inuit, die er adaptierte. Die versuchen, reglos an den Atemlöchern der Robben zu stehen, die sie sich in Abständen ins Eis beißen, sobald das Meer zu überfrieren beginnt. Dort verharrt der arktische Jäger über Stunden, um dann blitzschnell die Lanze mit dem an der Spitze aufgesetzten Widerhaken aus Knochen in das Tier zu stechen, sobald sich die dünne Eisschicht über dem Loch bei dessen Auftauchen bewegt. Allerdings muss man in den arktischen Regionen lediglich das Atemloch orten. Irgendwann wird mit großer Sicherheit ein Tier dort erscheinen, aus seinem engen Eiskanal hochkommen und schnaubend Luft holen. Hermann stand dagegen meist so ratlos auf unserer Rasenfläche herum, wie die Karawane in der Wüste auf der Suche nach einer Oase. Wo der Maulwurf auftauchen würde und wann, das waren Lebensfragen, die mit der gleichen Erfolglosigkeit angegangen wurden wie das wöchentliche Lottospiel.

Nur dieses eine Mal war Hermann schnell genug, leise genug. Einem Inuit gleich schlich er sich an, stach den Spaten tief ins Erdreich und warf es in die Luft. Erde und Maulwurf flogen hoch wie eine Fontäne, die vom Geysir ausgespien wird. Als der Maulwurf landete, zeigte er immense Sportqualitäten und rannte mit großer Geschwindigkeit über den Rasen, um im nächsten seiner Erdlöcher wieder zu verschwinden. Ob Hermann ihn noch erwischt hat, kann ich nicht mehr sagen. Hier verblasst die Erinnerung.

Insgesamt gesehen haben die Maulwürfe auf jeden Fall gewonnen. Sie sind immer noch da. Zum absoluten Leidwesen meiner Eltern. Das alles war natürlich lange vor 1988, denn seither steht der blinde Buddler unter Naturschutz. Riech-, Tast- und Hörorgane helfen ihm, sein eigenes Jagdwild zu orten, und das Phantastische ist: Wo er wühlt, ist im Grunde feinstes Erdreich. Die Besitzer dieser Ländereien sollten das Auftauchen des Tieres eher als Kompliment für ihre Böden sehen. Meine Mutter weiß das, kann aber grundsätzlich keine Komplimente annehmen.

Deshalb geht der Versuch, ihn zu vertreiben, unermüdlich weiter. Genauso wie mein Vater weiter an den großen Lottogewinn glaubt und ständig versucht, mit ausgeklügelten Methoden die richtigen sechs Zahlen zu erahnen, genauso hofft er immer wieder, dass der schwarze Wühler aus dem erdigen Reich gleich in seinem Blickfeld auftauchen wird.

»Hermann, moak doch watt!«, stachelt Ilse den Jäger auf.

Aber hier haben Gesetzgeber und Naturfreunde meinen Eltern enge Grenzen gesetzt. Früher haben wir Fallen aufgestellt, Zangen, die nach einem ähnlichen Prinzip funktionierten wie eine Mausefalle. Manchmal wurden die mit einem Stück Möhre bestückt, meistens einfach nur quer in den Erdgang gesteckt. Fast immer war der pelzige Schwarzling klüger und geschickter als die Fallensteller. In den allermeisten Fällen gingen wir leer aus.

Fragt man ein wenig herum, erfährt man schnell, dass die Wut auf den Maulwurf viele auf den Dörfern eint. Angeblich gibt es sogar nächtliche Treffen, auf denen Jagdriten zelebriert und bei denen heimlich wertvolle Maulwurfsmäntel, aus ihren Fellen gefertigt, getragen werden. Schwarze,

glänzende Mäntel, die sonst, von Kleidersack und Motten-
kugel geschützt, ganz hinten im Schrank versteckt werden.

Bevor es zu einem mitleidigen Aufschrei beim Leser mit
eher städtischer Sozialisation kommt: Der Maulwurf seinerseits ist ein grausamer Geselle. Für den Winter bevor-
ratet er sich mit Regenwürmern, denen er das Vorderende
abbeißt, damit sie nicht sterben, gleichzeitig aber auch nicht
aus dem unterirdischen Tunnelverlies fliehen können!

Sie sind eine Plage! Aber jetzt bin ich ja hier! Dies ist meine Stunde! Ich werde kein Jäger sein, sondern ein freund-
licher Verjager. Wie der Prinz im Märchen sein Dornrös-
chen aus der Rosenhecke befreit, so werde ich meine Eltern
von den Maulwürfen erlösen.

Als Erstes lese ich die Gesetzestexte, erforsche, was zu-
lässig und was verboten ist. Ich komme mit der ganzen
Hybris der Kindgeneration und des Internets. Ich werde
meinen Eltern die Überlegenheit moderner Technik bewei-
sen. Sie glauben, sie hätten schon alles versucht. Ich recher-
chiere nach erlaubten Mitteln. Natürlich kennt selbst Ilses
Wut Grenzen. Niemals würden wir verwenden, was die
Internetseite krasse-mittel-gegen-unerwuenschte-gaeste.de
empfiehlt, wie z. B. die Selbstschussanlage gegen Wühlmäu-
se, die natürlich auch gut den Maulwurf erwischen könnte.

An Dorftheken genauso wie im Internet kursieren Tipps
wie »Lappen mit Benzin« in die Gänge oder »Buttermilch!
Da muss Buttermilch in die Gänge! Mit Buttermilch kriegst
du die weg!«.

Also kaufe ich Buttermilch und gieße sie bei sommer-
lichen Temperaturen in die Maulwurfsgänge, heimlich,
während meine Mutter und ihr Torero sich zur Siesta gelegt

haben. In den Gängen versickert das Zeug sofort, ich werde es nicht nur literweise brauchen, sondern europalettenweise! Also beschränke ich mich auf einzelne Hügel. Schnell sind meine Vorräte aufgebraucht. Die Sonne scheint, die Buttermilch gärt (oder was auch immer in ihr, dem Bioprodukt, an chemischen Reaktionen ausgelöst werden) – es stinkt!

Meine Mutter hat eine extrem empfindliche Nase. »Irgendwas riecht hier«, ruft sie, als sie durch den Garten streift auf der Suche nach der olfaktorisch hochtoxisch scheinenden Quelle.

Fast ein bisschen stolz sage ich: »Ich vertreibe die Maulwürfe mit Buttermilch!«

Ilse wird bleich: »Bist du verrückt? Die ist viel zu schade, da koche ich Anballersse von.«

Anballersse ist ein unübersetzbares Wort, ein »Arme-Leute-Essen« mit Buttermilch, die im Plattdeutschen den klingenden Namen »Boddermelk« hat. Eine Art Eintopf oder Suppe mit Kartoffeln und Schinkenspeck. Auch wenn man sich das in anderen Landesteilen kaum vorstellen kann: eine Köstlichkeit, die in keiner Sterneküche fehlen dürfte.

»Speul datt wech«, ruft Ilse erbost, »datt wett süss no leger.«

Also spüle ich so ergeben wie geknickt mit Wasser nach, auf dass wieder Hochgenuss einkehre in Garten und Nase. Ich kann auch noch 4711 drauftupfen, denke ich leicht vergrätzt.

Als Nächstes versuche ich es mit der »akustischen Bio-Variante«, die ich im Internet finde. Fachleute sagen, der kleine Jäger sei sehr lärmempfindlich. Man stellt leere Fla-

144

schen oder Dosen in die Gänge, deren Böden entfernt wurden, und der Wind soll nun als Flaschenbläser den Wühlern ein Verscheuchungskonzert spielen. Bei uns blieb es leider ohne Erfolg.

Ich probiere mich durch alle guten und vor allem legalen Ratschläge durch. Ich stecke Holzpflöcke in die Löcher beziehungsweise Gänge und schlage in unregelmäßigen Abständen mit einem Hammer darauf. Zwei Wochen lang mache ich Krach. Vergeblich. Er gräbt weiter!

Akustische Methoden scheinen mir trotzdem sehr vielversprechend. Ich entdecke ein interessantes Angebot. In einschlägigen Katalogen werden sie als »Maulwurfschreck« oder »Vergrämer« angeboten. Sie sollen das Tier nerven und vertreiben. Ganz billig sind die nicht, trotzdem bestelle ich bei weidezaun.info für 33 Euro 90 das Stück. Natürlich kaufe ich ohne vorherige Ankündigung und Absprache mit meinen Eltern und bekomme dafür meinerseits schwer auf den Pelz. Fünf Stück verteile ich im weitläufigen Garten. Viel hilft viel!!

Ilse sieht mich die Pfählchen einschlagen: »Was machst du da?«

»Das sind Maulwurfsvergrämer. Die haben einen Tongeber oben drin.«

»Du hast wohl zu viel Geld! Was kostet denn einer?«

»Um die 30.«

»Du liebe Zeit! Und wie funktioniert der?«

»Der sendet hohe Töne. In Abständen.«

»Stimmt«, sagt Ilse, »ich hör was!«

»Aber das ist ein Piepen, das vom menschlichen Gehör normalerweise nicht erfasst wird.«

»Wer sagt das?«

»Die Packungsbeilage!«

»Die muss es ja wissen!«

Der einzige Erfolg ist, dass meine sehr empfindliche Mutter diese Töne eben doch hört und nun ihrerseits fast in den Wahnsinn getrieben wird. Trotzdem erträgt sie meinen Feldversuch drei Tage lang. Als ich versuche, Ilse zu erklären, dass diese doch irgendwie auch possierlichen Tierchen an ähnlichen Sensibilitäten leiden wie sie, kommt es zu einem Sturm der Entrüstung: »Du wutt mi doch wall nich mit son Winneworp verglieken!«

Tagelang fühle ich mich enterbt, notiere aber in meinem Büchlein für besondere ostwestfälische Vokabeln: Winneworp = Maulwurf.

Aber dann verhöhnt mich das »schwarze Luder« auf schmerzhafteste Art und Weise. Statt vertrieben worden zu sein, buddelt und wirft der Maulwurf seinen nächsten Haufen am vierten Tag, während wir Mittagspause machen, direkt unter einem Lärmpfahl auf, der damit in die Höhe getrieben wird und windschief als desolates Gipfelkreuz auf seinem kleinen Erdhügel thront. Derart verspottet muss ich gedemütigt und gescheitert die teuren »Maulwurfsvertreiber« aus den Erdgängen ziehen.

Nun liege ich mit meinem iPad im Wohnwagen, draußen umgeben von dunklen Erdhügeln aus bestem Mutterboden, die meine Mutter wahnsinnig machen. Ich finde keine weiteren Methoden mehr, habe aber eine Idee und notiere: »Konfusion, der große ostwestfälische Weise sagt: ›Es ist weise, die Feinde, die du nicht besiegen kannst, zu deinen

146

Freunden zu machen.‹« Ab jetzt will ich versuchen, meine Mutter mit dem Maulwurf auszusöhnen. Ich erzähle, dass der Maulwurf ein Garant sei für beste Böden und dergleichen mehr. Auch dies: vergeblich. Nicht einmal das vermeintlich stärkste Argument zieht: »Schnecken sind doch das Schlimmste für dich, Ilse, oder?«

Sie nickt, ihr Gesicht verzieht sich angeekelt beim Gedanken an den kriechenden Schleimer.

Ich sage: »Ilse, die Maulwürfe fressen auch Schnecken! Jeder Einzelne frisst etwa 20 Kilogramm Schnecken, Käfer, Würmer, Engerlinge und Insekten pro Jahr.«

Doch meine Mutter entgegnet nur: »Wenn der sich nur an einer einzigen Schnecke verschlucken würde, wäre ich schon zufrieden!«

Wenn zwei sich streiten, braucht es keinen Dritten

Es gibt für jedes Problem normalerweise mindestens zwei unterschiedliche Lösungen. Oft sind es sogar noch mehr. Für jede Sache gibt es mindestens zwei Sichtweisen. Bei meinen Eltern ist das besonders ausgeprägt: zwei Menschen, zwei Meinungen, zwei Lösungen. Seit ich hier bin, ist es schwieriger geworden, denn ich habe eine dritte Meinung. Anfangs war die nicht relevant, meine Ansicht spielte keine Rolle. Wenn ich versuchte, mich einzubringen, dachte anfangs keiner der beiden auch nur im Entferntesten daran, meinen Lösungsvorschlag oder meine Meinung auch nur zu bedenken – es sei denn, der kam einem der beiden entgegen und konnte gegen den anderen verwendet werden. Langsam gibt es nun Momente, wo ich sogar mal gefragt werde! Das heißt noch nicht, dass es auch so gemacht wird, aber ich werde einbezogen.

Vielleicht war es das, was mich zu der eigentlich komplett übermütigen Frage führte: »Was würdet ihr an mir loben?«

Mein Vater sagte: »Was ist? Was meinst du?«

Meine Mutter meinte sofort hochironisch: »Deine Pünktlichkeit!«

Ich sagte: »Nein, im Ernst!«

Dann war lange Ruhe. Dann sagte meine Mutter: »Eigent-

lich hast du immer viel gearbeitet. Früher und heute. Nur eben nicht hier bei uns. Das macht immer so den Eindruck, als ob du den ganzen Tag nichts tust, aber tatsächlich ist das ja anders.«

Ich war wie vom Donner gerührt.

Und Hermann schob hinterher: »Und manchmal machst du ja auch was richtig!«

Wir mussten lachen. Tatsächlich ist es so, dass mir hier immer wieder Missgeschicke passieren, für die ich zwar nichts kann, aber sie geschehen mir und nicht den beiden. Und immer wieder und weiter favorisieren wir meistens unterschiedliche Lösungswege. Wenn meine dann zu kleinen Katastrophen führen, lautet der stete Kommentar: »Hab ich dir ja gleich gesagt!« Meine Hilfe muss ihnen manchmal wie eine Bedrohung vorkommen.

Ilse hat ihr Fahrrad abgestellt. Hermann kommt mit dem Rasenmäher um die Ecke. Ich schiebe das Fahrrad an die Seite.

»Wohin?«, frage ich.

»Stell man inne Bude«, sagt Hermann.

Ich schiebe das Fahrrad über eine Ministufe in die Bude und denke: Das sieht ziemlich platt aus.

»Papa, wo ist denn hier 'ne Luftpumpe?«

»Wieso?«

Hier wird nicht einfach auf Fragen geantwortet. Hier werden Gründe gebraucht. Die kann ich liefern.

»Bei Ilse muss Luft auf den Reifen!«

»Hängt in der Abstellkammer.«

Ich hole die Luftpumpe. Eine Standluftpumpe. Ich biege

um die Ecke. Und wundere mich. Hermann hat Ilses Fahrrad wieder aus der Bude geholt.

»Worümme datt denn?«, frage ich. Ich hätte das einfach und schnell da drin erledigt.

»Weil das mit dem Aufpumpen hier draußen bessergeht.«

Ich staune: »Wieso geht das hier draußen besser als drin?«

Wie gesagt, hier werden Gründe gebraucht. Hermann antwortet nicht sofort. Es ist Sommer. 26 Grad. Drinnen ist es kühler als hier in der prallen Sonne.

Ich sage: »Wär auch im Schatten.«

Er sagt: »Hier ist mehr Licht!«

Ich sage grinsend: »Von mir aus.«

Er schraubt die Kappe vom Fahrradventil und dreht das Rad so, dass das Ventil unten ist.

Ich sage: »Wieso drehst du das Ventil extra nach unten?«

»Dann hält das besser, wenn du den Luftschlauch anklemmst.«

Seit mein Vater zunehmend krumm und kleiner wird, scheint er viele der zu erledigenden Arbeiten Richtung Erde verlegt zu haben. Ich pumpe immer Luft auf den Reifen, wenn das Ventil oben ist. Dann muss man sich nicht so tief bücken.

»Der hält oben genauso«, sage ich.

»Nee, oben hält der nicht.«

»Wieso das denn?«

»Unten ist besser.«

Ich diskutiere nicht. Also – ich versuche, nicht zu diskutieren. Ich probiere, auf jede Widerrede zu verzichten. Denn das hat keinen Zweck. Gar nichts zu sagen kriege ich al-

lerdings meistens nicht hin. Aber ich diskutiere nicht. Diskutieren ist der Versuch, Argumente auszutauschen. An Austausch von Argumenten ist im Hause Gieseking und eigentlich im gesamten Ostwestfalen seitens der Elterngeneration niemand interessiert.

Als ich, der Erste aus unseren Familien, zur sogenannten »höheren Schule« kam, aufs Gymnasium, hatte ich plötzlich auch das Fach Philosophie. Was ich dort lernte, stand im Widerspruch zur Welt in Kutenhausen. Dort waren Väter und Mütter, die Despoten unserer Jugend, gegenüber Dialog oder Diskurs, geschweige denn Kontroverse gänzlich unaufgeschlossen. Wenn ich mittags aus dem Philosophieunterricht kam, hörte ich meiner Mutter zu, wie sie ihre Stimme erhob und Direktiven erteilte. Dann äußerte ich mein – meist konträres – Argument, bekam von ihr aber nur den Satz zurück: »Das sind Widerworte!«

Ich entgegnete dann: »Nein, gar nicht. Das ist nur ein Gegenargument, Ilse.«

Darauf sie: »Da! Schon wieder Widerworte!«

»Nein, das ist doch ein Austausch von Argumenten.«

Nun Ilse, überraschend: »Und immer musst du das letzte Wort haben!«

»Muss ich gar nicht!«

Nun wieder Ilse und diesmal final: »Da! Schon wieder!«

Ich schließe den Schlauch an das Ventil an und will den Fuß in den Haltebügel stellen. Hermann bückt sich, greift zur Luftpumpe und dreht den Fuß um 180 Grad.

Interessiert schaue ich nach unten: »Wieso drehst du das Ding um?«

»Weil das bei uns immer so gemacht wird.«

»Ginge aber doch auch anders, oder?«

Ich schaue sehr treuherzig, versuche, so zu schauen wie früher unser Dackel Waldi.

»Nein! Das geht nur so!«

Ich zucke mit den Schultern, klemme meinen Fuß in den Bügel, pumpe dreimal, ziehe den Kolben ein viertes Mal hoch und dabei aus der Pumpe heraus. Komplett. Ich halte plötzlich zwei Teile in meinen Händen, schaue wie Buster Keaton. Hermann schaut wie Kater Karlo.

Er sagt: »Die ist noch nie kaputtgegangen!«

Ich versuche, die Luftpumpe wieder zusammenzubauen.

Hermann: »Du musst drehen. Das ist ein Gewinde.«

Ich murmele: »Das ist überdreht! Außerdem, wie alt ist die denn?«

Hermann grinst: »Die hat schon ein paar Geburtstage hinter sich.«

Ich sage: »Ich wollte mir sowieso eine kaufen. Dann hol ich gleich zwei.«

Ilse kommt dazu und wirft spitz ein: »Da musst du schon warten, bis Hermann wieder irgendwo ein Sonderangebot findet.«

Hermann reagiert nicht auf sie und überhört den Vorwurf, er sagt zu mir: »Komisch, dass bei dir immer alles kaputtgeht.«

Ich, um mich zu wehren: »Das ist ein altes Gesetz: Wer billig kauft, kauft zweimal!«

Hermann erwidert: »Trotzdem ist die Pumpe bei mir in all den Jahren nie kaputtgegangen.«

Ich versuche, mich zu retten: »Wieso steht denn in der

Bude eigentlich noch ein zweiter Rasenmäher? Der ist doch bestimmt auch kaputt!«

Hermann nimmt die Vorlage auf, wie einst Mario Götze den Ball für die deutsche Nationalmannschaft bei der WM 2014 gegen Brasilien: »Das ist kein Rasenmäher. Das ist ein Entlüfter.« Hermann. Jeder Schuss ein Treffer.

Kabelsalat

Ich fahre wieder für einen Tag nach Dortmund. Am Nachmittag komme ich an, sortiere als Erstes meine Post und freue mich auf einen Gang durchs Viertel und eine kleine Motorradfahrt. An mein Wohnhaus schließt sich ein Hinterhof an mit einem Theater, dem »Fletch Bizzl«. Hier proben die Kollegen Betty und Fips, die über die Jahre zu Freunden geworden sind. Gerade haben sie Pause, sitzen vor dem Theater, und wir trinken einen Kaffee zusammen.

»Lange nicht gesehen.«

»Ich bin diesen Sommer kaum hier.«

»Wieder Finnland?«

»Nee. Ausnahmsweise Minden.«

Dann wird gelacht. Anschließend erzähle ich weiter: »Mein Vater hat sich ein paar Rippen gebrochen. Ich wohne gerade bei meinen Eltern. Ich helfe da mal 'ne Zeitlang.«

Betty fragt: »Und wo wohnst du da? Hast du noch dein altes Zimmer?«

»Ich wohne im Wohnwagen.«

Die beiden lachen schon wieder. Fips fragt: »Wie? Wohnwagen?«

»Ich hab mir einen geliehen. Der steht jetzt bei uns im Garten.«

»Abgefahren«, sagt Betty.

Dann öffne ich die Garage und schiebe eines meiner beiden Motorräder heraus, heute die »kleine«, eine 750er Kawasaki Zephyr, fast schon ein Oldtimer. Helm und Handschuhe liegen auf der Sitzbank bereit. Ich mache eine kleine Ausfahrt mit Ziel Dortmund-Brechten. Dort leben Ganter und Sylvia, enge Freunde. Ganter ist Künstler, Maler und Karikaturist, und von ihm sind viele der Arbeiten, die an meinen Wänden hängen.

Natürlich fragt auch Ganter: »Und, wie isset zu Hause?«

Ich erzähle: »Eigenartiges Gefühl, wieder zu Hause zu sein. Früher hab ich da nur mein Motorrad gepflegt. Jetzt hab ich vollen Garteneinsatz. Das ist alles nichts Weltbewegendes, aber manches doch zu viel für die beiden. Ich weiß gar nicht, wie die das bisher gemacht haben. Wie die das alles noch irgendwie auf die Reihe kriegen!«

Als ich zurückkomme und das Motorrad im Innenhof in die Garage fahre, biegt Annette um die Ecke, die mit einer Kollegin eine therapeutische Praxis im Erdgeschoss hat.

Auch Annette sagt: »Lange nicht gesehen. Bist du auf Tour?«

»Nee, ganz im Gegenteil.«

Ich erzähle ihr von meinem Sommer bei meinen Eltern, und sie erzählt von ihrer Mutter. Und wie so oft liegen Schönes und Schweres dicht nebeneinander. Ihre Mutter trifft sich weiterhin mit ihren Sandkastenfreundinnen, auch wenn dieser Kreis langsam kleiner wird. Aber das Leben als Witwe, die Einsamkeit an manchen Tagen – Annettes Vater starb schon vor Jahren – führt auch zu Stimmungsschwankungen, weit ab von Demenz gibt es Stunden, an denen eine aggressive Stimmung dominiert.

Annette sorgt sich, ob die Vergesslichkeit ihrer Mutter, die je nach Tagesform auftreten kann, eine Vorstufe zur Demenz sein könnte. Die Mutter kreist in ihrem Alleinsein sehr um sich. Was können Kinder da leisten? Wie so oft ist Annette heute wieder mit ihr zum gemeinsamen Essen verabredet. Wenn man in der gleichen Stadt wohnt, ist das verhältnismäßig leicht einzurichten. Meine Distanz zu meinen Eltern temporär aufzuheben und dort zu leben findet Annette interessant.

Dann stellt sie mir als Psychotherapeutin die einzig richtige Frage: »Und warum machst du das?«

Ja, wieso mache ich das eigentlich? Mein erster Impuls zu helfen, weil Hermann die Rippenbrüche hatte, ist längst überholt. Mittlerweile lebe ich in einer Art Wohngemeinschaft mit meinen Eltern, zwar im Wohnwagen, und ihr Anteil am Haushalt ist deutlich größer als meiner, aber ich genieße das Zusammensein. Das gemeinsame Tun ist das eine, aber ich mag auch die Abende, wenn wir nebeneinander im Garten sitzen, wenn sie reden, sich erinnern, wenn sie über Dorf und Dörfler erzählen. Oral History. Ich spiele inzwischen mit ihnen Rommé und habe im Laufe der Wochen sogar schon zwei Spiele gewonnen. Ich mag dieses Mitschwimmen im Alltag, genieße es, wenn Nachbarn noch auf ein Getränk vorbeikommen oder alte Freunde mich am Wohnwagen besuchen. Spontan. Das macht man auf dem Dorf einfach so, ohne sich wie hier in den Städten zu verabreden. Und dann spreche ich es aus: »Das ist schön, mal wieder länger in der Heimat zu sein!«

Ich erzähle, wie schwer das Leben an manchen Stellen für beide ist, wie sie um ihre Autonomie kämpfen, wie ihre Körper sie immer mehr fordern und einschränken. Und dass ich feststelle, dass alles, was ich dort mache, zwar sinnvoll ist und nett, aber doch nur ein Tropfen auf den heißen Stein. Und dass ich das Gefühl habe, die Anforderungen von Haus und Hof, so schwer sie einerseits sind, halten die beiden auch jung, fordern Disziplin und Einsatz und sind vor allem sinnvoll. Niemals kämen meine Eltern auf die Idee, am Vormittag oder überhaupt tagsüber irgendetwas im Fernsehen zu schauen. Es sei denn, es gibt gerade eine Übertragung der Biathlon-Meisterschaften oder Ski-Weitsprung oder einen Bericht über Dart-Wettkämpfe oder Snooker. Wenn meine Eltern Zeit haben, spielen sie sofort ein Spiel, knobeln, holen die Karten heraus oder kniffeln. Hermann ist dazu leidenschaftlicher Sudoku-Spieler und Ilse eine unermüdliche Handarbeiterin und ständig am »Knütten«, am Stricken. Meine Schublade ist voller Socken, und jeder meiner Schals ist ihr Design.

Annette nickt: »Toll, wenn die beiden noch so aktiv sind. Wie lange machst du das noch?«

»Ein paar Wochen.«

»Erzähl mal, wie das war, wenn du wieder zurück bist.«

Sie steigt aufs Rad, ich schließe die Garage und gehe in meine Höhle im dritten Stock.

Es wird langsam dunkel. Ich sitze auf meinem Dortmunder Balkon und sehe den Schwalben zu. Erstaunlich viele, denke ich, dafür, dass wir hier mitten in der Stadt sind. Die werden diesen Sommer im engen Hinterhof ihre unbeschreiblichen Flugmanöver ohne meine bewundernden Blicke fliegen. Wie sie bei dem Tempo unterwegs noch Insekten sehen und dann erwischen, ist mir ein Rätsel. Ich warte schon lange auf einen Tierfilm, der mir das in Super-Slow-Mo zeigt.

Wie herrlich, nun eine Nacht im eigenen Bett zu schlafen. Ich werde in der Nacht kurz wach und frage mich, ob die Hexen mich vermissen werden. Wird Johnny bemerken, dass ich fehle? Dann schlummere ich weiter.

Am nächsten Morgen mache ich mir einen Kaffee. Dann geht es los, zurück nach Minden. Letzte Woche hatte ich für die Fahrt extra eines meiner Motorräder genommen, wie früher, als so manche Motorradtour der Anlass für einen Heimatbesuch war – und nicht etwa Heimweh oder gar meine Eltern selber.

Anfangs, als ich noch in Kassel lebte, kam ich mit meiner Yamaha SR 500, stand dann am Bike und putzte und schraubte mehr, als dass ich je im Garten gestanden hätte. Später, aus Köln, kam ich mit meiner BMW K 750, dann, aus Dortmund, mit einer K 1200, und ich musste nicht mehr schrauben, sondern nur noch putzen. Manchmal stieg meine Mutter noch hinten auf, und wir fuhren eine Runde durchs Dorf. Ihre einzige Bedingung war: »Ick sette over kein Helm up. Ick bin güst bien Friseur wäsen!«

Als ich sie letzte Woche auf den Soziussitz meines fast fertig polierten Motorrads einladen wollte, sagte sie nur: »Nee, lass mal!« Und fügte hinzu: »Wolltest du nicht den Freisitz streichen? Und jetzt sitzt du doch wieder nur an der Kiste! Wie früher!«

Ich war ertappt, stoppte sofort die Motorradpflege, ging

in die Garage, griff mir den Farbtopf »Mahagoni« und begann zu streichen, zuerst die Außenwand.

Irgendwann kam Hermann mit seinem Rollator herangeschoben und sagte: »Ich denke, du machst dein Moped sauber?«

»Ilse hatte Kritik. Und den Freisitz kann ich ja wirklich nur hier streichen. Das Motorrad kann ich auch in Dortmund putzen.«

»Wohl wahr!«, sagte er und bog erwartungsvoll um die Ecke, besah mein Werk, und dann flüsterte er: »Watt hesst du denne moaket?«

»Gestrichen?«

»Aber Bengel, doch nicht mit Mahagoni! Mahagoni ist rot. Ilse hasst alles Rote. Das kann die gar nicht ab!«

»Ach du Scheiße!«

Hermann flüsterte immer noch: »Nussbaum dunkel, Kerl. Stand doch daneben.«

»Hab ich wohl übersehen. Dann muss ich überstreichen.«

»Bist du verrückt? So dicke haben wir es auch nicht mit dem Geld, dass wir das einfach überstreichen. Komm, mach innen Nussbaum, draußen lassen wir Mahagoni.«

»Und wenn Ilse das sieht?«

Hermann grinste: »Dann sagen wir, wir wollten mit der Außenfarbe Gräsers ärgern!« Er überlegte kurz: »Im Ernst: Wir sagen, Nussbaum hätte nicht gereicht, es sollte aber fertig werden, und in ein, zwei Jahren streichen wir das dunkler über!«

»Du bist ein Held und Retter, Vadder!«

»Ja, trotz Rollator!«

Heute entscheide ich mich wieder für das Auto, denn in Dortmund regnet es, als ich aufbrechen will. Ich bin, was Motorräder betrifft, ein Sonntagsfahrer geworden. Ich staune über mich selbst, denn ich spüre so etwas wie Vorfreude auf dieser Rückfahrt. Ich freue mich, die Porta Westfalica zu sehen. Ich fahre extra an der Weser entlang, stelle den Wagen an Valentins Mühle in Todtenhausen ab und schaue auf dieses wahrscheinlich relativ unbedeutende Binnengewässer, den für mich wichtigsten Fluss der Welt. Dann parke ich auf dem Rasen vor unserer Blautanne und sehe rüber zu meinem Wohnwagen. Er glitzert in der Sonne. Ich bin wieder zu Hause. Und wo ist Johnny? Treibt sich bestimmt in den Feldern herum und sucht nach Würmern, Käfern und Krumen und sicher immer noch nach einer Frau.

Ich gehe in den Wohnwagen und ziehe mich um. Minuten später stehe ich in meiner Zimmermannshose im Garten und habe die Hände in den Taschen. Was tun? Arbeit gibt es genug rundum. Dann will ich mal nach den Aufträgen fragen.

Ich klopfe an die Küchentür. Meine Eltern sitzen am Tisch, trinken den obligatorischen Tee und spielen, wie immer, Rommé.

Ich nicke, umarme die beiden und sage: »Moin.«

»Moin«, sagt Hermann. Sie haben gerade ein Spiel beendet.

Ilse sucht die Karten zusammen und mischt.

»Willst du mitspielen?«, fragt Hermann. »Tee?«

Ich nicke und hole mir ein Glas.

Wir spielen zwei Partien, und fast hätte ich das zweite Spiel gewonnen.

»Anfängerglück!«, brummt Hermann.

»So, wieder an die Arbeit«, ruft uns Ilse zur Disziplin.

Heute soll es losgehen mit unserem größten Vorhaben in diesem Sommer. Wir wollen am Freisitz an einem Pfahl eine Steckdose installieren und eine Gartenlampe anschließen. Das sollte schon lange gemacht werden. Mein Wohnwagen ist nun der konkrete Anlass, denn bisher verläuft »mein« Stromkabel ja als Stolperfalle quer über das Grundstück. Ich bin froh, dass noch keiner der beiden dort gestürzt ist. Nun soll meine Stromversorgung nur noch ein paar Meter über den Rasen führen.

Für die neue Steckdose muss ein Kabel von der Bude neben der Garage zum Freisitz verlegt werden. In der Erde. Also lautet mein Auftrag: Buddeln. Ein paar Platten am Freisitz hochnehmen und von da aus eine Rinne durch den Rasen graben. Hermanns Schwager, Onkel Conrad, der ehemalige Elektroingenieur, wird dann das Kabel anschließen. Hermann hat schon alles parat gelegt, Kabel, Fäustling, Spaten und die unvermeidliche Kelle. Ich muss die Grasnarbe ausstechen, aufnehmen und sauber in Reihenfolge ablegen, damit sie später wieder exakt eingesetzt werden kann. Der Kanal soll Spatenbreite haben und etwa 25 bis 30 Zentimeter tief sein. Das soll verhindern, dass später einmal bei Grabarbeiten das Kabel zufällig getroffen wird.

Wir beginnen in der Mitte und arbeiten uns in beide Richtungen vor, zuerst zum Freisitz. Nun beginnt meine Arbeit: ausstechen, ausheben, ablegen, graben. Ich steche das erste Grasstück ab, gehe dann mit dem Spaten drunter, um es auszuheben.

»Flacher! So nimmst du zu viel Erde mit.«

»Hermann, ich steche nicht zum ersten Mal Rasen aus.«

»Das letzte Mal scheint aber schon lange her zu sein.«

Leider hat er recht. Der Schweiß tropft schon nach wenigen Minuten von meiner Stirn. Hermann sitzt auf seinem Rollator und gibt Kommandos. Lange hält er das aber nicht aus, dann liegt er auf den Knien und kratzt mit seiner Kelle nach jedem Spatenstich hinter meiner Arbeit her.

Das Wetter ist phantastisch. Die Sonne strahlt, ich stehe breitbeinig über meinem Graben und hebe die Soden heraus, die ich vorher sauber ausgestochen habe. Unter Hermanns steter, kundiger Anleitung nehme ich Rasenstück um Rasenstück auf und buddele dann weiter am Schacht. Irgendwann kommt Nachbar Johann vorbei, stellt sich neben uns, die Hände in den Taschen. Man sieht, dass er nachdenkt.

Dann sagt Johann: »Grabt ihr nach Öl?«

Hermann schaut zu ihm hoch und blinzelt dabei gegen die Sonne: »Hier sollte man nicht stehen bleiben, sonst muss man mitarbeiten!«

Johann sagt nur: »Ich bin ja schon weg!«

Hermann grinst: »Dumme Sprüche kann ich alleine.«

Wir arbeiten uns durch die Bodenplatten des Freisitzes zum Pfahl. Und natürlich kann Hermann nicht anders, auch wenn die Rippen zwicken, kniet er sich hin und lockert mit der Kelle die Betonplatten, die ich dann anheben muss. Eine Schicht mit feinem Kies liegt darunter. Hermann kratzt ihn zusammen.

»Hoal moal dän Emmer!«

»Jau, Vadder.«

Nachdem wir nun die ersten anderthalb Meter ausgeschachtet haben, legen wir das Kabel ein, lassen es
entsprechend lang am Pfahl hochlaufen und nageln es
provisorisch fest. Endlich halte ich mal wieder einen Zimmermannshammer und einen Nagel in der Hand. Das kam
seit Jahrzehnten nicht mehr vor, es sein denn, ich musste
mal ein Bild aufhängen. Ich schaufle den ersten Teil der
Rinne wieder zu. Hermann kniet und klopft die Erde mit
dem Fäustling, einem dicken Hammer, fest und verteilt anschließend den Kies. Natürlich mit der Kelle, wie sonst? Ich
darf wenigstens die Betonplatten wieder einlegen.

Irgendwie ist es rührend zu sehen, wie Hermann mit
Können und Akribie, mit voller Konzentration, aber eben
auf allen vieren diese Arbeiten ausführt. Wir setzen die
Rasenstücke zurück, als säßen wir an einer Intarsienarbeit.

»Sitzt, passt, wackelt und hat Luft«, zitiert Hermann den
Ausdruck größter Zufriedenheit in Holzberufen.

Da kommt auch schon das mittägliche Kommando von
Ilse: »Äten is feddich!«

Dann geht es vom Ausgangspunkt in die andere Richtung
weiter zur Bude. Als ich am Apfelbaum entlanggrabe, muss
ich mehrere Wurzelenden durchstechen, zum Teil richtig
dicke, und ich murmele Entschuldigungen Richtung Baum,
aber so leise, dass zumindest Hermann mit seiner Schwerhörigkeit die nicht hört. Das hoffe ich jedenfalls. Es wäre
mir peinlich. Trotzdem habe ich gerade ein komisches Gefühl, diesem knorrigen Baum weh zu tun, vielleicht fürchte
ich mich auch vor der Rache der Hexen.

Als mein kleiner Graben auf die Bude stößt, muss ich ein wenig vom Betonsockel abstemmen, auf dem die Pfosten stehen, die das Dach tragen. Dieses Kantholz haben wir schon von innen durchbohrt, so dass wir das Kabel hier durchführen können. Damit es aus der Erde senkrecht am Holz hochgeführt werden kann, muss ich in den Beton eine kleine Rinne stemmen. Hammer und Meißel liegen bereit. Ich schlage dreimal, viermal.

Hermann deutet auf einen Punkt im Beton: »Setz den Meißel doch mal da an.«

Genervt sage ich: »Hermann, lass mich doch einfach machen.«

Der achte Schlag, der neunte.

»Bengel, warum machst du nicht, was man dir sagt?«, fragt Hermann.

Na gut!, denke ich. Soll er seinen Willen haben!

Ich setze den Meißel genau an der Stelle an, auf die Hermann gezeigt hat.

Ein Schlag und das gewünschte Stück bricht ab!

Hermann grinst nur.

Ich sage: »Es muss ja irgendeinen Grund geben, warum du der Chef bist.«

Dann ist unsere Arbeit getan, nun muss Onkel Conrad ran.

Einige Tage später, ich bin gerade mal wieder in Dortmund, vollendet mein Onkel unser Werk. Er lobt, wie Hermann später berichtet, zuerst unsere Vorarbeit, den sauber geschlossenen Rasen und das im Boden verlegte Kabel. Dann beginnt er mit seinem Tun, schließt in der Bude das Kabel an die Stromversorgung an und montiert draußen am Pfahl Steckdose und Lampe.

Als ich am nächsten Tag zurückkomme, will ich als Erstes, noch bevor ich meine Eltern begrüßt habe, auf dem Weg durch den Garten freudig mein Kabel umstecken.

Hermann sieht mich aus der Küche, öffnet die Tür und sagt: »Das lass man sein!«

Ich stutze: »Wieso?«

»Das geht nicht.«

»Hat Conrad das gestern doch noch nicht angeschlossen?«

Jetzt steht Ilse neben Hermann in der Tür.

Sie sagt: »Der ist Ingenieur!«

Ich höre leichte Ironie.

Ich frage: »Und?«

Ilse sagt: »Er hat Steckdose und Lampe zusammen angeschlossen, ohne Schalter.«

Ich bin irritiert.

Hermann grinst: »Wenn Strom auf der Dose ist, brennt auch die Lampe.«

Ich beginne zu verstehen: »Die ganze Zeit?«

Ilse nickt: »Ingenieur eben!«

Hermann sagt: »Da muss er sich vertan haben. Das muss er noch ändern. Aber das können wir ihm jetzt noch nicht sagen.«

So ist er, der Ostwestfale. Mehr als sensibel, wenn es darum geht, andere auf kleine Fehler hinzuweisen. Und besonders sensibel ist man da natürlich bei der Verwandtschaft.

Ilse sagt sehr ernst zu mir: »Erzähl das bloß keinem!«

165

Verdammt lang her

Meine Eltern sind, wie schon berichtet, eifrige Kulturgänger. Sie gehen gerne ins Kabarett, zu Liedermachern und zu Folkmusik-Konzerten. Meine Mutter ist ein großer Fan von Zupfgeigenhansel und Liederjan, die teilweise Lieder vortragen, die Hermann in seiner Wanderzeit gesungen hatte. Beide mögen immer noch den intelligenten Blödsinn von Insterburg & Co., heute sind sie Fans von Fritz Eckenga und Jochen Malmsheimer. Ilse und Hermann gehen genauso gerne ins Bürgerzentrum Johanniskirchhof wie zu plattdeutschen Abenden in umliegenden Gemeindehäusern. Heute wollen sie zu den »Vorleserinnen«, einem komisch-literarischen Abend bei uns im Heimathaus.

Und was mache ich? Den Abend allein am Wohnwagen verbringen? Zu Freunden radeln? Oder meine Eltern begleiten?

Ich schließe mich ihnen an, und so machen wir einen Familienausflug. Wir streiten noch kurz, welches Auto wir nehmen.

Ilse sagt: »Ich kann fahren.«

Ich entgegne: »Musst du nicht. Ich bin doch da.«

»Ich fahre schon länger als du.«

Ich habe aber ein besseres Argument: »Wenn ich fahre, trinke ich keinen Alkohol!«

Ilse stutzt: »Ach, und wenn du nicht fährst, trinkst du?«

»Genau, Mutter.«

»Dann fahr, wenn ich dich damit vor dem Alkohol bewahren kann!«

Es braucht zwar immer noch eine Begründung, aber langsam gewöhnen sie sich doch daran, dass sie in diesen Wochen, die ich bei ihnen bin, nicht alles machen müssen, was sie können. Allmählich darf auch ich mal die Wasserkiste in den Keller tragen, beiden in die Jacke helfen oder sogar mal chauffieren.

Für meine Eltern wurden, sehr zuvorkommend, in der ersten Reihe Plätze reserviert, nicht zuletzt wegen Ilses Schwerhörigkeit. Auch für mich, aber ich gebe meinen Platz weiter an Bekannte meiner Eltern, mich zieht es bei Aufführungen anderer Künstler immer nach hinten. Ich möchte einen Auftritt auch schlecht finden können, ohne dass man es meinem Gesicht ansieht. Ich bin Profi, ich weiß, was »vorne« bedeutet. Die erste Reihe hat immer eine große Verantwortung, im Grunde die größte. Wer dort sitzt, soll den Künstler anstrahlen, sollte auch bei einem kleinen Witz etwas lauter lachen, als die Pointe vielleicht wert ist. Mit anderen Worten: Vorne muss man die Aufführenden positiv stützen! Griesgrämer und Kollegen gehören nach hinten!

Wir sind früh gekommen. Ich habe noch Zeit für einen kleinen Spaziergang.

Direkt hinter dem Dorfgemeinschaftshaus beginnt der Kutenhauser Friedhof, auf dem meine Großeltern mütterlicherseits begraben sind. Hier bin ich ewig nicht mehr ge-

wesen. Ich öffne das Tor und komme an einem fast antiken Schild vorbei, mit Grünspan überzogen: »Bürger schützt eure Friedhofsanlagen! Nicht erlaubt sind: Das Befahren der Fußwege mit Mopeds und Fahrrädern und das Ablagern von Schutt und Abfällen. Der Stadtdirektor.«

Es muss lange her sein, dass dieser Hinweis aufgestellt wurde, in einer Zeit, in der man auf offizielle Schilder noch »Mopeds« schrieb. Mopeds gibt es im Grunde gar nicht mehr, nur wir unentwegten Motorradfahrer, die wir nun die Fünfzig locker überschritten haben, sprechen auch bei Maschinen mit 1200 Kubik immer noch mit lässigem Understatement von unseren »Mopeds«.

Ist das ein Schild, das die Verwaltung damals auf jedem Friedhof aufstellte? Wer sollte denn bei uns in Kutenhausen den Ahnen gegenüber so respektlos gewesen und auf zwei Rädern durch die Grabreihen geknattert sein?

Ich gehe zwischen den Gräbern umher und finde Grabstätten von Bekannten meiner Eltern, sogar welche meiner Klassenkameraden, die jung starben. Ich suche, aber das Grab meiner Großeltern finde ich nicht. Ich komme am Brunnen vorbei, laufe sogar auf den neuen Teil des Friedhofs. Ich schaue zur Uhr, noch drei Minuten bis zum Beginn der Lesung.

Mit langsamen Schritten schlendere ich zurück zum Dorfgemeinschaftshaus. Ich denke zurück an Erlebnisse mit meinen Großeltern, denke an die Wochenenden, die ich dort verbrachte. An Familienfeiern, bei denen wir Kinder, die zwei älteren Cousins und ich, heimlich, wenn alle sich draußen verabschiedeten, den letzten Schnaps aus den Gläsern von Onkeln und Tanten schlürften. Es schmeckte überhaupt nicht, aber es war verboten, also war das schön. Ich denke zurück an das Aufwachsen mit Tieren, mit einer Kuh, mehreren Schweinen, Hühnern und Hahn und vor allem Schäferhund und Dackel. Ich erinnere mich an das allergrößte Vergnügen als Kind, das Vieh füttern zu dürfen, wenn sich die Schweine erwartungsvoll am Trog drängten, wenn ich dafür Runkeln mit dem Rübenhäcksler kleinschnitt. Die Maschine war größer als ich, und ich warf die Runkeln zielgenau oben in den Trichter, noch ohne etwas von Basketball, Korblegern und Dunking gewusst zu haben. Die Kurbel drehte ich am höchsten Punkt weit über meinem Kopf, während die Schweine schon gierig quiekten. Ich erinnere mich, dass Opa mich auf dem Pferd reiten ließ, mit dem er unseren Acker pflügte, und an meine Angst herunterzufallen, wenn er die Walzen dahinter gespannt hatte, weil ich dann an Max und Moritz denken musste, die im sechsten Streich – »Ganz von Kuchenteig umhüllt, Steh'n sie da als Jammerbild« – für mich immer aussahen, als hätte man sie plattgedrückt.

Leise schließe ich das Friedhofstor hinter mir. Ich schäme mich ein wenig, den Friedhof so lange nicht mehr besucht zu haben, dass ich die Grabstätte von Walli Oma und Walli Opa, den Eltern meiner Mutter, nicht mehr finde.

Ein Bett am Kornfeld

Heute kommt Rita endlich zu Besuch. Ich fege meinen Wohnwagen durch. Ich werde meinem Stern des Südens ein romantisches Nachtlager im Garten bereiten, ein Bett am Kornfeld. Ich habe längst die zweite Koje bezogen und hergerichtet. Ilse wollte das tun, aber ich habe es mir nicht nehmen lassen, für meine Prinzessin ohne Erbse selber den Knick ins Kopfkissen zu schlagen.

Meine Eltern freuen sich auf meine Freundin. Sie sind mittlerweile eng befreundet. Ilse und Hermann erzählen Rita manchmal mehr als mir. Jedenfalls kommt mir das so vor. Anfangs war ich etwas irritiert, dann sogar leicht eifersüchtig. Inzwischen bin ich froh, wenn sie Wichtiges und Bewegendes überhaupt mitteilen.

Die klassische Schwiegertochter haben die beiden nie gehabt. Mein Bruder lebt weit weg, und ich bin selten da. Zu meinen früher – wie man es hier zu Hause sieht – häufig wechselnden Beziehungen sagte mein Vater, als ich meinte, dass er anfangs doch etwas distanziert zu Rita gewesen sei: »Ach, Quatsch. Weißt du, ich hatte mit deinen Frauen so viele allererste Begegnungen. Da muss man sich beim ersten Mal zurückhalten. Ich bin ja schon in halb Deutschland mit den jungen Frauen per Du!«

So rastlos empfinde ich mein Beziehungsleben gar nicht.

Vor allem, wo ich längst nicht alle mit nach Hause gebracht und vorgestellt hatte …

Ich hole Rita am Bahnhof in Minden ab. Wir umarmen uns lange. Um uns herum strömen die anderen Reisenden. Wir gehen zum Auto.

»Und, wie ist es im Wohnwagen?«

»Och, man kann sich dran gewöhnen.«

»Ich freue mich auf unsere Nacht. Das wird romantisch.«

»Natürlich, solange Nachbar Baumann nicht bei uns durch die Gardinen schaut.«

»Bernd, das ist jetzt ein Witz, oder?«

»Man hat mich gewarnt. Bei anderen soll der schon um die Häuser geschlichen sein, hat die Jalousien angehoben und durch die Ritzen gelinst!«

»Ein Spanner?«

»Zumindest sehr interessiert.«

Zu Hause hat Ilse im Garten eingedeckt. Ein Weltwunder bahnt sich an. Nicht Ilse, Rita hat den Kuchen gebacken. Sie hatte das angekündigt, mit meiner Mutter besprochen, und die hatte es – angeblich – ohne Widerstand hingenommen.

Rita, die Ricke mit den langen Beinen, beugt sich zur Begrüßung zu meinen kleinen Eltern herunter. Auch ich reiche nicht ganz an sie heran, was einmal zu interessierten Fragen von Ritas Nichte führte. Die fand das komisch. Wir finden das normal. Zu Beginn unserer Beziehung sagte mein Vater einmal: »Sieh zu, dass die bei dir bleibt und sich nicht einen sucht, der größer ist als du!«

»Höchstens länger«, sagte ich lachend.

Die drei umarmen sich.

Ilse schaut dabei zu ihrem Mann: »Du wesst gümmer lüttger!«

Hermann lächelt verschmitzt: »Kleine sind nun mal nicht größer!«

Rita fragt: »Ilse, wie geht es dir?«

»Ach, ich bin strusselig heute!«

Rita schaut besorgt: »Du musst dich mehr ausruhen! Lass Bernd hier doch die Arbeit machen.«

»Ach, der jachtert doch auch nur rum!«

Ich korrigiere das leicht: »Rita, manche Dinge kann ich eben noch nicht.«

Dann essen wir Ritas Kuchen, loben ihn sehr, und Hermann und Ilse kabbeln sich ein wenig. Das ist eigentlich der größte Vertrauensbeweis gegenüber meiner Freundin. Wenn sie sich vor jemandem streiten, dann gehört der – oder die – tatsächlich zur Familie. So kommen wir von »Höcksken auf Stöcksken«. Es ist herrlich, die Bienen brummen, Vögel flattern durch den Garten, zwischendrin kommt auch noch Johnny zu Besuch, und Rita lernt erstmals den Fasan kennen. Er bleibt eine angemessene Zeit. Mich überrascht das nicht, es ist eine neue Frau auf dem Hof, also will Johnny sich präsentieren. Dann verschwindet er irgendwann ins Rapsfeld.

»Oh«, sagt Rita. »Das hätte ich fast vergessen!«

Sie überreicht Ilse ein Geschenk, eine Hörkassette mit Vogelstimmen, aus dem Nachlass ihres Vaters.

Ilse freut sich, meint aber: »Ja, danke schön. Hoffentlich höre ich das auch gut genug mit meinen Hörgeräten.«

Dann liest sie vom Kassetten-Cover vor: »Nachtigall.

Singt ganz spät nachts.« Und dann lacht sie: »Da singen wir selber!«

Wir reden über Hermann und seinen Rücken, der immer krummer wird. Seine Probleme beim Laufen. Den Rollator als ständigen Begleiter.

Hermann grinst: »Bevor ich den hatte, brauchte ich ihn auch nicht!«

Ein zweites wichtiges Hilfsmittel sind seine Walking-Stöcke, die mein Bruder und ich ihm für die Spaziergänge damals auf unserer Finnland-Reise gekauft hatten. Nur unter Protest und mit Druck von Ilse hatte er die überhaupt in die Hand genommen. Nach wenigen Schritten schon hatte damals sein Gesicht zu leuchten begonnen, und er sagte: »Gar nicht so schlecht!« Für einen Ostwestfalen ist das der größte denkbare Superlativ!

Rita fragt: »Hermann, wie lange geht das denn noch gut mit den Treppen hier überall?«

»Och, das geht schon!«

Ich sage: »Papa, das sieht manchmal schon abenteuerlich aus, wenn du da hochkletterst. Die Treppe ist eigentlich breit genug. Wir könnten an der Seite eine Schräge betonieren, dann musst du nicht die Stufen steigen.«

Hermann wird energisch: »Nein! Das müssen wir jetzt nicht machen. Später vielleicht mal.«

Ilse mischt sich ein: »Wann ist denn später? Wenn du das nächste Mal gefallen bist? Ich hebe dich nicht auf!«

Hermann knurrt halb beruhigend, halb ärgerlich: »Nu macht mal halblang!«

Doch Ilse ist weiter auf Krawall gebürstet: »Und alles nur, weil er das Haus so komisch gebaut hat.«

173

»Das war ja nicht meine Schuld«, verteidigt sich Hermann.

»Wieso?«, frage ich nach. »Was wolltet ihr denn anders machen?«

Und dann erzählen die zwei, dass sie damals einen Bungalow hatten bauen wollen. Aber das Bauamt Minden, der Baurat, hatte für diese Straße vorgeschrieben, alle Häuser müssten anderthalb- oder zweistöckig sein. Ich bin sprachlos. Meine Eltern baden nun die Spätfolgen einer sonderbaren Kommunal- und Baupolitik aus, ohne jemanden regresspflichtig machen zu können! Hätten sie den gewünschten Flachbau hinsetzen können, wäre das überhaupt kein Problem mit dem »altersgerechten Wohnen«. So wurden alle Häuser mit Keller gebaut, der natürlich Kellerfenster haben musste, zur Belüftung, für den Lichteinfall oder um Kohlen reinschütten zu können. Das bedeutet, es führen bei allen Häusern ein paar Stufen zur Haustür hoch, da das Erdgeschoss erst etwa einen Meter über dem Boden beginnt. Und das betrifft nicht nur meine Eltern, sondern alle Senioren in diesen Baulagen.

Ilse schimpft weiter: »Ich habe dir damals schon gesagt, das Haus ist Mist, so wie es ist!«

Ich sage: »Na ja, das habt ihr ja gemeinsam beschlossen.«

Ilse schaut mich mit großen Augen an: »Gemeinsam? Mit mir hat damals keiner geredet. Ich durfte ja nichts sagen. Ich hatte ja keine Ahnung. Und Hermann war der große Zimmermann.«

Ich schaue zu meinem Vater: »Das kann doch gar nicht sein, oder?«

Der ist plötzlich merkwürdig kleinlaut: »Das war so in den Zeiten.«

Rita fragt erstaunt: »Ilse, das hast du mit dir machen lassen?«

»Damals noch!«

Ich sage: »Aber warum? Das kann man sich heute gar nicht mehr vorstellen, dass du hier jemals irgendwas hast anbrennen lassen.«

Ilse zuckt mit den Schultern: »Das war damals so. Ihr wisst doch: Herr kommt von Herrlichkeit und Dame von Dämlichkeit. Wir Frauen hatten in den Jahren nichts zu melden.«

Ich will sie beruhigen: »Aber nun macht Hermann ja immer, was er soll.«

»Auch nicht immer!« Sie schaut ihn an. »Als ich mal zu ihm gesagt habe: ›Willst du mir nicht aus der Jacke helfen?‹, hat er gesagt: ›Doar is de Hoaken!‹«

Da ist der Haken. Wir lachen.

Ich sage: »Kann ich mir kaum vorstellen bei Hermann. Der kann so charmant sein.«

»Kann!«, sagt Ilse spitz.

»Is lange her«, sagt Hermann vergnügt.

Rita fragt: »Und was hat Bernd in den letzten Wochen bei euch so gemacht?«

Ilse antwortet: »Na ja, gestern und heute hat er mal die Büsche geschnitten.«

»Hatte ich vorher auch noch nie gemacht«, sage ich etwas beschämt.

Hermann sagt stolz: »Ich habe ihm den ersten Schnitt gezeigt.«

Ilse schnippisch: »Du bist ein doller Zeiger!«

Hermann verteidigt sich: »Von irgendeinem muss er ja was lernen!«

Ilse ist weiter im Angriffsmodus: »Das viele Schlafen, das hat er auf jeden Fall von dir gelernt! Und das Schnarchen auch!«

Rita und ich haben den Tisch für das Abendbrot decken dürfen. Ich war der Grillmeister, und die drei haben gegessen, was ich auf der Glut gedreht und gewendet hatte. Ich konnte sie mit Wein versorgen, und nun sitzen wir satt und zufrieden in der beginnenden Dämmerung. Zeit für ein kleines, liebgewordenes Ritual zwischen Rita und meiner Mutter.

Eine von beiden sagt: »Ich glaube, ich habe es mit dem Magen!«

Und die andere pariert sofort: »Ja, da müssen wir was machen!«

Das bevorzugte Getränk der beiden ist »Bullenschluck« aus Sulingen. »Restitutions-Fluid« steht auf der Flasche, Wiederherstellungsflüssigkeit. Ein Apotheker mit Witz hat das Getränk erfunden, und beworben wird es bis heute mit dem Satz: »Empfiehlt sich besonders bei Lahmheit von Rindern, Pferden und Zugochsen. Zur inneren und äußeren Anwendung«.

Ich hole die Flasche, bringe natürlich zuerst die falschen »Schluck-Gläser« mit, und dann stoßen wir vier an und wünschen uns Gesundheit und ein langes Leben. Hermann sagt einen seiner berühmten Trinksprüche auf, von denen er seit seiner Reisezeit unendlich viele parat hat:

»Trinkt, solang der Becher winkt,
Trinket alle Tage.
Ob man auch im Jenseits trinkt,
Ist ne and're Frage.«

Ich frage nach den weiteren Weinwünschen und schaffe so die Gelegenheit für seinen nächsten Trinkspruch.

»Tut den Durst nur löschen,
Doch mit Wasser lasst es sein.
Wasser, das gehört den Fröschen,
Den Menschen aber Bier und Wein.«

Es ist eine ganz zauberhafte, entspannte Stimmung. Ritas Anwesenheit trägt wesentlich dazu bei. Sie schafft Vertrauen, und meine Eltern öffnen sich mehr als sonst. Ich sage meinen Eltern an diesem Abend zum ersten Mal, wie schön ich es finde, dass gerade sie sich gefunden haben, auch wenn es viele Auseinandersetzungen zwischen den beiden gab und gibt. Zu viel Gefühl vertragen die beiden nicht gut, und das ist auch eher typisch für diese Region. Alles Gefühlige muss sofort abgestritten werden.

Ilse sagt: »Schön war nur das wenigste! Deswegen haben wir ja die Karte zur goldenen Hochzeit etwas anders gemacht.«

Sie hatten Freunde und Verwandtschaft eingeladen und geschrieben: »Nach 50 Jahren Krieg und Frieden ...«

Sie hatten mich damals sogar gefragt, ob man das machen könne. Das war, wie ich jetzt im Rückblick feststelle, das erste Mal, dass sie mich um Rat und Meinung gebeten hatten. Ich sagte lachend: »Natürlich!« Einige Nachbarn waren entsetzt – zu unserer großen Freude, kann man sagen.

Hermann antwortet jetzt sehr ehrlich: »Och, so'n bisschen weniger Kritik wär schon ganz schön!«

Für Ilse ist das eine Steilvorlage: »Frauen sind wie Diamanten. Man muss sie mit Fassung tragen!«

Hermann, ganz Charmeur, der er eben auch ist, entgegnet: »Diamanten sind eben selten zu finden!«

Ilse lacht: »Druck habe ich mein Leben lang gehabt. Aber ich strahle nie!«

Beide erzählen von ihren frühen Ehejahren, und Ilse spart heute Abend auch die schweren Zeiten nicht aus, als sie mit mir als Baby zu Hause saß, eine Zeit, in der mein Vater noch rauchte und trank.

»Schietendicke kam der manchmal nach Hause!«

Und sie erzählt von damals, wenn die Zimmerleute im Winter arbeitslos waren, entlassen wurden bis zum nächsten Frühjahr, erzählt, wie Hermann aus Stolz eine Anstellung hingeworfen hatte, weil er schippen und nicht zimmern sollte und dafür eine Sperre auf dem Arbeitsamt bekam.

Hermann rechtfertigt sich vor Rita und mir: »Ich sollte da mit Schippe und Spitzhacke buddeln. Aber ich war doch Zimmermann. Rolandsbruder. Jahre später war mir so etwas egal. Aber damals? Da ging mir das gegen die Ehre! Ich war doch Zunftbruder!«

Ilse sagt: »Aber du hattest auch Frau und Kind!«

Ich will schlichten, auch wenn es Jahrzehnte zu spät ist: »Irgendwas muss doch damals schon toll an ihm gewesen sein. Sonst hättest du ihn ja nicht genommen.«

Ilse sagt: »Ich weiß nicht, wieso und warum. Bis heute nicht!«

Rita sagt: »Irgendeinen Grund muss es gegeben haben!«

Ilse meint: »Das mit dem Tanzen, das klappte!«

Hermann wirft ein: »Tabingo!«

Ilse ergänzt: »Ja, Tango konnten wir gut. Beim Walzer haben wir meist ausgesetzt.«

Es ist ein herrlicher Abend, meine Eltern erzählen mit großer Lust, mit Witz und wunderbaren Pointen. Und wir erleben abermals diese beeindruckende Nachbarschaft. Als Doris, meine Wohnwagenvermieterin, gegenüber auf den Hof fährt, gehe ich rüber und lade sie auf ein Getränk ein. Auch Monika steht plötzlich mit einer Flasche Sekt im Garten: »Ich dachte, ich komm mal vorbei.«

Ilse und Hermann unterhalten die ganze Runde. Es ist fast Mitternacht, bis wir alles abgeräumt haben, bis Rita und ich dann im Wohnwagen liegen. Den Versuch, wie Teenies nebeneinander in einer der beiden engen Kojen zu kuscheln, müssen wir aber bald aufgeben, denn wir müssen schnell schlafen. Es dauert nicht mehr lange, dann wird Johnny uns wecken!

Beim Frühstück am nächsten Morgen sagt Rita: »Ilse, was kann *ich* denn jetzt helfen?«

»Wie?«

»Im Garten!«

»Lüht! Ett is Söndach! Da wird nicht gearbeitet.«

Rita lacht: »Dann müssen wir also in die Kirche?«

»Ihr könnt machen, was ihr wollt.« Ilse lächelt: »Hauptsache ihr seid pünktlich zum Essen wieder da!«

»Darauf kannst du dich verlassen, Ilse!«

»Aber nicht bei Bernd!«

Ich hole uns zwei Räder aus dem Abstellraum, und wir radeln erst zur Weser, dann zu Uli und Ute und ihren Hunden, später noch zu einigen der liebevoll und aufwendig renovierten Windmühlen hier im legendären »Mühlen-Kreis«. Unterwegs ruft Rita zu mir herüber: »Das ist herrlich hier! Kann ich verlängern? Ich bleibe noch eine Nacht!« So opfert Rita an diesem Abend ihren geliebten »Tatort« und wird einen sehr frühen Zug nehmen müssen, aber das erweist sich als Glücksfall, denn mit dieser zweiten Frau am Tisch öffnet sich Ilse in den Gesprächen mehr als sonst.

Wir verbringen den ganzen Tag miteinander in schönem Nichtstun. Auf das Mittagessen folgen bald schon Kaffee und Kuchen. Die Temperaturen erlauben es sogar, dass wir wieder draußen zu Abend essen.

Danach sitzen wir gemütlich auf dem Freisitz. Vielleicht ist ja heute der Tag, ein paar Familiengeheimnisse zu lüften, ein paar Geschichten konkreter zu hören. Mich interessiert schon lange, wie sich meine Eltern kennengelernt haben, wie diese Liebe und Beziehung begann. Bislang waren ihre Antworten immer ausweichend, wenn nicht sogar abweisend.

Also, neues Spiel, neues Glück: »Wie habt ihr euch eigentlich kennengelernt?«

Und tatsächlich, heute sind sie redefreudig, und gerade bei Ilse helfen Ritas Anwesenheit und ihr sensibles Nachfragen. Das Leben meiner Eltern ist einerseits absolut unspektakulär, trotzdem gibt es ein paar zumindest ungewöhnliche Aspekte. Kennengelernt haben sich die beiden beim Tanz, »auf dem Saal« bei Hankurt im Nachbardorf Stemmer. Hermann war nach viereinhalb Jahren auf Wanderschaft als Zimmermann gerade zurück in die Heimat gekommen. Sein Cousin Heinrich hatte ihm vom Weihnachtsfest des Sportvereins erzählt, und er war mitgegangen. Dort saß Ilse mit ihren Freundinnen und wunderte sich über den fremden Mann im Dorf. Die jungen Frauen überlegten, wer das wohl sei. Ilse vermutete, ein neuer Knecht.

Der »Knecht« hatte seinerseits Ilse gesehen und forderte sie zum Tanzen auf. Mehrfach.

»Und warum hast du das gemacht, Hermann?«

»Weiß ich auch nicht!«

Das ist eine typisch ostwestfälische Antwort. Nur nicht in Gefühlen graben. Es muss ein stummes Band, etwas, was nicht von dieser Welt ist, gewesen sein, das ihn zu ihr hinzog und sie zu ihm. Hermann, der mit seinem Fernweh und seiner Freiheitsliebe für viereinhalb Jahre der Enge des Dorfes im wahrsten Sinne des Wortes entflohen war, und Ilse, das Milchmädchen mit der Sehnsucht nach Freiheit und Unabhängigkeit. Gerade hatte ihr Vater, mein Opa, ihr noch verboten, ihren Traum vom Auswandern nach Kanada wahrzumachen.

Wir verbringen Stunden im Garten, Ilse, Hermann, Rita und ich. Die beiden erzählen uns von ihrem Kennenlernen, und Ilse berichtet von ihrer Kindheit und Jugend. Meine Mutter, Jahrgang 1938, ist ein Kriegskind. Sie erinnert sich an Angriffe und Ängste, an Nächte im verdunkelten Keller, aber auch daran, wie die amerikanischen Soldaten übers Feld kamen. Die kauten Kaugummi. Das hatten die Kinder in Kutenhausen noch nie gesehen.

Oma war allein mit sechs Kindern, Ilse war die einzige Tochter. Opa war als Soldat erst an der Front in Russland, dann in Gefangenschaft. Als er Jahre später, eigentlich ein Hüne, von schwerer Krankheit gezeichnet aus der Haft von einem Kameraden bis nach Hause gebracht wurde, erkannte Reinhard, der Jüngste, den eigenen Vater nicht. Wie auch? Gezeugt im Fronturlaub, hatten sie sich noch nie gesehen. Als Reinhard geboren wurde, war Opa schon wieder in Russland. Nun lief das Kind vor dem fremden, ausgemergelten Mann erschrocken und weinend davon.

Ilse stockt die Stimme, wenn sie von diesen Jahren berichtet. »Hätte ich ihn bloß mal gefragt, wo er in diesen Jahren in Russland gewesen war. Was er da erlebt hat im Krieg. Wie es ihm ergangen ist. Aber Opa hat von sich aus nichts erzählt. Kein Wort.«

Opa war Milchmann. Nach dem Krieg war er mit dem Pferdefuhrwerk unterwegs. Er fuhr morgens nach Minden und holte die vollen Milchkannen ab, dann ging er auf seine Tour. Eine feste Runde mit festen Stationen, an denen er hielt, seine schwere Glocke schwang und damit die Kundschaft herbeirief. Dann kamen die ersten Motorfahrzeuge, zuerst ein Dreirad, später ein Hanomag und andere Kleintransporter, aus denen heraus verkauft wurde. Als Kind des Milchmanns hatte Ilse eine Sonderregelung. Sie war samstags von der Schulpflicht befreit, denn da musste sie beim Ausfahren helfen. Die schwere Milchkanne, mit der sie von den Straßen zu den Höfen stapfte und dort direkt verkaufte, steht heute bei uns in der Bude neben der Garage, das Halblitermaß hängt am Griff.

»Ich wäre gern weiter zur Schule gegangen. Ich wollte zur höheren Schule«, erzählt Ilse. »Aber da hieß es nur: ›Das brauchst du nicht!‹ Und das war es dann. Nicht einmal einen Beruf durfte ich lernen. Ich musste sofort mit auf den Wagen und in den Laden.«

So wurde Ilse das »Milchmädchen von Minden«. Eine lebenslustige, junge Frau mit Ideen, die weit über ihr Dorf, aber auch weit über die kleine Stadt hinausgingen. Während Ilses fünf Brüder Handwerksberufe lernten, musste sie Opa helfen. Der übergab später, schon von Krankheit gezeichnet, sein kleines Unternehmen an einen anderen Milchmann, Ernst, der seine Touren übernahm. Auch mit ihm ist Ilse gefahren. Sie wollte ihn nur ein paar Wochen unterstützen, wollte dem Nachfolger die Tour gründlich zeigen, Stammkunden übergeben, Sonderwünsche erklären.

Ilse erzählt uns: »In jedem Frühjahr habe ich gesagt:

›Ernst! Vier Wochen noch, dann hör ich auf.‹ Es sind dann zwölf oder 14 Jahre geworden.«

Sie verstand sich gut mit Ernst und seiner Frau und übernahm später deren Vormundschaft, begleitete die beiden ins Heim und in den Tod. In all den Jahren bei Opa arbeitete meine Mutter ohne Lohn und ohne Rentenversicherung. Das war üblich damals. Es war eben ein kleiner Familienbetrieb, den man anders gar nicht hätte führen können. Sie bekam ein kleines Taschengeld. Ernst zahlte erstmals ein wenig für Ilse in eine Rentenkasse.

Später arbeitete Ilse stundenweise als Verkäuferin im Musikalienladen, und sie muss mehr als talentiert gewesen sein, danach in einer Fabrik. Ihre Rente ist heute unfassbar gering, und das für ein Leben voller Arbeit.

Das alles ist lange her. Draußen ist es inzwischen dunkel. Wir sind längst von Weiß- auf Rotwein umgestiegen. Ich sehe mir die beiden an und denke: »Unser Mutter« schmeißt wie eh und je den Laden mit Haus und Hof und Hermann. Sie regelt die meisten Dinge. Natürlich tut auch Hermann, was er kann, aber es ist gar nicht mehr so viel, was er tatsächlich tun darf. Ilse blieben Bildungswege versperrt, auf die sie durchaus Lust gehabt hätte. Fragt man nach dem Beruf meiner Mutter, müsste man eigentlich angeben »ungelernt«, so hieß das früher. Vielleicht würde man sagen: »Verkäuferin«. Aber diese kluge Frau, in der eine Philosophin und eine Frauenrechtlerin ebenso stecken wie eine Gag-Autorin, eine Landwirtin und eine Gartenarchitektin, durfte eben keinen Beruf erlernen. Mir wird klar, das größte Bestreben in ihrem bisherigen Leben, und nun im Alter umso mehr, ist die Aufrechterhaltung ihrer Autonomie.

Ich frage: »Ilse, war es denn nur hart, oder gab es auch Schönes in deinem Leben damals?«

»Ja, klar gab es auch Schönes! Ich musste den Laden in Minden führen oder, wenn Opa das Feld bestellte, seine Tour fahren. Diese Pflichten waren zwar Einschränkungen, ich hatte aber auch Freiheiten.«

Von Kutenhausen fuhr sie jeden Tag mit dem Fahrrad zum Milchladen in Minden, übernachtete dort aber auch oft, gerade im Winter. Über Nacht im Laden zu bleiben bedeutete eine gewisse Unabhängigkeit, eine kleine Freiheit von ihrem sonst so strengen Elternhaus.

»Hast du das irgendwie ausgenutzt?«, frage ich sie.

Ilse schüttelt energisch den Kopf: »Nein. Nie. Ich habe nie geraucht. Und getrunken habe ich auch nicht. Darum trinke ich ja jetzt auch Wasser.«

Rita lacht und fragt: »Sollen wir nachschenken?«

»Danke, ich hab noch«, sagt Ilse und fährt fort: »Ich hatte Kumpels in der Altstadt. Mit denen bin ich dann ausgegangen. Ins Tanzlokal, ins Zirwas, den Bürgerhof am Königswall. Oder ins Kino, in die ›Birke‹ oder ins ›Regina‹. Schöne Zeiten waren das. Ich konnte mit Jungs besser umgehen als mit Mädchen.«

Rita fragt: »Weil du fünf Brüder hattest?«

»Wahrscheinlich. Ich kannte das gar nicht anders.«

Ich frage vorsichtig: »Aber da war doch bestimmt mal der eine oder andere in dich verliebt?«

»Da hab ich nichts von gemerkt. Ich war immer Kumpeline. Wir haben zusammen Radtouren gemacht.«

185

Sie trinkt ihren Wein aus und denkt nach. Dann lacht sie: »Mit meinem einen Kumpel bin ich sogar in den Puff gegangen!«

»Wie bitte?« Ich spitze die Ohren.

»Hermann. Der hieß auch Hermann. Wie Hermann!« Und sie lacht zu ihrem Mann herüber, der ihr wie wir fröhlich zuhört. »Hermann Baumgarten hieß der. Mit dem war ich oft unterwegs.«

»War das dein Freund?«, frage ich.

»Nein!«, sagt Ilse bestimmt. »Hab ich doch gesagt. Nichts mit Küssen oder so.«

»Und die Sache mit dem Puff?«

»Ich hatte dem Hermann gesagt, ich würde gerne mal durchs Rampenloch gehen. Früher kam man da ja noch durch. Inzwischen haben sie die Straße zugemauert.«

Zur Erklärung: Der Puff in Minden hat sogar einen eigenen Eintrag bei Wikipedia, und die Prostitution ist hier nachweislich bis weit in das Mittelalter zurückverfolgbar. Die Straße mit den kleinen Bordellen heißt »Rampenloch«, ein Name, der hier allgemein für alles rund um die Prostitution benutzt wird: Man geht nicht in den Puff, sondern ins Rampenloch. Sogar das Pflaster in dieser Straße ist historisch, stammt aus dem Jahr 1877, steht natürlich unter Denkmalschutz und ist auch in der Mindener Denkmalliste eingetragen!

»Und was dann, Ilse?«, hake ich nach.

»Der Hermann sagte eines Tages: ›Los, Ilse, heute machen wir das!‹ Er hat mir seine Lederjacke gegeben. Dazu seine Schlagmütze. Ich habe meine Ohrringe rausgemacht. Ich hatte ja fast nur Röcke, darum habe ich meine Trainingshose angezogen. Es war Winter. Ganz leichter Schneefall. Ich habe die Mütze ins Gesicht gezogen, und dann sind wir da rein, in die Straße. Mir schlug das Herz bis zum Hals. Es hieß ja immer, Frauen werden von den Damen da verkloppt, wenn die in die Straße kommen. Und da saßen diese Frauen an diesen Klappen in den Fenstern. Schon die erste sagte: ›Na?‹ Und Hermann sagte: ›Nö!‹ Wir sind an ein paar Häusern vorbeigegangen, und immer sprachen die uns an. Dann hat sich Hermann zu einer ans Fenster gestellt und hat gefragt: ›Was soll's denn kosten?‹«

Rita fragt: »Und? Wie teuer war das Vergnügen?«

Ilse stutzt: »Den Preis weiß ich heute nicht mehr. Eine sagte: ›Mensch, kommt doch rein!‹ Sie hat sich rausgelehnt aus dem Fenster, hat mich angeschaut und hat zu Hermann gesagt: ›Und für den Kleinen da, für den hab ich hier auch ne toffe Blonde!‹ Und die meinte MICH!«

Wir lachen mit Ilse in der Erinnerung an diese Momente.

Dann fährt sie fort: »Ich habe dann versucht, mit ganz tiefer Stimme zu reden, und habe gesagt: ›Ferdinand‹ – ich durfte den ja nicht mit seinem richtigen Namen ansprechen –, ›Los, komm her, wir wollen weiter.‹ Ich hatte richtig Schiss. Ich hätte da doch von den Damen den Arsch vollgekriegt.«

Ich denke: Was für ein Abenteuer in diesen Zeiten! Und wie lustig. Müsste man aufschreiben.

Plötzlich sieht Ilse mich streng an: »Bernd, dass du das aber bloß keinem erzählst!«

Himmeln in Kutenhausen

Ein Stück neue Welt ist auch bei uns in Kutenhausen eingezogen, sogar hier in unsere Siedlung auf der Müsse. Inga hat zwei Straßen weiter ein paar Jahre lang ihre Naturheilpraxis gehabt. Und unterrichtete dort auch Tai Chi und Qigong.

Ich war wirklich geplättet, als ich mich vor Jahren zur Durchreise ankündigte und Ilse zu mir am Telefon sagte: »Ja, wenn du da kommst, muss ich das Qigong absagen.«

Meine Mutter und alternative Medizin? Qigong? Immerhin hatte sie die Frauen-Gymnastikabteilung des Sportvereins mit begründet. Und fährt bis heute, wenn es das Wetter erlaubt, im Sommer mit dem Fahrrad zum Training in die Sporthalle im Nachbardorf und turnt und bewegt sich dort mit den jungen Frauen.

Damals sagte ich: »Du musst wegen mir kein Qigong absagen. Wo ist denn das?«

»Ostweg!«

»Ich weiß ja noch gar nicht, wie viel Verkehr unterwegs ist. Wenn dein Kurs da gerade läuft, komm ich einfach vorbei.«

»Moak datt.«

Und so stand ich an der Hintertür und schaute meiner Mutter zu, wie sie Qigong-Übungen machte. Inga, die

Kursleiterin, winkte mir zu. In der Pause kam sie zu mir und sagte: »Machst du den Rest mit?«

Und ich machte. Ich stand mitten in Minden-Kutenhausen neben meiner Mutter und machte Qigong. Das können nicht viele von sich sagen!

Nun, im Garten, erzählt mir Ilse, dass Inga ihre Praxis verlegt habe. Ich werde neugierig:

»Wie bist du damals überhaupt auf Qigong gekommen?«

In der Kur hieß es, wegen ihres Tinnitus sei es, damit man innerlich zur Ruhe kommt, gut zu meditieren oder Tai Chi oder Qigong zu machen.

»Ich hatte also erst diesen Kurs in Minden gemacht, aber der Kerl, der das machte, der war so vergeistigt, der schaute mehr in den Himmel als uns an. Der himmelte regelrecht. Und wir hatten ja nicht mal Himmel, das heißt, der blickte dauernd zur Zimmerdecke. Wenn ich da hochgeschaut habe, hab ich immer nur gesehen, wo nicht ordentlich gestrichen war. Und dann wurde dieser Kurs bei uns in der Nachbarschaft angeboten. Vorher war Tag der offenen Tür. Da bin ich dann hin. Bei Inga gefiel mir das mit Qigong viel besser. Ich glaube, ich habe drei oder vier Kurse bei ihr gemacht.«

Jetzt mischt Hermann sich ein: »Also, wir hatten in der Reha auch so einen, der himmelte. Schrecklich.«

»Der ist doch jetzt weg!«

»Ja, Gott sei Dank! Sonst wär ich da inzwischen weg.«

Wenn die Welten alternativer Medizin und meditationsaffiner Tai-Chi-Lehrer mit dem ostwestfälischen Wesen zusammentreffen, scheint das ein Kulturcrash von besonderer Intensität zu sein.

Hermann schüttelt den Kopf: »Der verbeugte sich immer vor jedem, der kam, und nahm dabei so die Hände zusammen, als ob der aus Asien wäre. Der stammte aber aus Wanne-Eickel. Und wir mussten uns immer anfassen, im Kreis. Ich hab dann gesagt, ich kann nicht stehen ohne Gehhilfe. Und hatte beide Hände an den Griffen. Oder ich habe mich so lange hinten auf den Sitzball gesetzt und gewartet, bis das vorüber war. Und dann sollten wir uns den Ball zurollen! Bekloppt. Als ob wir Kinder wären.«

Hermann überlegt: »Das hatte noch so einen Extranamen. Das hieß Namaste oder so ähnlich.«

Ich sage: »Namasté. Du musst das ›E‹ hinten noch betonen. Es bedeutet ungefähr, dass das Göttliche in dir das Göttliche in deinem Gegenüber begrüßt.«

»Kermessenkroam!«

Sauber übersetzt heißt das »Unsinn«.

»Der hatte nichts Göttliches!«, brummt Hermann.

Ilse mit Seitenblick zu ihm: »Du aber auch nicht!«

Darauf Hermann: »Eben. Da hätte doch ein Händedruck gereicht!«

Der Abspringer

Wieder mal hat Johnny mich geweckt. Pünktlich um 5 Uhr 15. Aber ich bin ein talentierter Schläfer. Ich habe seinem keckernden Rufen gelauscht, durch die Gardine meines Wohnwagens in die aufgehende Sonne geblinzelt und zugeschaut, wie er sein Gefieder putzte, mich dann umgedreht und weitergeschlafen.

Nun stehe ich noch etwas müde draußen vor der Küchentür. Meine Eltern sitzen am Frühstückstisch, Hermann mit dem Rücken zu mir.

»Moin!«, sage ich.

Hermann dreht sich um – und ich stutze.

»Morgen, Großer«, sagt er.

Auf seiner Stirn klebt ein großes Pflaster.

»Was ist das denn?«, frage ich.

Ilse kichert: »Ich kann nicht anders, ich muss nun mal lachen, wenn einer fällt!«

Hermann widerspricht sofort: »Ich bin gar nicht gefallen, heute Nacht bin ich gesprungen!«

Ich frage: »Etwa aus dem Bett?«

Er beißt in sein Brot, kaut und nickt.

»Und deine Rippen? Die sind doch grade erst wieder zusammengewachsen!«

Ich warte auf seine Antwort. Er kaut.

Ilse sagt: »Solange er noch essen kann, wird nicht viel passiert sein.«

»Ich bin diesmal mit der Bettdecke gesprungen!«, sagt Hermann grinsend.

»Also weich gelandet?«, frage ich.

»Kann man so sagen«, meint Hermann. »Und dann hab ich die Decke zurückgeworfen, sogar mit der richtigen Seite nach oben.«

»Was meinst du damit?«

»Na«, lacht er, »dass ich danach weiter unter der warmen Seite lag!«

»Und dein Kopf?«

»Das war der Nachtschrank. Da bin ich wohl rangedonnert. Und dann lag ich da im Dunkeln. Ich wusste gar nicht richtig, wo ich war.«

»Und du, Ilse?«, frage ich.

»Ich hab noch geschlafen. Endlich mal tief und fest!«

»Ich hab gerufen, aber Ilse hat nichts gehört.«

Ich sage voller Sorge: »Papa! Dann musst du in Zukunft mich anrufen!«

»In Dortmund?«, fragt er grinsend. »Bis ich dich erreicht habe, bin ich schon wieder eingeschlafen!«

Ich frage mich, wo eigentlich das Handy geblieben ist, dass ich den beiden vor einigen Jahren geschenkt hatte. Prepaid. Ich wollte meinen Eltern ja keinen Handyvertrag aufdrängen. Ein solches Telefon sei ohnehin nichts für sie, erklärte mir Ilse damals. Mein Einwand, dass es in einigen Situationen durchaus nützlich sei, wurde vom Tisch gewischt.

»Und wie ging das gestern Nacht weiter?«, frage ich.

Hermann nimmt den Faden wieder auf: »Ich hab langsam nach dem Licht getastet, und dann hab ich schon gemerkt, dass da was blutete.«

Ilse lacht: »Als ich wach wurde, war sein Licht an, aber da lag keiner mehr neben mir. Als Erstes hab ich die Hand von Hermann gesehen. Na, und dann bin ich um das Bett herum und habe ihm hochgeholfen.«

Sie hatte erst ein Taschentuch auf die Wunde gedrückt, dann einen Waschlappen geholt und das Blut aus seinem Gesicht gewaschen. Wegen seiner Herzerkrankung nimmt Hermann blutverdünnende Mittel. Das bedeutet, dass die Blutungen nur sehr langsam zum Stillstand gebracht werden können. Es bilden sich dadurch auch sehr schnell Blutergüsse, und Hermann hat durch die Arbeit im Garten dauernd und überall blaue Flecken.

»Na, das war aber ein Abenteuer mitten in der Nacht«, sage ich.

»Und nicht das erste Mal«, meint Ilse.

Die beiden erzählen mir von Hermanns wilden Träumen, die er schon mehrfach hatte, in denen er regelrechte Actionfilme durchlebt. Das erste Mal ist ihm das in der Kur passiert. Hermann hatte damals geträumt, Wolfgang, ein ehemaliger Arbeitskollege von ihm, sei bei uns in der Siedlung mit dem Käfer auf ihn zugefahren. Der Käfer hatte einen Dachgepäckträger. In letzter Sekunde ist Hermann auf das Wagendach gesprungen und hat sich am Dachgepäckträger festgehalten. Der Fahrer versuchte, Hermann in wilder Fahrt abzuschütteln. Hermann wurde auf dem Dachgepäckträger hin und her geschleudert. In einem, wie er dachte, günstigen Moment, als der Fahrer in einer Kurve langsamer wurde, ist Hermann abgesprungen. Er landete knallhart auf dem Boden vor seinem Bett.

Hermann sagt: »Das war jetzt aber kein Traum mehr, sondern die Wirklichkeit. Mit meiner rechte Hüfte bin ich gegen das Sofa geprallt, das neben meinem Bett stand, und mit dem Nachtschrank bin ich auch noch in Berührung gekommen, um es mal vorsichtig auszudrücken.«

Ich bin völlig gebannt von diesem nächtlichen Abenteuer: »Und dann?«

»Na ja, mit Gymnastik war es die nächsten Tage in der Kur vorbei. Ich konnte mich nicht mehr rühren. Mein ganzer Körper schmerzte. Bei jeder Bewegung. Aber ich konnte wenigstens auch mit dieser chinesischen Heilgymnastik aufhören. Als ob die was bringt bei Parkinson!«

Er räuspert sich. »Kannst du alles nachlesen«, sagt Hermann nun. »Hab ich alles notiert!«

»Wie? Notiert?«

»Ich schreibe die meisten Sachen auf, die wir so erleben. Moment, hol ich dir mal.«

Hermann kommt zurück mit diversen Heften, Kladden und Schreibblöcken.

»Ich darf das lesen?«, frage ich zaghaft.

Hermann sagt: »Von mir aus. Dafür schreibe ich es ja auf.«

»Ich meine, das ist praktisch dein Tagebuch«, sage ich. »Vielleicht steht da was drin, was ich gar nicht wissen soll.«

»Kannst du alles lesen«, sagt Hermann ruhig.

Ich nehme ein Heft und schlage es auf. Hermann schreibt:

»25.1.2015: Zweiter Sturz aus dem Bett. Bin mit voller Wucht auf dem Fußboden gelandet, ohne Fallschirm. Mein

Stöhnen war so laut, dass Ilse ohne Hörgeräte davon wach geworden ist.«

Ich staune: »Sag mal, du springst also fast jedes Jahr einmal aus dem Bett, wie es aussieht. Da kann man ja von Glück reden, dass du dir jetzt erst die Rippen gebrochen hast. Bei diesen Stürzen kann auch das Genick durch sein!«

»Ach«, sagt Hermann, »das waren ja nie hohe Stürze.«

»Aber laute«, sagt Ilse, »wenn ich schon ohne Hörgeräte wach werde!«

Hermann seufzt: »Ich habe absolut keine Erklärung, wie man durch einen Traum in die Wirklichkeit springen kann.«

Ilse sagt: »Jedenfalls bekommst du bald ein Gitter an deine Bettseite!«

»Darf ich weiterlesen?«, frage ich.

»Von mir aus«, sagt Hermann.

Ich lese gebannt in diesen Erinnerungen an Geburtstage und Familienzusammenkünfte, an Krankenhausbesuche.

»9. 10. 2013: Ich schreibe diese Zeilen ca. vier Wochen nach meinem 80. Geburtstag. Ich kann es immer noch nicht glauben, dass ich 80 Jahre alt bin. Aufgrund meiner Vorerkrankungen war damit eigentlich nicht zu rechnen. Ich habe in meinem Leben viel Glück gehabt, kann ich wohl behaupten.«

Ich blättere, springe vor und zurück, richte mich nach Überschriften. Ich lese, wie Hermann schreibt, er habe in der Kur meine Kinderbücher der »Yurumi-Gang« gelesen und bin gerührt. Aber ich finde auch anderes, teils sehr kritische Einträge, lese auch über seine Frustrationen:

»21. 12. 14: Axel fährt nachher zurück nach Finnland.

Gerade noch pünktlich zum Essen kam Bernd plötzlich bei uns an. Er konnte aber nicht lange bleiben, was bei ihm meistens der Fall ist. Aber immerhin saßen wir mal wieder alle vier zusammen, was selten ist.«

Diese Zeilen machen mich sehr nachdenklich. Das ist also das Bild, das meine Eltern von mir haben. Kommt selten und bleibt nicht lange. Ich hatte mir nie klargemacht, dass wir Jungs die beiden ziemlich alleine lassen in ihrem Leben. Aber sie nehmen das stoisch zur Kenntnis, sind absolut reizend, wenn wir kommen, haben nie etwas für sich eingefordert, keine Hilfe und auch keinen Besuch. Dass sie gerne mehr Zeit mit uns verbringen würden, haben sie nie gesagt. Ich habe ihr Ohne-uns-Sein schlicht nicht bemerkt. Axel ist in Finnland, weit weg. Der ist raus. Aber ich lebe lediglich 160 Kilometer entfernt! Und dann steht da plötzlich dieser Satz über mich: »Er konnte aber nicht lange bleiben, was bei ihm meistens der Fall ist.«

Wir sitzen im Auto. Hermann und ich kommen vom Orthopäden. Er lässt Dampf ab:

»Sag mal, du hast ja alles gepetzt!«

»Was hab ich gemacht?«

»Gepetzt! Du hast mich reingerissen!«

»Der Mann ist dein Arzt!«

»Spielt doch keine Rolle!«

»Der muss das doch wissen! Wie soll der dich denn behandeln, wenn der nicht weiß, was du nicht kannst oder wie du zugange bist?«

»Trotzdem!«

Wir waren in der Praxis bei meinem Freund Jörg, Orthopäde und Sportarzt. Hermann hat so ziemlich alle Malessen, die man sich zwischen Halswirbelsäule und Steißbein überhaupt vorstellen kann, war aber noch nie beim Orthopäden. Ich hatte den Termin abgesprochen. Jörg hatte mich gebeten, mitzukommen. Er sagte: »Ich kenne diese knorrigen Ostwestfalen. Die können kaum laufen, aber sie sagen, es sei alles tipptopp! Da könntest du vielleicht übersetzen.« Also war ich mit Hermann zur Sprechstunde gefahren.

»Rollator?«, hatte ich gefragt.

»Nee, die paar Meter vom Auto zur Praxis laufe ich so,

mit den Stöcken.« Wir waren vorgerückt vom Wartezimmer zum Vorraum. Dann wurden wir aufgerufen.

Hermann sagte: »Die Stöcke lass ich mal hier stehen.«

Ich sagte: »Ich nehme die mal mit.«

»Brauche ich nicht für die paar Meter.«

»Soll der Arzt die nicht sehen, oder was?«

Hermann zuckte mit den Schultern. Wir traten ein, ich trug Hermanns Walking-Stöcke.

Wir entblätterten Hermanns Krankenakte. Jörg schaute interessiert. Dann schob er eine CD mit Aufnahmen von Hermanns Wirbelsäule in den Rechner. Aufnahmen von 2011.

»Die sind fünf Jahre alt«, sagte er.

»Kann sein«, sagte Hermann.

»So was habe ich bisher höchstens einmal gesehen«, sagte der erfahrene Orthopäde.

»So schlimm?«, fragte ich.

»Der Befund ist nicht ohne! Sagen wir mal so«, wandte sich Jörg meinem Vater zu, »dass Sie damit noch gehen können, Donnerwetter!« Er schwieg einen Moment. »Waren Sie schon mal bei einem Orthopäden?«

»Heute zum ersten Mal«, sagte Hermann.

»Wär keine schlechte Idee gewesen.«

»Hat mich keiner hingeschickt«, sagte Hermann.

Eigenartig, dachte ich, da wird der Mann kleiner und kleiner, wird krummer und krummer, und kein Arzt schickt ihn zum eigentlichen Experten.

»Haben Sie je eine Operation erwogen, Herr Gieseking?«

»Geht nicht, hieß es, wegen meinem Herz. Das würde eine mehrstündige Operation nicht aushalten.«

»Hm, schauen Sie mal hier, der Spinalkanal, dass da überhaupt noch Informationen durchgehen ist eigentlich ein Wunder. Also, orthopädisch ist das eindeutig. Wissen Sie, was das für Sie bedeutet?«

Jörg schaute ernst auf meinen Vater. Der zuckte wieder mit den Schultern.

»Sie müssen quasi ganz vernünftig sein.«

»Was heißt das?«, fragte Hermann.

»Sie müssen diese Einschränkung akzeptieren. Die Verschlechterung von 2011 bis heute ist doch sicher gravierend?«

»Och …«

»Sie sind kleiner geworden?«

Ich schob ein: »Und zwar erheblich.«

Hermann sagte noch mal: »Och …«

»Sie sind stark sturzgefährdet, Herr Gieseking.«

Hermann sagte nichts.

»Den Parkinson haben Sie scheinbar gut im Griff. Da haben Sie kaum Bewegungsstörungen. Ich denke, das ist gut eingestellt. Durch die Osteoporose gehen Sie so krumm. Seit wann wissen Sie von der?«

»Paar Wochen.«

»Bitte!?!«

»Das ist erst untersucht worden, weil ich neulich darauf bestanden habe.«

Jörg war ins Gesicht geschrieben, was er von einigen seiner Medizinerkollegen in dieser Angelegenheit hielt.

»Sie müssen entscheiden, ob Sie, falls die Ärzte doch einwilligen, einen Eingriff vornehmen lassen würden. Aber erst mal dazu: Mit einer OP hofft man, den Ist-Zustand zu erhalten. Gewünschter Effekt ist, dass nach und nach mehr Gefühl in den Beinen zurückkommt. Und ein Risiko besteht natürlich immer. Ansonsten könnte man versuchen zu bestrahlen, als Linderung. Vielleicht Fallübungen machen. Sie müssen sehr vernünftig, das heißt vorsichtig sein. Vor allem zu Hause, im Wohnumfeld. Man muss möglichst alle Risiken für Stürze minimieren, zum Beispiel Teppichkanten.«

»Die Teppiche können aber nicht raus!«

»Dann müssen überall welche liegen – und möglichst ohne Sturzkanten.«

Ich sagte: »Der Läufer müsste zumindest weg.«

»Ach, da komm ich schon rüber.«

Jörg zog vielsagend die Augenbrauen hoch.

»Herr Gieseking, was ist mit Treppen?«

»Ja, was ist damit?«

»Möglichst meiden!«

Ich sagte: »Bei uns kann man keine Treppen meiden. Schon um ins Haus zu kommen, muss man ein paar Stufen nehmen. Vorn und hinten zum Garten.« Und dann fragte ich hinterhältig: »Was ist denn mit Leitern?«

Jörg sagte: »Nicht wirklich, oder?«

Hermann zuckte mit den Schultern.

»Sie steigen noch auf Leitern?«

»Ach«, sagte Hermann, »als ich an der Regenrinne war, hab ich doch gemerkt, ich bin inzwischen etwas wackelig, und bin auch gleich wieder runter.«

Mein Vater sah mich treuherzig an: »Die Rinne hast du dann ja saubergemacht.«

Jörg lachte, er durchschaute meinen Vater jetzt ein wenig:

»Sie sind auf eine Leiter bis zur Regenrinne gestiegen? Also, nicht dass mich das jetzt wundert bei Ihnen – aber trotzdem: Sind Sie wahnsinnig?«

Hermann grinste zurück: »Ich war ja nur ganz kurz oben!«

Der stärkste Mann der Welt

Ich sitze im Wohnwagen und versuche, das zu fassen, was mir meine Eltern in den letzten Tagen in kleinen Portionen immer mal wieder erzählt haben. Bevor ich diese vielen Momente und Ereignisse vergesse, möchte ich sie notieren. Manchmal sind das Geschichten, die ich schon zum wiederholten Mal gehört habe, aber immer wieder überraschen sie mich mit neuen Erinnerungen. Oft bin ich auch erstaunt von meinen eigenen Erkenntnissen über die beiden, über ihr Leben. Ich muss vieles korrigieren, was mir sicher schien. Und eine Ablösung macht sich am Horizont bemerkbar. Wir Kinder müssen demnächst den »familiären Staffelstab« übernehmen. Jetzt ist das noch nicht so weit. Aber zwischen dem weiterhin Wollen und dem noch Können meiner Eltern klaffen hier und da bereits echte Lücken.

Früher war mein Vater der stärkste Mann der Welt. Heute ist er der zerbrechlichste. Meine Mutter ist die eiserne Lady von Kutenhausen. Meine Mutter hat diesen starken Willen gebraucht, denn das Leben war nicht leicht für sie. Mein Vater weiß das. Das ist weise. Er lässt ihr den Willen. Das ist klug.

Es gab nichts, was Hermann nicht heben konnte. Eigentlich hätte er in den Zirkus gemusst. Aber er war nicht dauerhaft fürs Reisen gemacht, auch wenn die viereinhalb

Jahre als Zimmermannsgeselle auf Wanderschaft sicher zu den schönsten seines Lebens gehören. Er ist Teil einer Bruderschaft, der Rolandsbrüder, das sind wandernde Handwerksgesellen, die meisten von ihnen Zimmerleute wie er, kenntlich an der blauen »Ehrbarkeit«, der Häkelkrawatte, die sie während der Zeit auf der Walz – vorgeschrieben sind mindestens drei Jahre und ein Tag – ständig tragen müssen.

Hermann hat bald ein besonders Jubiläum. Es ist 65 Jahre her, dass er losgewandert ist, und seitdem ist er Mitglied in seinem Schacht. Er war damals gerade 18 Jahre alt und hatte ausgelernt. Rita hatte sich, als sie uns am Wochenende besucht hatte, für diese Tradition interessiert, und er hatte ihr vieles erklärt:

»Rolandsbruder bleibt man sein Leben lang. Und wer will, kann sich ein Leben lang mit den anderen Rolandsbrüdern treffen, zum ›Aufklopfen‹. Dann kommen alle wieder zusammen in ihrer Kluft, mit Hut und Ohrring.«

Rita fragte: »Und wie beurteilst du das jetzt im Nachhinein, diese Zeit?«

»Ich fand die Wanderzeit sehr gut. Also, eine absolute Fügung, sage ich jetzt mal.«

»Und was hat es dir gebracht?«

»Man wird verhältnismäßig selbstbewusst. Man muss ja sehen, wie man durchkommt. Wenn ich nach Hause komme, strecke ich die Beine unter Mutters Tisch, kriege mein Abendbrot vorgesetzt – das ist keine Kunst, das kann jeder. Aber wenn ich in der Fremde bin, dann muss ich selber klarkommen. Dann weiß ich: Da ist abends keiner, da muss ich also unterwegs schon meine Wurst und mein Brot kaufen. Die Kleidung sauber halten brauche ich zu Hause auch

nicht, die wird von der Mutter gewaschen, und das sind schon große Unterschiede.«

Ich überlege, ob es das ist, was ihn so anders gemacht hat, so interessant für meine Mutter, als er mit fast 24 Jahren zurückgekommen war. Hermann muss ein stolzer, eigenständiger, selbstbewusster, gleichzeitig aber auch charmanter und weitgereister Mann gewesen sein, einer, der sich, so denke ich jetzt, auch den jungen Frauen im Dorf gegenüber anders verhielt als manch anderer.

Draußen regnet es. Ich sitze nach dem Abendbrot mit meinen Eltern zusammen.

Ich frage: »Denkst du ab und an noch an deine Tippelei?«

»Klar. Ich zeige euch mal was.«

Er steht auf, geht zum Schrank und kommt mit einem Stapel alter Briefe zurück. Briefe, die er zwischen 1952 und 1955 aus »der Fremde« an seine Familie geschrieben hat. Es sind auch einige Karten und Briefe an ihn dabei. Ein echter Schatz! Er setzt sich, blättert und liest Ilse und mir immer wieder ein paar Zeilen vor.

Darunter befindet sich auch die für sein Leben entscheidende Postkarte, geschrieben von seinem Freund und Rolandsbruder Willi Bartsch:

»Lieber Hermann, teile dir hierdurch mit, dass ich in Hamburg Arbeit gefunden habe. Die Baustelle liegt gegenüber des Rathauses, welches du auf der Karte siehst. Ich bin im Augenblick allein. Wenn du Spaß hast, kannst du ja nach hier kommen, es grüßt Willi Bartsch fremder Rolandsbruder.«

Hermann reicht mir die Karte über den Tisch. Was für

ein Dokument! Diese Zeilen änderten tatsächlich sein Leben. Für die nächsten drei Jahre verpflichtete er sich, nicht näher als 60 Kilometer an seinen Heimatort zurückzukommen. Es wurden dann viereinhalb Jahre, in denen er mit den Kameraden Hunderte, Tausende Kilometer tippelte, zu Fuß zurücklegte, von Ort zu Ort zog, von Baustelle zu Baustelle, neue Arbeitstechniken lernte. In der Schweiz wurde er zum Spezialisten für Betonschalungsarbeiten und Treppenbau, Fertigkeiten, mit denen er seine Familie ein Leben lang durchgebracht hat.

»Papa. Diese Karte muss eigentlich in einen Rahmen!«

Der Besuch der jungen Dame

Ich hatte eine alte Freundin getroffen, Sabine. Meine Jugendliebe, die lebenslang eine Freundin geblieben ist, bis heute. Wir hatten uns für den Abend verabredet. Sie wollte zum Abendbrot vorbeikommen. Sabine fand das sehr lustig: im Wohnwagen im Garten meiner Eltern.

Ich kaufte Bratwürstchen ein, die guten von Röthemeier. Wieder zu Hause erzählte ich, Sabine werde mich am Abend besuchen. Hermann und Ilse kennen und mögen sie seit Jahrzehnten, sie wissen von Sabines Kindern und erkundigen sich jedes Mal nach ihren Eltern, die im Nachbardorf Todtenhausen wohnen. Ich wusste nicht um die Kette von Ereignissen und Vorarbeiten, die diese simple Nachricht über eine Verabredung nach sich ziehen würde.

Ilse ist entrüstet: »Aber das musst du mir doch sagen, dass Sabine kommt.«

»Hab ich doch gerade.«

»Und was soll ich nun dazu machen?«

»Du musst gar nichts dazu machen, Mama.«

»Es kann doch nicht einfach nur Bratwurst geben, wenn Sabine kommt!«

»Wieso denn nicht?«

»Bei mir gibt es nicht einfach nur Bratwurst. Wie arm sieht das denn aus?«

»Dann mach Bohnensalat.«

»Bohnensalat. Das ist aber ein armes Essen, Bratwürstchen und Bohnensalat.«

»Ist aber lecker, Mama.«

»Also, einen Kartoffelsalat stelle ich da schon noch zu.«

»Dann ist es aber gut!«

»Ich fahr noch mal und hole ein Baguette.«

»Mama, Sabine kommt vorbei. Und wir legen eine Wurst auf den Grill! Mehr nicht!«

Hermann grinst: »Ja, so einfach ist das hier eben nicht.«

Denn die eigentlichen Arbeiten beginnen jetzt erst. Ich hatte mir die Zeitung genommen und sehe plötzlich, wie meine Mutter den Freisitz fegt.

»Was machst du denn da?«

»Ja, wonach sieht das wohl aus?«

»Wegen Sabine?«

Sie sagt nichts.

Dafür Hermann grinsend: »Hinter der Bude hat sie schon gefegt.«

Am Vormittag hatte ich Buchsbäume beschnitten. Zum ersten Mal in meinem Leben hantierte ich hier mit einer elektrischen Heckenschere. Und sollte aus dem Stand eine Kugelform schneiden.

»Wie soll er werden?«, fragte ich unvorsichtigerweise.

Ilse sagte: »Rund!«

Ich sagte: »Rund ist nicht einfach.«

Mein Vater sagte: »Du hast doch schließlich mal Kunst studiert!«

Also schnitt ich, rundete, trat zurück, besah mein Werk,

besserte nach, trat wieder zurück und schnitt erneut. Dann fotografierte ich den Buchsbaumbusch. Ich widerstand der Verlockung, ein Selfie mit dem Gewächs zu machen. Auf dem Foto sah er noch besser und kugeliger aus als in echt. Ich schickte das Foto stolz an meine Freundin Rita mit dem Kommentar: »Mein Design!«

Sie schrieb zurück: »Großartig! Ungeahnte Talente. Dann ist die Rente ja gesichert.«

Anschließend suchte ich den Schnittabfall zusammen. Der aber lag in der Kieselsteinreihe, die etwa 20 Zentimeter breit am Haus entlangführt.

»Der ganze Kleinscheiß muss da raus? Jedes Blatt?«, hatte ich gefragt. »Das ist doch eine Arbeit für einen, der Vater und Mutter erschlagen hat!«

Das ist nicht nur bei uns in Ostwestfalen ein stehender Begriff für jede Form von nerviger oder fisseliger Arbeit. Ich hatte Stunden damit verbracht, das ganze Grünzeug aus den Steinen zu klauben.

Nun steht Hermann schon wieder mit dem Rechen in der Hand neben mir: »Nimm dir den mal und mach überall die Blätter vom Rasen.«

»Wegen Sabine?«

»Ja, natürlich! Wegen dem Besuch! Wie sieht das hier denn sonst aus?«

Kopfschüttelnd ergebe ich mich und greife mir den Rechen und reche. Und denke: »Ich räche!«

Aber ich kann nicht anders. Wenn ich erst einmal angefangen habe, bin ich ganz der Sohn meiner Eltern und picke die Blätter einzeln vom Boden. Dann schaue ich stolz auf mein Werk: Es ist geradezu ein englischer Rasen gewor-

den. Hier könnten Champions-League-Spiele ausgetragen werden. Außer auf den Stellen, an denen mein Wohnwagen die Löcher gerissen hat, die immer noch glänzen wie kahle Stellen auf einem Männerkopf. Aber sonst ist alles tipptopp! Eigenlob stinkt zwar, aber der Garten sieht gut aus. Und ich verstehe zum ersten Mal, was meine Eltern bewegt, was sie umtreibt auf ihrer ewigen Jagd nach Ordnung. Ich verstehe plötzlich diesen sisyphusartigen Trieb bei ihrer Gartenarbeit. Und ich bin ihr Sohn. Ich habe nicht nur den Hang zur Komik geerbt. In Wirklichkeit bin ich gar nicht unordentlich, wie meine Lebensgefährtin und meine Eltern ständig kritisieren. Hier im Garten entdecke ich meine wahre Bestimmung. Der Besuch kann kommen!

Dann sehe ich einen Apfel im Baum hängen. Ilse geht gerade vorbei.

»Was ist denn dieses Jahr mit den Äpfeln?«, frage ich.

»Ach, es sitzt kaum was drauf. Der René hatte mir neulich zehn Stück runtergeholt. Die faulen ja schon am Baum.«

»Da hängen noch welche. Willst du ein paar?«

»Der Pflücker steht im Abstellraum.«

Ich zupfe mit dem Gerät hier einen Apfel vom Zweig, dort ein Pärchen und kämpfe mit Verästelungen und schwer zugänglichen Stellen. Ich fühle mich wie d'Artagnan. Ich habe keinen Degen, aber immerhin einen Apfelpflücker, mit dem ich in das Laubdickicht hineinsteche und Treffer auf Treffer erziele. Manchmal muss ich nur etwas ziehen, manchmal zuppeln oder heftiger reißen. Einige Blätter werden unschuldige Opfer meines Tuns und segeln zu Boden. Abrupt bremst meine Mutter mich in meinem Tun.

»Hör man eis up!«

»Worümme? Sind datt genauch?«

Sie nickt Richtung Boden.

»Du hattest den Rasen doch grad sauber!«

Sabine! Der Besuch! Der Rasen!

Ich füge mich in mein Schicksal und hole erneut den Rechen, denn ich bin der Sohn meiner Eltern, und hier wird kein Blatt liegen, wenn Sabine den Garten betritt.

Als Sabine kommt, zeige ich ihr zuerst einmal mein Domizil. Sie, Mutter von zwei nun erwachsenen Kindern, ist ein Profi, was solche Fahrzeuge betrifft. Sie war häufig mit Familie und Wohnwagen unterwegs. Aber dass ich damit jetzt hier im Garten logiere, bringt sie immer wieder zum Lachen. Dann gehen wir hinter die Bude, wo Grill, Baguette, Kartoffelsalat, Bohnensalat und Eltern warten. Die drei kennen sich so gut, dass ich die erste halbe Stunde nicht gebraucht werde und mich ganz auf das Grillgut konzentrieren kann.

Nach dem Essen sagt Ilse irgendwann: »So, dann wollen wir die junge Leute mal alleine lassen. Die wollen sich sicher noch über was anderes unterhalten!« Sabine und ich protestieren so energisch wie erfolgreich, und die beiden bleiben noch ein langes Stündchen. Die Nähe und Vertrautheit zwischen meinen alten Freunden und meinen alten Eltern berührt mich immer wieder tief.

Als Ilse und Hermann später gegangen sind, tauschen wir zwei uns über die eigenen Lebensträume, die Ziele, die erreichten und die unerreichten, aus. Und darüber, wie das Altern der Eltern plötzlich in unser Leben spielt, bei Sabine mit wesentlich mehr Konsequenzen als bei mir. Ihre

Eltern brauchen Unterstützung und sind im Grunde komplett ans Haus gebunden. Allerdings haben die beiden noch schlimmere als nur die regionsüblichen Dickköpfe und verweigern fast jede externe Hilfe, stattdessen fordern sie die von ihrer Tochter ein. Sabine ist die einzige von vier Geschwistern, die aktiv tätig wird, die anderen wohnen weit entfernt. Deren Möglichkeiten sind beschränkt.

Ich sage: »Das kenne ich irgendwie. Mein Bruder ist auch ganz woanders!«

Sabine lacht: »Wir beide haben eben die Arschkarte gezogen! Zu nah an zu Hause geblieben!«

Sie hat eine wunderbare Lache, schon immer und immer noch. Mit ganz viel Witz erzählt sie von den Verantwortlichkeiten, die sie im Elternhaus übernommen hat. Dabei denke ich: Wird auf mich auch so etwas zukommen? Ich bin ja nur jetzt vor Ort, dann werde ich wieder fahren, werde weiter in Dortmund wohnen und nur vorbeikommen, wenn Minden auf dem Weg liegt. Oder?

Später bringe ich Sabine zu ihrem Auto. Wir schreiten über das Gras, und ich frage, wie sie den Rasen findet.

»Okay, wieso?«

»Fällt dir nichts auf?«

»Gepflegt, würde ich sagen.«

»Ich habe die Blätter einzeln aufsammeln müssen! Für dich!«

Selbst im Dunkeln sehe ich sie grinsen, und ihre Augen blitzen: »Wegen mir? Wer hat das gesagt? Ilse etwa?«

»Wer sonst!«

Sie lächelt: »Sag ihr morgen früh, das wär nicht nötig gewesen. Ist aber trotzdem schön.«

Sie sitzt schon im Auto, als sie noch einmal das Fenster runterkurbelt und sagt: »Ist doch auch irgendwie angemessen mit dem Rasen, findest du nicht?«

Und dann höre ich noch mal ihr Lachen, das ich kenne, seit ich 14 bin. Ein herrlicher Abend!

Die Giesefinks

Es ist Samstag, später Nachmittag. Hermann und ich arbeiten am Zaun und wechseln Bretter aus. Die sind mit inzwischen komplett verrosteten Schrauben an den Pfosten befestigt, die sich nicht mehr lösen lassen, und wir müssen sämtliche Schrauben durchsägen. Ich staune jedes Mal, wo es hier überall etwas zu tun gibt. Es reißt nicht ab. Dann schaut Hermann zur Uhr: »So, Feierabend. Uli kommt gleich.«

Dieser Uli – wir haben reichlich davon, wer in den 50er Jahren geboren wurde, musste schon Glück haben, nicht auf Ulrich oder Peter getauft zu werden – wohnt mit seiner Frau Elke um die Ecke in der Elsternstraße. Sie gehören zu diesem Kreis, den meine Eltern die »jungen Leute« nennen, obwohl die meisten davon etwa in meinem Alter sind. Quasi die zweite Generation in unserer Siedlung, alle zwischen 40 und 60 Jahre alt. Sie feiern zusammen und haben eine lebendige Nachbarschaft entwickelt. Irgendwann wurden meine Eltern dazu eingeladen. Von anderen sind wiederum die Kinder dabei. In Großstädten würde man von einem »Generationenprojekt« sprechen. Uli ist Lehrer, in seiner wahren Berufung allerdings Bluesmusiker.

Hermann erklärt mir: »Wir haben Probe.«

»Wie, Probe?«

»Wir singen hier ab und zu bei den Festen. Oder mal zu Geburtstagen.«

»Wer wir?«

»Uli Finke und ich.« Er grinst: »Kennst du nicht die Giesefinks?«

»Noch nicht!«

Hermann erzählt: »Ilse ist schuld. Die kannte Uli zuerst.«

Ilse stimmt zu: »Uli kannte ich schon aus der Nachbarschaft, als er noch ein Kind war, damals, als wir noch zur Miete wohnten. Und später, als ich bei Rührmund im Musikalienhandel gearbeitet habe, kam er mal in den Laden, und ich habe ihm eine Mundharmonika verkauft. Dadurch wusste ich, dass er in einer Band spielt. Da hab ich ihm dann irgendwann vorgeschlagen: ›Du könntest doch auch mal Musik machen, wenn wir uns treffen.‹ Und er meinte: ›Ja, aber nicht alleine.‹ Ich hab ihm gesagt: ›Hermann kennt doch diese ganzen Handwerkslieder. Und er hatte auch schon zweimal bei irgendwelchen Anlässen alleine gesungen. Das wär doch was, wenn ihr beiden das mal zusammen probiert. Nur zwei, drei Lieder bei Geburtstagen oder wo es sonst so passt.‹«

Hermann nickt: »Und so entstanden die Giesefinks, das berühmte Musik-Duo.«

Ilse sagt: »Uli spielt Mundharmonika, und Hermann singt.«

»Und was singt ihr da?«

»Och, allerhand. Den ›Scherenschleifer‹ zum Beispiel. ›Der Wind weht über's Stoppelfeld‹. Und von Hannes Wader ›Heute hier, morgen dort‹.«

»Wie kommt ihr zu Wader?«

214

»Das ist seit Jahren schon im Liederbuch der Wanderge-
sellen.«

Es klingelt.

»Das wird er sein.« Hermann steht auf.

Uli kommt rein, und wir schütteln uns die Hände. Ich
will nicht stören und gehen: »Dann wünsche ich eine gute
Probe!«

Uli sagt: »Bleib doch und sing mit!«

»Ich?«

Ilse schaut mich an: »Worümme wall nich?«

Und so sitze ich, komplett von mir selbst überrascht,
in der guten Stube und singe mit meinen Eltern und Uli
Volkslieder. Ich bin total beeindruckt vom Spaß und der
Zielstrebigkeit der beiden Künstler und auch von Ilses En-
gagement. Uli hat neue Texte ausgedruckt von Liedern,
die meine Eltern vorgeschlagen hatten, vor allem das von
Hermann lang gesuchte »Schätze des Orients«. Ich singe
den mir komplett fremden Text mit:

Schwer mit den Schätzen des Orients beladen
ziehet ein Schifflein am Horizont dahin.
Sitzen zwei Madel am Ufer des Meeres,
flüstert die eine der andern leis ins Ohr:
Frage doch das Meer, ob es Liebe kann scheiden,
frage doch das Herz, ob es Treue brechen kann.

Wir singen, und plötzlich kenne ich die Texte wieder: »Die
Gedanken sind frei«, Hannes Waders »Gut, wieder hier zu
sein, schön euch zu seh'n« und schließlich proben die beiden – und damit auch ich – das besagte »Heute hier, morgen

dort«, ein Lied, das zu meinen ewigen Top Ten gehört. Wir sind alle Wader-Fans, er ist Ostwestfale wie wir, nur vier Jahre jünger als meine Mutter, stammt aus Bielefeld und lernte dort Dekorateur in einem Schuhgeschäft. Es muss Jahrzehnte her sein, dass ich diese Zeilen an irgendeinem Lagerfeuer gesungen habe. Ich musste erst nach Kutenhausen kommen, in die gute Stube meiner Eltern, ihren Proberaum, um so etwas Schönes zu erleben und sogar mitzusingen.

Für manche Feiern, erzählen mir die drei, werden die Giesefinks, eigentlich ein Duo, spontan um Ilse und auch Nachbarin Monika erweitert. Ilse ist sehr musikalisch, lernte mit über 45 noch Akkordeon spielen und war eine Zeitlang im Akkordeon-Orchester aktiv. Trotzdem ist sie unsicher, wenn sie mit anderen singt. Wer Ilse kennt, kann sich Unsicherheit als Wesenszug bei ihr nicht vorstellen, aber hinter der harten Schale schlummert auch bei ihr ein weicher Kern.

Obwohl sie hier konzentriert und souverän mitsingt, gesteht Ilse, dass sie zum Üben immer mit dem Fahrrad durch die Felder fährt. Dann kann sie niemand hören, und sie traut sich endlich auch, laut zu singen. Allerdings habe sie im Laufe der Zeit mehrere Fliegen und Mücken geschluckt, erzählt sie uns lachend.

Nach der Probe gehen wir alle raus in den Garten. Ich hole Getränke aus dem Keller. Hermann berichtet von seinen Jahren auf der Walz. Singen gehört zur Tradition wandernder Handwerksburschen. Sie nennen das »Schallern«. Dazu gehört auch der »Zimmermannsklatsch«, bei dem man sich paarweise gegenübersteht und im Rhythmus gegenseitig in einer bestimmten Choreographie in die Hände klatscht. Wer nicht aufpasst, bekommt schnell selbst eine »geschallert«. Ilse hat den Zimmermannsklatsch und die Lieder von Hermann gelernt. Es ist ein großer Spaß, den beiden zuzuschauen. Ich kenne weder die Texte noch den Klatsch. Eigentlich ein Armutszeugnis, denke ich.

Mitten in unser Geplauder hinein fragt Ilse plötzlich hektisch:

»Hermann, hässt du dän Schlürtel?« Hast du den Schlüssel.

»Natürlich!«

Sie atmet auf. Dann erzählt sie diese wunderbare Geschichte, die vor gar nicht so langer Zeit, in der Hermann aber noch weit beweglicher war, passiert ist. Meine Eltern haben im ganzen Haus Rollos, die allabendlich um Punkt 21 Uhr 15 automatisch heruntergehen. Auch an der Außentür zum Garten. Es war ein ähnlicher Abend wie dieser. Sie saßen draußen, hörten in der Dämmerung, wie die Jalousie an der Küchentür sich auf den Weg nach unten machte, schauten dabei zu, wie sie vor der offenen Tür herabrollte, und Ilse fragte eher beiläufig: »Du hast den Schlüssel, oder?«

Hermann kurz: »Ich denke du?«

Ilse schüttelte den Kopf: »Auch keinen für vorne.«

Da sprang mein Vater auf wie zu seinen besten Zeiten als jugendlicher Leichtathlet, als er Kreisrekorde lief, sprintete zur Tür, jagte die Stufen empor und tauchte in letzter Sekunde wie ein Hochspringer im Straddle – dem »Tauchwälzer« – unter der herabfahrenden Jalousie hindurch. James Bond und Indiana Jones wären neidisch gewesen!

Uli grinst: »Hermann, ich staune!«

Ilse schaut zu mir rüber: »Aber dass du keinen Zimmermannsklatsch kannst!« Und zu Hermann: »Sollen wir mal? Kannst du noch?«

»Das geht ja im Sitzen«, sagt Hermann.

Ilse und Hermann setzen sich gegenüber, heben die Hände und schallern, singen und klatschen also:

Früh morgens um halb sechse steh'n wir auf
und steigen aufs Gerüst hinauf.
Darum aufgeschaut, fest Gerüst gebaut
und auf seinen Kamerad vertraut.
Holz her!

Fällt einer vom Gerüst herab,
so findet er sein frühes Grab.
Darum aufgeschaut, fest Gerüst gebaut
und auf seinen Kamerad vertraut.
Holz her!

Sechs Zimmerleute tragen ihn zur Ruh
und decken ihn mit Sägmehl zu.
Darum aufgeschaut, fest Gerüst gebaut
und auf seinen Kamerad vertraut.
Holz her!

Sechs Kinder laufen hinterm Sarge her,
sie haben keinen Vater mehr.
Darum aufgeschaut, fest Gerüst gebaut,
und auf seinen Kamerad vertraut.
Holz her!

Uli und ich applaudieren.

Dann nickt Hermann mir zu: »Jetzt du!«

Und natürlich scheitere ich: Beide Hände auf die Schenkel, dann an die Hüfte, vor der Brust zusammen, die rechte Hand an die rechte Hand des Partners, dann die linke an die linke, alle vier Hände treffen sich über Kopf, wieder auf die Schenkel und so weiter – ich hätte auch kein Tänzer werden können. Choreographien kann ich mir nicht merken.

»Klatschen und singen zusammen lernen ist etwas viel, heute nur die Melodie, einverstanden?«

Zusammen singen wir im Garten, und ich lerne zumindest Text und Melodie des Liedes.

Dann sagt Hermann: »Wo wir gerade Handwerkslieder singen: Das wollte ich dir die ganze Zeit schon erzählen. Uli hatte eine gute Idee.«

Ich schaue aufmerksam: »Ja?«

»Uli will uns einen Zimmermann ans Haus malen.«

Ich stutze.

»An den Giebel zur Straßenseite«, sagt Uli.

»Einen wandernden Rolandsbruder«, erklärt Hermann.

Uli, sonst eher schweigsam, erklärt: »Ich hab mal ein paar Bilder rausgesucht. Da muss Hermann sehen, was ihm gefällt. Dann projizieren wir das auf die Hauswand und zeichnen die Figur nach.«

»Wird nicht ganz einfach, bei dem Rauputz«, sage ich und denke zurück an meine Studienzeit, als einer unserer Professoren ein Forschungsprojekt über mehrere Semester anbot zum Thema »Fassadenmalerei«. Da wurde experimentiert, mit Putz, mit Grundierung, mit Farben. Hier auf dem Dorf geht das alles weit komplikationsloser, hier macht man das einfach mal so.

»Wenn ich helfen kann, gerne«, biete ich an.

Uli wiegt nachdenklich den Kopf: »Mal sehen. Die Wettervorhersage ist Mist. Bei Regen können wir nichts machen. Ich schau mal, wie es passt.«

Sohn auf Rädern

Ich sitze mit meinen Eltern bei der morgendlichen Teepause. Wieder mal spielen wir Rommé. Ich bin mittlerweile tatsächlich Teil dieses Kosmos. Wir essen gemeinsam, arbeiten gemeinsam, ab und an ziehe ich mich zurück und schreibe an meinen Texten.

Vor allem in den letzten Wochen hatte unser Zusammenleben sehr gut geklappt. Meine Eltern sind meine ersten Kritiker, noch bevor ich einen Text an die Redaktion schicke, wird er hier »abgenommen«. Diesmal ging es um eine Ausstellungseröffnung für Sebastian Krüger im Caricatura Museum Frankfurt. Sebastian lebt ganz in der Nähe, in Springe, auf halbem Weg nach Hannover. Seine Bildbände lagen auf dem Gartentisch, ich versuchte, mich der Kunst und dem Künstler zu nähern, und meine Eltern schauten mir immer wieder interessiert über die Schulter.

Wir haben in der Bude mit Uli und Elke, Doris und Monika »Lange Nacht« gefeiert, die Mittsommernacht, ich konnte finnischen Lakritzschnaps beisteuern, und Uli hat einen wunderbaren Blues auf Hermann gesungen.

Zwei Wochen später war ich offiziell zum Nachbarschaftsfest bei Udo und Ute eingeladen. Es ist hier traditionell Ilse, die man mit dem Dessert betraut. Nachdem das Grillgut und die Salate verspeist waren, ging ich als der

Abgesandte unserer Familie, um den Nachtisch aus dem Kühlschrank zu Hause zu holen und herüberzutragen. Mein Beliebtheitsgrad bei den Nachbarn stieg rapide, als ich mit der süßen Nachspeise erschien. Jubelrufe ertönten. Man hätte die Schüsseln anschließend, ohne sie zu waschen, zurück in den Schrank stellen können.

Die Giesefinks hatten geprobt und trugen drei Lieder vor, und dazu wurde noch gemeinsam gesungen, Uli hatte Textblätter mitgebracht. Ich hörte meine Nachbarn, auch einige meiner Cousins wohnen hier und ihre Frauen, inbrünstig mitsingen und -summen. Ich stellte fest, dass ich die Schlagzahl bei den »Kurzen« nicht mehr gewohnt war, schaffte es aber doch, die Familienehre aufrecht- und den Gang gerade zu halten.

Dann brach ich mit meinen Eltern gemeinsam auf. Die Nacht war stockduster, und ich sorgte mich um meine beiden. Hermann stapfte mit dem Rollator voran, ich hatte die Schüsseln im Arm und schaffte es in einem wahnsinnigen Akt, fast schon einer Jonglage, gerade noch, ihnen mit dem Handy heimzuleuchten. In dieser dunklen, mondlosen Sommernacht strahlte auf der »Müsse«, einsam wie sonst der Polarstern für den Seemann auf offenem Meer, meine Taschenlampen-App, wies uns den Weg und brachte meine Eltern sicher heim.

Ab und an gehe ich mit Doris und ihrer Freundin Silvana walken, und wir marschieren dabei von Kutenhausen auf einer stillgelegten Bahnstrecke bis nach Stemmer. Die beiden haben mich in die Geheimnisse von Fitness-Apps und Schrittmessern eingeführt. Ich nehme an allem teil und mache alles mit. Es ist mittlerweile mehr selbstverständlich als ungewöhnlich, dass ich hier bin. Keiner fragt mehr nach dem Wieso und Warum. Ich kann es mit Kennedy sagen: »Ich bin wieder ein Kutenhauser.«

Mitten in diese Wohlfühlstimmung am heimischen Küchentisch spielt Ilse nicht nur ihre nächste Rommé-Karte aus:

»Jetzt bist du schon ein paar Wochen da.«

»Ja, läuft ganz gut, oder?«

Ihr Schweigen steht vielsagend im Raum.

»Wir waren noch nicht *ein Mal* in deinen Wohnwagen eingeladen.«

Der Satz trifft mich wie ein Schwerthieb.

»Bitte?«

Ilse legt eine Karte ab und sieht mich vorwurfsvoll an: »Monika und Doris, Uli und Britta, Sabine, Thea, Roswitha, Achim, alle waren schon eingeladen.«

Mir fehlen die Worte.

»Du bist dran!«, sagt Hermann und zeigt auf den Kartenstapel.

Ich ziehe eine Karte: »Aber ihr könnt doch jederzeit in den Wohnwagen kommen!«

Beide sehen mich einfach nur ausdruckslos an.

Ilse sagt: »Einfach so? Nee, das mache ich nicht!«

Wie blamiert stehe ich nun da! Ich bin gekommen, ohne gerufen worden zu sein, habe meinen Eltern zur Begrüßung den Rasen kaputt gefahren und bin in all diesen Wochen überhaupt nicht auf die Idee gekommen, dass es sie freuen würde, wenn ich sie mal offiziell in mein temporäres Domizil einladen würde. Nur so als kleine Geste, als Dank für

223

ihre Gastfreundschaft. Kein Gedanke! Wie peinlich! Beschämt spiele ich das Spiel zu Ende und sage leise:

»Tut mir leid!«

»Brauch dir nicht leidtun!«, kommt es von Ilse. Sie sagt das in einem Tonfall, in dem sämtliche Sohnessünden eines ganzen Lebens mitschwingen. Meine Eltern sind wirklich getroffen von meiner Gedankenlosigkeit. Kein Wunder. Wenn sie das so offen ansprechen, muss es schon ziemlich an ihnen genagt haben. Es dauert, bis man bei uns was sagt!

Ich trinke meinen Tee und gehe wortlos raus. Selbstmitleid ist die letzte Waffe des kleinen Mannes, und ich ergieße mich darin. Wenn wenigstens Johnny, unser Fasan, jetzt käme, um mal wieder zu zeigen, dass er ohnehin der Bessere von uns drei Söhnen ist, zwar ein adoptierter Stiefsohn, aber einer, der meine Eltern jederzeit zu sich aufs Stoppelfeld einladen würde. Johnny. Der hat es gut. Von dem erwarten meine Eltern erst gar nicht, dass er den beiden sein Nest zeigt! Würde er aber sicher sofort tun, wenn er endlich mal ein Weibchen fände und eines bauen würde.

Ich hole tief Luft. Und wiederhole wie ein Mantra: »Bin ich nicht drauf gekommen! Bin ich einfach nicht drauf gekommen!«

Wenn ich sie jetzt gleich heute Abend zu mir bitten würde, könnten sie die Einladung im Grunde gar nicht annehmen. Zwischen Anklage und Wiedergutmachung muss ein gewisser Zeitraum liegen, sonst würde ich sie doch nur abermals in ihrem Stolz verletzen. Oder mehr noch: mich! Das wäre richtig zu Kreuze gekrochen. Grummelnd suche ich mir ein Werkzeug und mache mich im Garten nützlich.

Der arme Busch! Mein Frust kostet ihn mehr Triebe als nötig.

»Middach is ferdich«, ruft es aus der Küchentür. »Könnst rin kurmen!«

Das ist die endgültige Demütigung an diesem Tag. Ilse hat das Essen fertig, ich setze mich an den wie immer gedeckten Tisch. Ich sollte wenigstens zur Pommesbude fahren und mich selber ernähren. Oder mir im Wohnwagen eine Dose Ravioli warm machen. Aber ich bin zu schwach, dieses wie immer grandiose Mittagessen auszuschlagen. Und wäre die Verletzung meiner Eltern nicht noch größer, wenn ich die Mahlzeit nicht würdigte? Wird irgendwas an meinem Verhalten besser, wenn ich den Pudding nicht esse? Ich ringe um Argumente und finde keine.

Nach dem Essen ist allgemeine Mittagspause. Ich gehe in den Wohnwagen, öffne das Fenster am Kopfende und lege mich aufs Bett. Die Vögel singen, die Insekten summen, mein Kopf brummt. Als ich wach werde und nach draußen schaue, sehe ich meine Eltern schon wieder unermüdlich schaffen in ihrem Gartenreich.

Hermann kniet und sticht Unkraut heraus. Die Rippen scheinen mittlerweile gut verwachsen zu sein. Ilse kämpft mit einem Feld aus Maiglöckchen, die sich zu dichtem Wurzelwerk verknoten. Kaum habe ich mich gereckt und gestreckt und mir die Astschere gegriffen, kommt der Ruf meines Vaters: »Auch Tee? Oder soll ich dir Kaffee machen?«

»Jetzt schon? Ich wollte gerade anfangen.«

»Ja, wenn du den halben Tag schläfst, dann wird die Arbeit auch nicht fertig.«

Zack! Auch das hat wieder gesessen! Ich bin die absolute Nullnummer. Wenn ich sonst auch mein Leben im Griff habe, Nächte durchschreibe, Hunderte Kilometer Autobahn zu meinen Auftritten fahre und dort erst um kurz vor Mitternacht die Bühne verschwitzt verlasse, das alles zählt hier nicht. Ich liege und schlafe, während meine alten und maladen Eltern rund ums Haus am Ackern sind!

»Ich nehme, was ihr trinkt!«, rufe ich. Ich möchte jede Extrawurst vermeiden.

Und schon sitzen wir wieder zusammen, diesmal mit Kuchen, am Vormittag frisch gebacken. Ich weiß nicht, wann die das alles machen!

Mein Freund Uli nannte mich neulich lachend: »Sohn auf Rädern«. Ich bin das genaue Gegenteil von Essen auf Rädern. Ich versorge nicht, ich werde versorgt. Und ob ich mir das Essen heute schon verdient habe, angesichts des lächerlich kleinen Häufleins abgeschnittener Baumtriebe? Eher nein! Wie kann ich mit dieser Schande umgehen? Wie und wann kriege ich meine Eltern in den Wohnwagen? Es hilft nichts, in so einer Situation kann man nur den Stier bei den Hörnern packen. Wir sind Ostwestfalen, was soll man drumherum reden? Also raus damit! Kurz und schmerzlos!

»Morgen Abend bei mir?«, frage ich.

»Wir haben nichts vor«, sagt Ilse.

Hermann nickt mit vollen Backen. Geht doch!

Am nächsten Abend ist es so weit. Meine Eltern klopfen. Ich bin vorbereitet.

»Die Schuhe könnt ihr anlassen!«

»Wir tragen dir hier doch keinen Dreck rein. Hermann, zieh die Schuhe aus!«, sagt Ilse.

Hermann rückt hinter den eingedeckten Tisch, Ilse setzt sich neben ihn.

»Da bin ich ja mal gespannt«, sagt sie.

Ich habe alle Fenster offen stehen, denn es ist sommerlich warm, außerdem hatte ich den Herd an, der Wohnwagen ist also aufgeheizt. Es gibt einen Begrüßungssekt.

»Lecker!«, sagt Ilse fachmännisch.

Es ist eng und gemütlich. Ich führe die Klappen vor, zeige die Stauräume und Bauraffinessen des Wohnwagens. Da meine Eltern abends ungern »groß« essen, außer es wird mal gegrillt, und für heute Mittag »warm«, Eintopf, gesetzt war, trage ich einen Sommersalat mit gebratenen Zucchini-Scheiben und lauwarmem Schafskäse auf. Dazu gibt es Weißwein von der Mosel, einen Elbling, Eigenimport von einer Osterwanderung mit Freunden.

»Is de witte Wien denn ok kold?«, fragt Hermann.

»Kennst du Kühlschrank?«, frage ich.

Wir plaudern über Gott und die Welt. Dann wird es konkret.

»Wie lange willst du denn noch bleiben?«, fragt Hermann.

»Mitte Juli fahre ich mit Rita für zwei Wochen weg. Dann komme ich im August noch einmal zwei Wochen, aber da beginnen dann schon die Herbst-Auftritte.«

Ilse sagt: »Ja, und Mitte September braucht Doris den Wagen auch wieder selbst. Spätestens am 1. 10. stellt die den in der Heide auf für den Winter.«

»Ich wollte ihn ihr Ende August zurückbringen.«

Hermann nickt: »Da brauchst du aber ein paar Mann, um den hier rauszuschieben.«

In diesem Moment klopft es. Doris steckt den Kopf durchs Fenster.

»Ich wollte was mit euch begießen, da habe ich eure Schuhe vor dem Wohnwagen stehen gesehen. Und vor allem Hermanns Gehstöcke!«

»Komm rein«, sage ich.

»Nee, ich will nicht stören.«

Unsere Runde scheint für sie eine gewisse familiäre Intimität auszustrahlen.

»Du störst doch nicht, Doris.«

»Und es ist dein Wohnwagen!«, sagt Hermann.

Doris lacht: »Grad nicht!«

»Sekt?«, frage ich.

»Gerne.«

Ich greife in ihren Gläserschrank, hole die Flasche aus dem Kühlschrank und erzähle ihr bei der Gelegenheit von meinem Zeitplan.

»Passt super für mich«, sagt sie.

Wir stoßen an, es ist lustig und absolut zauberhaft. Dann klopft es wieder.

»Wer is datt denn getz?«, wundert sich Ilse.

Nachbarin Monika steht vor der Tür.

»Ich war grad auf dem Weg zu Doris, da hab ich die vielen Schuhe hier vorm Wohnwagen gesehen.«

Ilse sagt: »Dann stell deine dazu und komm rein.«

»Bin ich denn eingeladen?«, fragt Monika mit Augenzwinkern.

»Immer!«, sage ich.

Wir lachen viel, erinnern uns an Doris' Mann Hans-Jürgen und erfahren, dass Doris in einigen Monaten Oma werden wird. Darauf trinken wir den Sekt, den sie genau dafür mitgebracht hatte. Es ist herrlich. Danach biete ich erneut Wein an.

»Watt häst du denn no doar?«, fragt Hermann.

»Alles. Weiß und rot«, sage ich.

Alle bestehen drauf, dass unter »Campern« der Wein auch aus den Sektgläsern getrunken wird.

»Ich habe aber eine Spülmaschine!«, sage ich.

Monika fragt: »Wo steht die denn?«

»Bei Ilse in der Küche!«

Wir sind wunderbar albern und lachen und giggeln schon über solche Sätze.

Irgendwann steht mein Vater auf: »So, ett wett Tied. Wir gehen ins Haus rüber. Das war ganz schön hier.«

Und meine Mutter fügt hinzu: »Vielen Dank für die Einladung!«

Ich sage – und das muss man auf Platt machen: »Daht mi lehd, datt ett n bierten e durrt hätt, Mudder!«

Mein Vater lächelt still vor sich hin.

Als auch Doris und Monika gegangen sind, räume ich auf. Jetzt, am Ende des Abends, schaue ich aufs Handy. Rita hat geschrieben:

»Wie war es mit deinen Eltern im Wohnwagen?«

»Klasse. Die Nachbarschaft ist auch noch gekommen!«

»Bist du sicher, dass du nicht in einem Kiosk wohnst?«

Hundstage

Es ist später Vormittag, der Himmel ist leicht bedeckt, ideales Gartenwetter. Ilse jätet Unkraut. Ich schneide ein paar Meter weiter am nächsten Buchsbaumbusch. Mit der Heckenschere. Ein tolles Werkzeug.

Ilse fragt: »Warum nimmst du nicht die elektrische?«

»Macht mehr Spaß so.«

»Musst du selber wissen.«

»Ich bin Handwerker!«

»Trotzdem! Du nimmst ja auch nicht mehr deine Schreibmaschine, sondern deinen Computer.«

Ich stutze. »Das ist was anderes!«

»Aha!«

Ein Golden Retriever kommt auf den Rasen gestürmt.

»Ach, Zilly!«, ruft Ilse.

Zilly hockt sich hin.

»Wirst du das wohl lassen!«, herrscht Ilse die Hündin und zugleich ihr Herrchen an, der auf der Suche nach dem Tier in unseren Garten lugt.

»Zilly, komm!«, sagt er. Der Hund rennt los, allerdings nicht zu seinem Herrchen, sondern zum Ende des Gartens, stürmt aufs Feld, bellt, wir sehen Johnny auffliegen, und dann flitzt er wieder zurück.

»Grüßt ihr euch gar nicht?«, frage ich, als Herr und Hund weg sind.

»Ach, die mit ihrem Köter! Die kommen so oft vorbei, da kannst du nicht jedes Mal grüßen. Dann kommst du ja zu gar nichts mehr.«

Sie hebt den Blick zum Himmel: »Entschuldigung, die mit ihrem Hund!«

Hat sie soeben mit dem Schöpfer gesprochen? Wir haben Fasane, Sperlinge und Drosseln im Garten, und höchstwahrscheinlich ist Ilse eine der nächtlich auf Reiserbesen ausreitenden Hexen, warum soll nicht auch Gott in der Buchfinkstraße anwesend sein?

»Bei mir musst du dich für den ›Köter‹ jedenfalls nicht entschuldigen«, sage ich und klappere weiter mit der Heckenschere.

»Die machen ein Gewese um das Tier!« Ilse schüttelt den Kopf. »Neulich haben die mit Zilly sogar einen anderen Hund in der Hundeklinik besucht.«

»Ist nicht wahr!«

»Der andere hatte einen Schwanzabriss. Die haben da sogar eine Therapeutin.«

»In der Hundeklinik?«

»Ja, wegen dem Schwanzabriss. Ob sich die Hundeeltern da wohl auch über Nacht ein Zimmer genommen haben?« Ilse kichert.

Ich sage: »Wenn so ein Haustier mehr Schoßhund ist als alles andere, passieren die dollsten Sachen.«

»Hier auch. Die waren mit Zilly schon beim Physiotherapeuten.«

»Mit dem Hund?«

»Sehnenabriss im Schenkel oder so was! Der ganze Kram mit dem Tier hat die schon 4000 Euro gekostet.«

Ich sage: »4000? Sind die bekloppt?«

Ilse ostwestfälisch-pragmatisch: »Was willste machen?«

Hermann stellt sich neben uns und hat die unvermeidliche Maurerkelle in seiner Hand: »Das war zum Schießen. Die sind damals gar nicht mehr Gassi gegangen mit dem Tier. Es hieß immer nur: ›Wir üben mit Zilly!‹«

Ilse sagt: »Der Hund durfte nicht mehr als 200 Meter gehen! Das haben die sogar ausgemessen!«

Hermann lacht: »Ich hab die gefragt, ob ich ihnen meinen Rollator leihen soll.«

Dann wieder Ilse: »Die tun glatt so, als wär der Hund ein Mensch.«

Jetzt kommt ein Mischling vorbei. Ziemlich groß, aber irgendwie sympathisch. Wie man sich irren kann.

Ilse sagt: »Ach, Bertram.«

»Der Hund heißt Bertram?«

»Nein, das ist Bertrams Hund!«

In diesem Moment geht das Tier in die Hocke und drückt! Ich bin ganz der Sohn meiner Mutter, stapfe auf den Hund zu und sage laut: »Wirst du wohl!«

Mit seiner Reaktion habe ich allerdings nicht gerechnet. Ich habe hier im Dorf offensichtlich nicht die Autorität. Der Hund richtet sich augenblicklich auf, knurrt mich an und bellt. Und kein wedelnder Schweif gibt mir das Signal: Ich tu dir nichts. Ich will nur spielen!

Ich sage etwas zaghafter: »Ab!« und mache einen Schritt zurück. Das Tier kommt bellend näher und wird immer lauter. In diesem Moment tritt Ilse neben mich und schreit ihn an wie uns Jungs in ihren besten Zeiten: »Ich glaub, es geht los! Runter vom Hof! Ab!«

Der Hund schaut kurz zu Ilse, klemmt den Schwanz ein und läuft fort.

Ich staune und bin erleichtert: »Danke, Mama.«

»Dafür aber nicht«, sagt sie. »Das ist hier immer noch unser Hof! Wär ja noch schöner, wenn die Köter uns auf dem eigenen Grundstück ankläffen. Und der Bertram lässt den immer frei laufen.«

Ilse steht neben mir, wie einst Elsa Martinelli in »Hatari« als Mama-Tembo, als Mutter der Elefanten. Sie will keinen Dank, und vor allem will sie keine Hundehaufen. In diesem Moment jagt auf der Straße eine Dogge vorbei. Herrchen Jürgen hetzt auf dem Fahrrad hinterher.

Ilse ist in Form und ruft ihm hinterher: »Dass der mir nicht schon wieder hier hinscheißt. Oder nimm es wenigstens mit.«

»Jau, Ilse!«, kommt es ergeben vom Fahrrad zurück. Manche Fernduelle laufen hier schon seit Jahrzehnten.

Ilse schaut der Dogge hinterher: »Wöhlkes Hund damals, der hatte nur drei Beine. Drei! Stell dir das mal vor. Der ist sieben geworden. Oder sogar acht. Sieben oder acht Jahre auf drei Beinen!«

Hermann sagt: »Und der war *nicht ein Mal* beim Physiotherapeuten.«

Wir grinsen uns an.

Dann beugt sich Ilse wieder zum Unkraut hinab. Hermann stapft, die Kelle in der Hand, zurück zum Freisitz und kratzt weiter Dreck von den Platten. Ich schneide an meinem Busch.

Ilse murmelt kopfschüttelnd: »Aber dass du nicht die elektrische nimmst ...«

Ich zucke mit den Schultern.

Rollaattori für Kutenhausen

Der Kontakt zu meinen Eltern war fast immer herzlich. Schwierig waren die Jahre nach der Pubertät, als ich begann, eigene Ideen zu entwickeln, lange Haare haben wollte, all das, was zu einer durchschnittlichen und vielleicht eben auch linken Jugend gehörte. Wobei die Einschränkungen durch meine Eltern eher prinzipieller als politischer Natur waren. Unser Verhältnis änderte sich zum Positiven, als ich meine Lehre antrat. Jahre und Reife auf beiden Seiten taten ihr Übriges. Meine Eltern öffneten sich erst spät für die Lebenswege und -welten ihrer Söhne. Wir mussten uns schon durchsetzen. Heute kann man sagen: Wir Jungs haben die beiden sehr gut hinbekommen! Zumindest gemessen daran, wie streng sie früher mal waren.

Ein besonderes Ereignis hat vor einigen Jahren mein Verhältnis zu Ilse und Hermann noch einmal intensiviert, die gemeinsame Reise nach Finnland zu meinem Bruder, der inzwischen in Lahti lebt. Sie überraschten mich eines Tages mit der Mitteilung: »Wir fahren dieses Jahr nach Finnland. Wir wollen Axel besuchen.«

»Wie denn das?«, hatte ich gefragt.

»Mit Auto«, hatten beide im Chor gesagt.

Vor meinen Augen erschien in fetten Lettern der Satz: »Bernd, die kannst du nicht alleine fahren lassen!«

Mein »Dann fahre ich euch!« wurde mit offenem Mund zur Kenntnis genommen. Wir fuhren tatsächlich, und es wurde eine faszinierende Reise, eine Begegnung mit den großartigen Finnen. Ich habe ein Buch darüber geschrieben, »Finne dich selbst!«, und es gibt einen Kabarett-Abend unter diesem Titel. Mit dem muss ich dieses Wochenende wieder auf Tournee gehen. Und wie es das Schicksal so will, hat sich am gleichen Wochenende mein finnischer Bruder angesagt. Er kommt zu Besuch zu meinen Eltern.

Freitagmorgen. Mein Bruder landet auf dem Flughafen in Bremen. Ich hole ihn ab, von Minden ist das eine Fahrt von etwa einer Stunde. Ich warte in der Schalterhalle. Axel kommt, den Rucksack über der Schulter.

Er strahlt: »Hei Bruder!«

»Hei Bruder«, antworte ich.

Wir umarmen uns kurz und gehen wortlos zum Auto. Finne und Ostwestfale. In diesem Schweigen haben wir einander schon jetzt unsere tiefe Verbundenheit mitgeteilt.

»Und?«

»Muss!«, sage ich. »Bei dir?«

»Auch.«

»Wie geht es Viivi?«

Viivi ist seine Freundin, Finnin, Tätowiererin, eine coole Frau.

Axel sagt: »Alles super.«

»Wie ist es denn, bei Unseren zu wohnen?«, fragt Axel.

»Eigentlich klasse. Aber du kennst sie ja. Die kommen nicht raus aus ihrer Haut. Sie kabbeln sich, Ilse nörgelt an

Hermann herum, ganz unrecht hat sie meist ja auch nicht, und der erträgt es stoisch.«

»Also wie immer!«

»Eigentlich schon, nur dass Hermann echt lädiert war.«

»Wie sind sie denn drauf?«

»Ach, Axel, was soll ich sagen? Ich glaube, die haben uns teilweise schön was vorgespielt. Von wegen kraftvoll und unverwüstlich! Eigentlich sind die mit der Bereifung ganz schön runter. Jedenfalls viel weiter, als ich dachte.«

»Und was ist mit Pflegehilfe?«

»Glaubst du, Ilse lässt jemanden in ihr Haus? Die überlässt doch keinem ihre Leiter!«

»Die steigt weiter auf die Leiter?«

»Beide! Halbe Akrobaten!«

»Mir wird angst und bange.«

»Zu recht!«, stimme ich zu. »Neulich hab ich die Gardinen mal abgenommen. Aber sie hatte die am Wochenende gerade gewaschen. Hatte ich nicht gemerkt. Da war was los! Wie früher …«

»Und deine Arbeit?«

»Ich fahre gleich weiter, hab Auftritte. Mein Wohnwagen ist bis Montagmorgen also frei.«

»Nee, danke! Ich schlafe lieber in meinem alten Zimmer. Bringst du mich Dienstag wieder zum Flughafen?«

»Klar! Gut, dass du da bist. Uli Finke will uns einen Zimmermann an den Giebel malen. Ich wollte ihm Montag bei der Vorzeichnung helfen.«

»Bin dabei!«

»Vielleicht wird der so schön, dass du ihn dir gleich tätowieren lassen möchtest.«

»Nee, dann lieber unser Kaiser-Wilhelm-Denkmal als nostalgische Erinnerung an meine Heimat!«

Am Abend treffe ich in Dortmund Rita, die von einer Tagung aus dem Rheinland kommt. Endlich sehen wir uns mal wieder »zu Hause« bei mir. Sie begleitet mich zum Auftritt, der heute nah ist wie nie – in »meinem« Hinterhof, im Theater »Fletch Bizzl«. Ich berichte auf der Bühne von den Finnen als diesen wunderbaren Erfindern, diesem klugen Volk, das bei den PISA-Ergebnissen immer führt mit seinem außergewöhnlichen Bildungssystem. Und dazu kommt ihr Sinn für das Praktische. Ein Finne hat Wäscheklammern erfunden, »Supi«, mit denen man ein Sockenpaar zusammenheftet, bevor es in die Waschmaschine kommt. Ein anderer hat den weltbesten Rollator erfunden. Wie so viele finnische Worte ähnelt auch das dem Deutschen und endet auf -i: Rollaattori. Dieser Rollaattori sieht aus, als hätte man zwei Tretroller zusammengeschweißt, mit etwa 70 Zentimetern Abstand zwischen den Trittflächen, verbunden durch einen Lenker. In Finnland, wo es fast überall leicht hügelig ist, schieben die Senioren auf den vielfach vorhandenen Fahrradwegen langsam ihre Rollaattori hoch. Oben angekommen stellen sie sich auf die Trittflächen und sausen die Hügel hinab. In oft wirklich rasender Fahrt. »Senioren auf Speed.« Ich erzähle, und das Publikum lacht.

Ich sage: »Als ich meinem Vater von diesem Rollaattori erzählte, sagte er: ›Das nächste Mal bringst du mir aber so einen mit aus Finnland!‹«

Erneutes Lachen und Applaus.

Dann wechsle ich das Thema. Es ist ein zauberhaftes

Publikum, sogar ein paar Finnen sind anwesend und geben sich zu erkennen. Ungewöhnlich genug für diese so zurückhaltenden Nordlichter.

Samstags begleitet mich Rita noch zum Auftritt nach Köln, und dann genießen wir zusammen den Sonntag, mal ganz ohne Auftritte, Kutenhausen, Johnny oder den Wohnwagen.

Als ich am nächsten Morgen, kurz vor unserer Abfahrt nach Minden, meine Mails checke, finde ich folgende Nachricht: »Lieber Bernd, ich bin Anita aus Finnland. Ich lebe mit meinem Mann in Bochum. Wir waren Freitag bei deinem Auftritt. Vielen Dank für den tollen Abend. Bernd, wenn das ernst war: Ich habe so einen Rollaattori. Er gehörte meiner verstorbenen Mutter. Sie hat ihn nur dreimal benutzen können. Wenn du willst, kann ich ihn dir verkaufen.«

Sofort rufe ich an. Zufällig hat Anita an diesem Montag Urlaub. Kurz entschlossen fahre ich mit Rita nach Bochum und kaufe ihr den Rollaattori ab. Es ist eine wunderbare, wenn auch viel zu kurze Begegnung mit Anita und ihrem Mann, wie in Finnland: offen und herzlich.

Wir machen uns natürlich viel zu spät auf den Rückweg nach Ostwestfalen.

»Typisch!«, sagt Hermann zur Begrüßung. »Nie pünktlich. Wir warten mit dem Kaffee!«

Ich sage: »Komm doch erst mal mit in den Garten.«

»Wozu? Der Kaffee ist schon fast kalt.«

»Ist egal, komm mal grad mit. Ilse, du auch.«

Ich rufe nach meinem Bruder. Mein Vater wird regelrecht unwillig.

Rita besänftigt ihn: »Es lohnt sich, Hermann.«

Und dann stehen wir alle um mein Geschenk herum und bestaunen den vielleicht ersten finnischen Rollaattori in Deutschland. Hermann und Ilse lachen Tränen.

»Ja, nun fahr den auch!«, sage ich.

Ilse wirft ein: »Hermann soll gehen, nicht fahren.«

Rita meint: »Damit kann er beides.«

Hermann stellt sich zwischen die beiden Trittbretter, geht, erstaunlich aufrecht und flott, und ist begeistert. Dann steigt er auf, lächelt beglückt und rollt langsam vom Grundstück herunter, legt sich auf der ganz leicht abschüssigen Straße in die Kurve, rollert weiter und verschwindet um die Ecke. Wir laufen hinterher. Ilse sagt noch: »Wenn der man nicht fällt!«

Aber er steht sicher auf Höhe meines Wohnwagens auf der Straße. Neben ihm ein Nachbar. Der war mit seinem Auto unterwegs gewesen, hatte aber sofort gehalten, war ausgestiegen und hatte erstaunt gefragt: »Hermann, was ist das? Das hab ich ja noch nie gesehen!«

»Mein finnischer Rollator!«, erklärt Hermann stolz.

Dann korrigiert er sich: »Rollaattori!«

Später brechen sie gemeinsam auf ins Dorf. Rita und Ilse begleiten Hermann und erleben etwas, das seither anhält: Hermann und sein Rollaattori werden zum Dorfgespräch. Fremde sprechen ihn an, fragen und lassen sich aufklären und staunen.

Am Abend muss Rita zurück nach Hannover, und ich bringe sie zur Bahn.

»Dein Vater hat mir etwas Interessantes gesagt.«

»Was Interessantes? Komisch, dass Hermann dir immer mehr erzählt als mir!«

»Er ist doch bei euch die Hauptstraße runtergerollt. So schnell, dass Ilse und ich nicht mehr hinterherkamen. Und unten hat er so rasant die Kurve genommen, dass Ilse schon Angst um ihn bekam.«

»Und?«

»Er hat mir gesagt, wie glücklich ihn das gemacht hat, wie gut er sich fühlt, weil er endlich wieder auf Tempo kommt. Und er geht auch viel besser mit diesem Gerät und schneller. Aufrechter. Ilse ist auch ganz zufrieden. Unterwegs haben wir den Johann getroffen, und auch der staunte nur noch und sagte: ›Hermann, ab jetzt musst du allein gehen. So schnell bin ich nicht mehr!‹«

Ich sitze in meinem Auto und fahre zurück zu meinen Eltern. Ich muss an Ritas Worte denken, an Hermanns Reaktion, und habe das Gefühl, tatsächlich – zum vielleicht sogar ersten Mal – etwas absolut Sinnvolles getan und verschenkt zu haben. Dieser Rollaattori ist tatsächlich eine Erleichterung und große Hilfe. Und gleichzeitig ist das Gerät auch ein Statussymbol in unserem Dorf: Hermann schiebt den Lamborghini unter den Rollatoren.

Am Abend kommt es dann zu dem seltenen Moment, dass Axel und ich gemeinsam etwas für unsere Eltern tun. Hermanns Musikerkollege Uli will den wandernden Zimmermann an der Hauswand vorzeichnen, mit blauer Ehrbarkeit, mit Wanderstock, mit Hut. Hermann hat jede Menge Stifte parat gelegt. Wir zwei Jungs sind Ulis Assistenten, damit er sich fühlen kann wie Gerhard Richter, holen Geräte, verlegen Kabel, richten den Overheadprojektor aus, stehen auf der Leiter, von unseren Eltern beobachtet, und zeichnen mit Uli in den Rauputz, der immer wieder fachmännisch zurücktritt und Korrekturen vornimmt an seinem Werk, das einige Tage später, fertig ausgemalt, einen Rolandsbruder auf Wanderschaft darstellen wird. Nur das Spitzen der Zimmermannsbleistifte lässt Hermann sich nicht nehmen.

Unter Flusspiraten

Die Zeit mit meinem Bruder vergeht wie im Flug. Wir sitzen ein letztes Mal im Garten zusammen. Axel, Hermann, Ilse und ich. In zwei Stunden werde ich unseren Jüngsten zum Flughafen bringen. Er fliegt zurück in seine Wahlheimat Finnland. Wir sind stumm, nicht etwa vor Rührung, sondern weil Johnny, unser Fasan, mal wieder zu Besuch gekommen ist. Kein Wunder, seine beiden größten Konkurrenten in der Beliebtheitsskala sind anwesend. Da ist man als Fasan schon mal neugierig. Und die Tattoos an den Armen meines Bruders schillern ähnlich wie das Federkleid des Hahns. Johnny hat also allen Grund zur Eifersucht, pickt sich langsam durch den Garten und nähert sich fast unmerklich uns vieren. Wir atmen vorsichtig. Nur nicht den Vogel stören! Das ist eines der großen Gebote dieses Gartens.

Unser Phasianus colchicus schaut nicht direkt zu uns herüber, aber wir spüren, wie seine Pupillen uns immer wieder vermessen. Das geht weit über die Vorsicht des Wildtiers hinaus. Er weiß, hier sind die beiden leiblichen Söhne, die ihm seinen Platz im Garten Gieseking streitig machen könnten. Aber er gibt den Macho. Fast wie ein Feudalherr schreitet er über seine Ländereien, in einer Phantasie-Uniform, die mich an Gaddafi erinnert. Macht hier einen auf

243

dicke Hose, denke ich. Johnny will uns zeigen, dass wir hinter ihm rangieren.

Ich würde das Tier gerne beruhigen. Axel fährt noch heute, und ich bleibe auch nicht mehr lange. Dann hat Johnny die beiden wieder für sich alleine. Locker bleiben, denke ich in seine Richtung, sage es aber nicht. Meine Mutter würde schimpfen, wenn wir jetzt sprechen. Auch an einen Toilettengang ist natürlich nicht zu denken. Wehe, man scheucht das Tier auf! Unser dritter Bruder genießt hier mehr als nur Artenschutz. Der Fasan wiederum ist ein instinktbegabtes Tier, im Wesen etwas schadenfreudig. Er scheint meine innere Not zu spüren, darum lässt er sich Zeit. Irgendwann stapft er dann mit einem durchaus hochmütigen Blick wieder über den Rasen Richtung Feld. Wurde auch Zeit, denke ich. Nicht nur wegen meiner Blase. Schließlich sollten wir in Axels letzten anderthalb Stunden hier nicht schweigen, nur weil Johnny sich mal wieder die Ehre gibt. Mit dieser Meinung sind wir beiden Söhne aber offenbar allein.

Man spürt eine leichte Traurigkeit bei meinen Eltern. Die Abreise ihres Jüngsten bedrückt sie. Andererseits freuen sie sich über sein Leben in Finnland, sein Lebensglück.

Und dann überrascht mich mein Bruder zum zweiten Mal im Leben, die erste Überraschung war seinerzeit sein Auswandern, sein Umzug in den Norden Europas.

»Ihr habt was aufgegraben?«, fragt Axel.

»Nur eine Leitung unter der Erde verlegt«, sage ich.

Er hakt nach: »Was gefunden?«

»Nee, wieso?«

»Gibt es sonst noch was zu graben?«

»Hä? Ich verstehe die Frage nicht.«

Axel schaut zu Hermann. Der schaut zurück. Sie scheinen etwas zu teilen, von dem ich nichts weiß.

Axel präzisiert, mit einem Grinsen im Gesicht: »Ich meine, ob ihr noch weitergraben werdet?«

»Weswegen sollten wir denn graben?«, frage ich, nun irritiert.

»Müsst ihr irgendwelche Wurzeln ausgraben oder sonst noch was aufbuddeln? Vielleicht, um was zu pflanzen?«

»Wozu?«, frage ich.

Nun sagt Axel und schaut dabei weiter Hermann an: »Was ist eigentlich mit dem Schatz?«

Ich verschlucke mich an meinem kalten Kaffee.

»Schatz?«, frage ich überrascht.

»Weißt du das nicht?«, fragt Axel zurück.

Ich bin konsterniert. Unsere Eltern grinsen nun beide. Die drei wirken konspirativ:

»Das hatte Oma mir erzählt«, sagt Axel und erinnert mich ein wenig an einen orientalischen Märchenerzähler, vielleicht einen mit finnischen Wurzeln.

Ich sehe Hermann an: »Deine Mutter?«

Er nickt.

Axel fährt fort: »Wir stammen angeblich von Flusspiraten ab.«

»Wir?«

»Spürst du das nicht in deinen Adern, großer Bruder?«

»Ich? Ein Flusspirat? Jetzt, wo du es sagst. Irgendwie schon.«

Wir lachen.

Ich frage: »Was ist das denn für eine Geschichte?«

»Also, unsere Vorfahren waren angeblich Flusspiraten.

Vor einigen Generationen sind die bei dichtem Nebel mit einem Ruderboot auf die Weser rausgefahren und haben dort kleine Frachtschiffe ausgeraubt.«

Ich kann mich nur wiederholen: »Was ist das denn für eine Geschichte?«

»Es waren alles Giesekings.«

»Die Flusspiraten?«

»Genau. Drei Brüder und ihre Söhne. Dazu ein paar Cousins. Verwegene Burschen, die nie erwischt wurden. Sie fuhren immer nur in dichtem Nebel raus. Meistens im Frühjahr, und im Herbst gingen sie auf ihre Raubzüge. Im Laufe der Jahre haben sie einen richtigen Schatz zusammengeraubt. Den mussten sie verstecken, denn man war ihnen auf den Fersen. In einer dunklen Neumondnacht haben sie einen ausgelost, der das übernehmen sollte. Alle nannten ihn Hensel.«

Ich frage: »Wie Hensel und Gretel?«

Axel sieht mich streng an: »Man muss das schon ernst nehmen, wenn man einen Schatz heben will!«

»Das ist doch Seemannsgarn, Axel!«

»Hör zu, Bernd. Hensel packte sich den Schatz in eine Schubkarre und zog damit um Mitternacht los. Er sollte ihn vergraben und niemandem, auch keinem der Ihren, sagen, wo.«

»Wahnsinnsgeschichte!«

»Sie ist aber noch nicht zu Ende! In dieser Nacht stürmte es. Nebel kam auf, und er verirrte sich. Dann hörte Hensel Hunde. Die Polizei …«

»Es gab schon Polizei?«, frage ich.

»Oder was damals eben die Polizei war! Die suchten nach

den Flusspiraten. Wäre er mit den anderen Gefährten, den Verwandten, unterwegs gewesen, sie hätten die Verfolger überwältigt oder in die Irre geführt. Aber er war allein.«

»Klingt wie ein Actionfilm!«

Hermann sagt: »War aber so!«

»Aha«, sage ich, wenig beeindruckt. »Wer sagt das denn?«

»Oma!«

»Oma?« Ich starre meinen Vater an. Er zuckt mit den Schultern. Ilse lacht.

»Und wie ging das weiter?«

Hermann grinst: »Wenn du es sowieso nicht glaubst, musst du das ja nicht wissen!«

»Ich glaube jedes Wort! Schließlich bin ich ein Gieseking!«

Axel fährt fort: »Ich erzähl dir, was Oma mir gesagt hat.«

»Komisch, dass die mir kein Wort davon erzählt hat«, sage ich.

»Eifersüchtig?«, fragt Axel spöttisch. »Die wusste eben, wem sie es erzählen konnte!«

»Vielen Dank, Bruder!«

»Dafür nicht! Also, Hensel schob mit der schweren Karre an der Kirche vorbei. Er hörte die Hunde näher kommen. Er bog in den Kirchweg ein, Richtung Minden. Plötzlich hörte er ein Sausen. Drei Hexen auf ihren Besen umkreisten ihn.«

»Hexen?«, frage ich ungläubig nach.

»Hexen!«, bestätigt Axel.

Nun wirft Ilse provokant ein: »Glaubst du etwa, es gibt keine Hexen bei uns?«

Also doch, denke ich und erinnere mich an meine erste

Nacht hier im Wohnwagen. Ich schaue unwillkürlich auf den Reisigbesen rechts an der Wand unserer Bude. Ich wusste doch, dass das ihrer ist!

»Und dann?«

»Die Verfolger kamen immer näher. Hensel schob seine schwere Fracht. Er schwitzte. Er hörte die Stimmen der Männer, das Bellen der Hunde. Angstvoll blickte er sich um, sah aber nur den dichten Nebel. Den Weg hatte er längst verlassen und verloren. Hensel sah die Spuren, die er im Feld hinterließ. Da brauchten sie nicht einmal Hunde, um ihm folgen zu können. Die drei Hexen hielten in der Luft inne. Sie stellten sich ihm vor: Dorell, Irma und Ursula. Sie sagten, sie könnten ihm helfen. Er fragte: ›Was ist euer Lohn?‹ Und sie sagten in ihrem Hexen-Singsang: ›*Du* wirst unser Lohn sein.‹

Hensel erschrak. Gleichzeitig spürte er einen inneren Lockruf, denn die Hexen waren jung und schön, und unter ihrer zerrissenen Kleidung sah er ihre Brüste blitzen. Er war ein Fisch an der Angel. Aber trotzdem gelang es ihm, an seine Familie zu denken.

Und Hensel fragte: ›Aber was ist dabei *mein* Verdienst?‹

Die Hexen sangen: ›Die Häscher werden dich nicht kriegen!‹

›Das ist kein Verdienst, nur eine Rettung!‹, rief Hensel verzweifelt.

Irma fragte: ›Ist dein Leben dir nicht Verdienst genug?‹

In Hensels Hirn überschlugen sich die Gedanken. Und immer mehr formte sich die Sorge um seine Familie heraus, die Brüder, Väter und Cousins, ihre Frauen und Kinder.

Als könnten die drei seine Gedanken lesen – und sie

konnten es! –, singsangte Ursula: ›Man darf den Schatz nicht bei euch finden. Die ganze Familie würde hängen und wäre ausgelöscht! Viele Jahre muss er versteckt liegen.‹

Hensel kämpfte mit der Verzweiflung.

Die Hexen lachten und jauchzten: ›Aber die elfte Generation deiner Familie wird diesen Schatz wiederfinden.‹

Dorell wiederholte: ›Die elfte!‹«

Nun sagt Hermann mit so tiefer Stimme wie noch nie: »Ich bin die elfte!«

Axel nickt. Wir schweigen.

Dann meint Axel: »Also solltet ihr besser noch weitergraben!«

Hermann fährt fort, ganz ernst: »Wir haben den Keller und das Fundament hier extra von Hand ausgeschachtet, um den Schatz nicht zu verpassen.«

Ich versuche es mit Logik: »Der liegt hier bei uns in der Straße? Auf diesem Grundstück? Hausnummer 18?«

Hermann meint: »Tja, das frage ich mich ja auch immer. Woher sollten die damals wissen, wo ich einmal wohnen werde?«

Ilse sagt streng zu ihrem Mann: »De Hexen wüssten domaols wall, watt sei moakeden! De hebt'n bierten mehr Ahnung as du!« Dann schiebt sie nach: »Außerdem könnte es ja auch sein, dass deine Brüder oder deine Schwester den Schatz finden! Die sind ja auch die elfte Generation.«

»So weit kommt das noch!«, sagt Hermann.

Axel lächelt zu unserem Vater hinüber: »Oma hat gesagt, du würdest ihn finden!«

Ilse argumentiert ganz pragmatisch: »Denn sü tau, datt du di wier regen könnst! Und groav!«

»Kann Bernd ja machen!«, entgegnet Hermann.

»Der ist eigentlich die falsche Generation«, wirft Axel ein.

»Vielleicht geben uns die Hexen einen Tipp«, sage ich. »Was ist denn aus Hensel geworden?«

Axel erwidert: »Der ist aus dieser Nacht nie wieder zurückgekommen!«

Ich überlege: »Könnte auch mit dem Schatz abgehauen sein!«

Fast vorwurfsvoll sagt mein Bruder in meine Richtung: »Ein Gieseking bescheißt nicht!«

Hermann grinst genussvoll: »Ich glaube, der Hensel hatte noch ein ganz schönes Leben mit seinen drei Hexen!«

Ilse seufzt: »Was für ein Glück, dass ich keine bin. Ich würde dir Beine machen. Das wär kein Vergnügen für dich! Los jetzt! Das Kind muss nach Finnland.«

Sie schaut mich an: »Bernd, ihr müsst los!«

Ich sage: »Du kannst ihn gern auch mit deinem Besen fliegen!«

Sie antwortet: »De flücht nur ümme Middernacht! Los getz!«

Und ich denke zum zweiten Mal an diesem Tag: »Also doch!«

Am Abend erzähle ich Rita am Telefon von unserem Schatz. Ich sage: »Mit ein wenig Glück finden wir den!«

Rita entgegnet nur kurz: »Ich glaube, da ist euer Maulwurf schneller!«

Augen zu und durch

Ich nehme mir eine letzte Auszeit von meinen Eltern und meinem Wohnwagen und werde meinen Aufenthalt für zweieinhalb Wochen unterbrechen. Die Arbeit ruft, und zwar sehr laut! Das gesamte Recherchematerial für meinen Jahresrückblick liegt in Dortmund und muss dringend bearbeitet werden, mehrere Auftritte stehen an, aufwendige Moderationen, eine Ausstellungseröffnung. Danach wollen Rita und ich für ein paar Tage nach Konstanz zum Radeln. Ich freue mich auf eine Zeit außerhalb des Wohnwagens.

Übers Wochenende war ich noch in Hannover, nun bin ich auf dem Weg zurück nach Dortmund. Als ich an der Abfahrt Minden vorbeifahre, denke ich: Sonst biege ich hier ab, aber nun war ich ja gerade erst mehrere Wochen da gewesen. Ich will wenigstens kurz mit den beiden telefonieren, kann aber niemanden erreichen. Mir fällt ein, dass Hermann heute einen Kontrolltermin hat, wegen seiner fast zwei Wochen zurückliegenden Augenoperation. Anlass waren ein grauer Star und ein Loch in der Netzhaut. Ungewöhnlich ist es also nicht, dass die beiden nicht zu erreichen sind, in dieser riesigen Praxis dauern die Termine fast immer länger als geplant. Und doch habe ich irgendwie ein komisches Gefühl und fahre langsamer als sonst.

An der Raststätte Herford mache ich eine viel zu frühe,

dafür ausführliche Pause. Es ist fast halb eins. Mein Telefon klingelt.

Hermann ist dran. »Moin. Bist du noch in Hannover?«

»Nee, ich bin grad auf der Raststätte in Herford.«

»Ach so. Ja, dann ist es egal.«

»Was ist egal, Hermann?«

»Wenn du noch in Hannover gewesen wärst …«

»Was wär dann?«

»Ich muss da ganz schnell hin. In die Augenklinik. Die Operation ist wohl nicht geglückt, und ich soll vielleicht heute noch ein zweites Mal operiert werden. Ich muss jetzt packen. Ich muss los.«

»Ich fahre dich.«

»Quatsch. Du bist doch extra weg! Mach du deinen Kram.«

»Ich komme. Ich muss heute nicht auftreten. In 20 Minuten bin ich da!«

»Nein. Ich muss jetzt packen. Bis dann!«

In der Leitung knackt es. Er hat tatsächlich aufgelegt. Ich fahre bis zur nächsten Abfahrt, drehe um und fahre zurück nach Minden. Ich komme gerade noch rechtzeitig. Sekunden später hält das Taxi bei meinen Eltern, das die beiden als Krankenfahrt bestellt hatten zur MHH, der Medizinischen Hochschule Hannover. Ich gebe dem Fahrer 20 Euro, erkläre ihm, ich sei der Sohn und würde übernehmen.

Unter seinen Protesten bringe ich Hermann in die Uniklinik, wo der Taxifahrer ihn mit seinem Rollator, dem deutschen, der finnische ist für Reisen zu unhandlich und zu groß, vor der Notaufnahme abgesetzt hätte. Unterwegs erklärt mir Hermann die Lage. Die Operation war offen-

252

sichtlich nicht erfolgreich gewesen. Zu dem Loch in der Netzhaut, das nicht hatte geschlossen werden können, ist noch eine Netzhautablösung gekommen, die nun operativ korrigiert werden muss, sonst droht er sein Augenlicht ganz zu verlieren. Keine unbeträchtliche Sorge.

Es ist 14 Uhr, als wir in der Klinik ankommen. Hermann hat den ganzen Tag nichts gegessen und getrunken und will das auch jetzt nicht. Er will nüchtern bleiben, weil er davon ausgeht, die Mindener Praxis habe die Kollegen in Hannover informiert, es solle ja so schnell wie möglich gehen, hatte der Arzt ihm gesagt. Er hofft dringend, heute noch operiert zu werden.

Natürlich ist genau das nicht der Fall.

Von der Notaufnahme – »Warum sollen wir noch einmal operieren, Herr Gieseking?« – geht es über weite Flure zur Augenstation. Dort nehmen wir Platz. Nun ist es 14 Uhr 15. Wir wollen uns anmelden, müssen aber warten. Wir sitzen mit etwa 15 anderen Personen im Wartebereich, je die Hälfte sind wohl Patienten, die andere ihre Begleitung. Immer wieder huschen Menschen beiderlei Geschlechts in Weiß vorbei, nehmen aber keinen Kontakt auf, informieren auch nicht. Auf geheimnisvolle Weise kommen sie aus anderen Türen zurück, als die, durch die sie hineingegangen sind, oft umgezogen, nun in Privatkleidung, und entschwinden.

Hermann will weiterhin weder essen noch trinken.

»Vielleicht operieren die mich ja noch.«

»Das sieht nicht so aus, Hermann.«

»Der Arzt in Minden hat aber gesagt, es sei eilig!«

Das Wartezimmer leert sich immer mehr, nach uns sind noch drei weitere Patienten gekommen. Ilse hat angerufen, und wir informieren sie über den ergebnislosen Zwischenstand und Rita über meine erneute Anwesenheit in Hannover.

Um 17 Uhr 15 kommt endlich eine wirklich zauberhafte junge Ärztin, kümmert sich mit Ruhe und Zeit um Hermann, trotz der ständigen Anrufe auf ihrem Diensttelefon, tropft ihm die Augen, um weiter untersuchen zu können, nimmt in der Pause, in der die Tropfen wirken müssen, noch eine weitere Patientin dran, und wir warten erneut. Dann bestätigt sie die Diagnose der Mindener Kollegen, klärt mit Hermann den Eingriff ab und sagt schließlich, sie werde ihn für den nächsten Tag auf die OP-Liste setzen.

Um 19 Uhr etwa kommen wir endlich auf der Station an, wo man beginnt, Zimmer und Bett für Hermann herzurichten. Ich besorge ihm nun endlich Essen und Getränke. Die erste Nahrung für ihn an diesem Tag. Der Mann ist über 80 und wiegt weniger als 60 Kilo. Aber wie sagt er, als ich ihn für sein Durchhaltevermögen lobe: »Das Leben eines Zimmermanns ist kurz, aber gewaltig!«

Zum zweiten Mal innerhalb weniger Wochen nehme ich teil am vorbereitenden Gespräch mit dem Anästhesisten, schon vor der ersten Operation in Minden hatte ich Hermann begleitet. Wieder wird alles abgefragt, Gewicht, Größe, Vorerkrankungen. Das ist vielleicht das Schwerste für ihn. Bei den Vorgesprächen in Minden sagte er, als er nach seiner Größe gefragt wurde: »1,64 Meter.« Ilse war im Klinikum ebenfalls dabei und rief: »Im Leben nicht! Ich kann dir ja schon über den Kopf spucken!« Auch hier in Hannover gibt Hermann wieder seine alte Länge an, nicht das Maß seines gebeugten Körpers, nennt erneut höchstens die Hälfte seiner Erkrankungen, und wenn ich ergänze, sagt er: »Ach, das ist doch nicht wichtig.« Hier wäre eine zentral einsehbare elektronische Akte wirklich eine große Hilfe.

Ein Krankenpfleger fragt wie es mit Unterstützung und Pflege aussieht.

»Tabletten nehme ich allein. Habe ich auch alle mit«, sagt er, ganz Profi in Krankenhausdingen.

Ich erwähne die Stützstrümpfe, die Hilfe beim Anziehen morgens, alles, was sonst Ilse für ihn tut.

»Schaffe ich schon. Aber die Strümpfe kannst du mir vielleicht noch ausziehen«, sagt er.

Immerhin, so weit sind wir nun, dass ich diese kleinen Hilfen in aller Öffentlichkeit leisten darf. Dann kommt die charmanteste Frage des Krankenpflegers: »Was wollen Sie denn morgen zu Mittag essen?«

Ich bleibe bis 21 Uhr 30. Hermann bringt mich mit seinem Rollator zum Krankenhausausgang. Ich darf sogar noch ein paar Kekse aus der Kantine spendieren. Dann fahre ich zu Rita und erzähle erschöpft von Hermanns Odyssee.

Am nächsten Morgen gehe ich wieder ins Krankenhaus. Ich habe meinen Rechner mit und lenke Hermann ab, zeige Fotos vom Sommer, vom Wohnwagen, Fotos vom Vorzeichnen des Zimmermanns an der Hauswand. Wir rufen Ilse an. Die beiden fassen sich kurz, aber Ilse sagt zum Abschied: »Werd' wieder wach!«

Ich begleite ihn, es ist etwa Mittag, bis zum Fahrstuhl, als man ihn zur OP holt. Wir winken uns zu. Am Nachmittag komme ich zurück, kurz nachdem er erwacht ist. Gekrümmt liegt er im Bett auf der Seite. Er liegt da wie ein aus dem Nest gefallenes Vogeljunges. Der starke Zimmermann, immer noch zäh, aber doch gezeichnet. Ich besorge, was zu besorgen ist, lasse ihn über mein Handy noch mal mit Ilse telefonieren, und dann scheinen Ruhe und Schlaf das Beste für ihn zu sein. Bei den Schmerzen kann ich ihm nicht beistehen.

Ich verlasse das Krankenhaus und fahre nach Dortmund, froh, dass ich an diesen beiden Tagen keinen Auftritt gehabt habe, glücklich, so schnell und unkompliziert hatte helfen zu können, und zutiefst besorgt, wie man so etwas als Sohn, als Tochter in anderen Situationen oder unter beruflichen Zwängen überhaupt leisten kann. Wie machen das andere? Laufen wir Kinder von alten Eltern ständig mit schlechtem Gewissen herum? Müssen wir das permanent verdrängen?

Früher lebten viele Generationen unter dem gleichen Dach. Mittlerweile ist es normal, dass die Kinder in ganz anderen Städten leben. Und das Mehrgenerationenhaus ist eher Projekt und Experiment, als dass es noch gewachsen wäre. Soll man die Eltern zu sich holen? Sie entwurzeln? Meine Eltern kann ich mir ohne diese ausgeprägte, intensive soziale Gemeinschaft in unserem Dorf, in unserer Siedlung gar nicht vorstellen. Diese Kommunikation mit alten Freunden, die Treffen bei Vereinsfeiern, die Teilnahme an kulturellen Veranstaltungen.

Ich fahre nach Dortmund, und meine Gedanken kreisen um meine greisen Eltern. Sind sie das schon? Greise? Nein, einerseits sind sie vital, aber andererseits eben auch gebrechlich. Was sind meine Pflichten? Und was sind meine Möglichkeiten? Was will ich tun? Und was wollen und können sie zulassen? Ich kenne viele Gleichaltrige, die sich mit ihren

Eltern überhaupt nicht verstehen. Die kaum kommunizieren, die die Schönheit und den Spaß gemeinsamer Abende mit Gesprächen und Erinnerungen, Witz und Wein letztlich nie erlebt haben. Aber wie viel des Eigenen kann man, will man, sollte man aufgeben, um zu helfen? Und natürlich denke ich wieder daran, wer mir mal die Kompressionsstrümpfe ausziehen wird. Wer wird mich begleiten, wenn ich in ein weit entferntes Krankenhaus muss? Es war reines Glück, dass ich überhaupt in der Nähe war und es zeitlich so problemlos einrichten konnte, Hermann zu begleiten. Lediglich zwei oder drei Texte sind nicht geschrieben worden. Die kann ich in zwei, drei Nachtschichten nachholen. Sonst hätte er alles allein bewältigen müssen. Keine schöne Vorstellung, denke ich.

Am Abend klingelt mein Handy. Eine fremde Nummer.

»Hier ist Hermann!«

»Vadder? Wie isses?«

»Ja, noch nicht gut, aber ich wollte mich melden.«

»Womit telefonierst du denn? Du wolltest doch kein Telefon für die paar Tage.«

»Ich habe mir ein Handy geliehen von meinem Zimmernachbarn. Ich wollte mich bedanken.«

»Bitte?«

»Dafür, dass du mitgekommen bist. Das war wohl doch ganz gut. Also, danke!«

Ich sage mit tiefem Ernst: »Vadder, dafür nicht!«

Genauso ernst entgegnet er: »Doch! Genau dafür!«

Wieder sind zwei Wochen vergangen. Mittlerweile ist es Spätsommer, gefühlt auch Frühherbst. Ilse nimmt mich mit in den Garten, zeigt mir, was sie umsetzen, was sie rausreißen möchte und fragt: »Was meinst du denn?«

Diese Frage höre ich von den beiden inzwischen immer mal wieder. Sie haben sogar schon zweimal genau das gemacht, was ich vorgeschlagen hatte. Ich bin Mitglied im Club! Ich staune. Hier verändert sich tatsächlich etwas. Doch bald werde ich meine Zelte abbrechen. Meine Zeit ist vorüber. Beruf und andere Pflichten warten, meine Wohnung und mein Leben in Dortmund. Ich blättere in meinen Notizen und entdecke mitgeschriebene Gesprächsfetzen, Sätze wie von Philosophen gesprochen, aber von Ilse und Hermann formuliert.

Ich finde eine Liste all der Arbeiten, die ich in diesem Sommer noch tun wollte, nun ist es eine Liste dessen, was ich nicht erledigt habe:

- Bude streichen
- Geländer streichen auf Balkon und Terrasse
- Teile der Hecke rausnehmen und da neu pflanzen
- Garage ausräumen

Das muss jetzt alles bis zum nächsten Sommer warten. Nächsten Sommer? Noch einmal kann ich das nicht machen, mehrere Wochen bei meinen Eltern zu verbringen. Aber die Arbeiten müssen trotzdem erledigt werden!

Ich sitze mit einem Glas viel zu warmem Wein vor meinem Wohnwagen. Übermorgen fahre ich wieder. Wir werden den Wohnwagen zu Doris zurückbringen. Mehrere Nachbarn haben zugesagt, ihn aus seiner tiefen Kuhle herauszuschieben, in die er sich vor Wochen hineingesenkt hat. Ich sitze in der dunklen Neumondnacht – vor mir das dunkle Feld, über mir der dunkle Himmel, um mich die dunkle Welt, nur rechts von mir erleuchtet das Wohnwagenfenster. Mir ist nach einer Zigarre. Mir wird feierlich. Aber was gibt es denn zu feiern? Meine Bilanz ist echt bescheiden: Insgesamt etwas mehr als zehn Wochen und praktisch nichts geschafft. Außer dass ich die Regenrinne an unserer Bude gesäubert habe. Und ich habe einen kleinen Kanal für eine Stromleitung gegraben, für eine Steckdose, die immer noch nicht richtig angeschlossen ist. Unser ganz privater Berliner Flughafen. Unser Stuttgart 21. Nicht gerade eine Großbaustelle im Garten Gieseking, aber trotzdem von fortlaufenden Bauunterbrechungen geprägt.

Ich höre seltsame Geräusche. Einbildung? Was ist eigentlich mit den Hexen? Nie habe ich sie fliegen sehen, hörte aber immer wieder dieses Rauschen, sah die Müdigkeit meiner Mutter am Morgen. Sind Hexen jemals müde? Überall knistert es, in den Hecken ist Bewegung, die Luft scheint elektrisiert. Kommt ein Gewitter auf? Trotz der Wärme kriecht ein leichter Schauer über meinen Rücken. Mir ist irgendwie unheimlich. Vielleicht sollte ich doch lieber in den Wohnwagen gehen. Es ist spooky hier drau-ßen.

Ich notiere einige Erinnerungen an diesen Sommer, diesmal nicht in meinem Büchlein, sondern ich tippe diese Sätze direkt in den Computer. Vor lauter Tastenklappern achte ich nicht auf die Welt um mich herum. Es ist erst halb zwölf. Was sind das für Töne? Die Hexen können es noch nicht sein. Dafür ist es zu früh, die fliegen erst ab Mitternacht.

Der Wind frischt auf und pfeift durch unsere mächtige Tanne. Als wolle der Baum mich warnen, zu mir sprechen. Genau. Der flüstert mir was – er hat allen Grund, sauer zu sein auf mich, ich habe immerhin etliche Zweige von ihm abgeschnitten, damit sie den Wohnwagen und mich nicht zerkratzen. Erklär das mal einer Tanne! Zumindest von mir hätte sie verlangen können, um sie herumzugehen. Das geheime Leben der Bäume wird auch in unserem Garten stattfinden. Auch vom Apfelbaum dachte ich neulich, eine gefegt zu bekommen. Dem hatte ich am Wurzelwerk herumgepfuscht, als ich den Kabelgraben aushob. Ich musste einige Wurzeln durchstechen. In einer dunklen Nacht habe ich den Baum sogar umarmt und mich entschuldigt! Aber wenn sich das rumgesprochen hat bei Blautanne, Lärche und Hainbuche, müsste ich eigentlich ganz gut dastehen im Garten. Den Walnussbaum habe ich eigentlich zu früh beschnitten, aber er ist mein liebstes Objekt. In ihm hingen diese wunderbar gewundenen Zweige, die schon mehrere Gärtner vor mir zwar abgetrennt, aber nicht herausgenommen hatten. Mit meiner neu entdeckten Ordnungsliebe sammelte ich nicht nur Blätter auf, sondern auch abgestorbene und geschnittene Zweige aus Bäumen.

Dann liege ich im Wohnwagen. Vorhin war ich noch mal zu einem kleinen Gang bei unserer Bude, kurz nach Mitternacht. Sturmböen wehten. Der Reisigbesen war plötzlich nicht mehr da. Ich bin mir ganz sicher. Das muss ich morgen früh kontrollieren. Meine Mutter und ihr Fernweh, denke ich. Wie weit kommen die Damen wohl in einer Nacht? Haben sie einen Sammelplatz wie in Shakespeares »Macbeth«? Und ich erinnere mich, wie mir meine Mutter auch diese Zeilen abhörte: »When shall we three meet again? In thunder, lightning or in rain?«

Ich kann nicht schlafen und denke an diese Wochen in Kutenhausen. Eine unglaublich reiche Zeit für mich. Ich habe das Gefühl, viel mehr Gemeinsames mit meinen Eltern erlebt als ihnen wirklich konkret geholfen zu haben. Dabei war ich nicht faul, sogar mit meinen eigenen Projekten bin ich weitergekommen. Es war ein toller Sommer, resümiere ich.

Und trotzdem bin ich in Sorge. Wie lange werden meine Eltern ihre Autonomie noch aufrechterhalten können? Ich wollte mehrfach kochen und durfte nie, bis ich begriff, wie wichtig es für Ilse ist, dass sie das noch kann. Ich wollte assistieren und lernen, wie sie ihre sagenhaften Rouladen wickelt. Das ist eine ganze eigene Kunst. Aber sie hat mich nicht gelassen.

Wann wird der Erste von ihnen nicht mehr Auto fahren dürfen? Wann werden sie Haushalt und Garten nicht mehr bewältigen können? Manchmal spricht Ilse davon, alles verkaufen und in ein Altenheim ziehen zu wollen. Ich kann mir nicht vorstellen, dass meine Eltern plötzlich auf einem

Flur Tür an Tür mit zumindest am Anfang wildfremden Menschen leben. Sie sind so eingebunden in ihre lebendige Nachbarschaft. Die Jüngeren schieben im Winter morgens noch bei ihnen Schnee. Wo gibt es so etwas? Bei Unwettermeldungen im Netz steht mindestens einer der Nachbarn bei ihnen an der Haustür und gibt die Warnung weiter. Rufe ich wegen so etwas an, heißt es: »Ja, Doris war schon da und hat uns das gesagt.«

Auch der Alltag als solcher wird schwerer werden. Die Zweigstellen der Banken auf den Dörfern schließen. Meine Eltern hatten nie einen PC, aber es wird erwartet, dass sie Internetbanking machen. Zu Kulturveranstaltungen müssen sie früh fahren, um wegen Hermanns Gehschwäche einen Parkplatz in der Nähe zu finden, um wegen Ilses Hörschädigung vorn sitzen zu können. Die Parkplatzsuche, der lange Weg zum Event wird langsam ein Problem bei allen beliebten Festen auf den Dörfern. Aber immer erzählen sie begeistert, wen sie getroffen oder kennengelernt haben.

Das alles sind Schwierigkeiten, die jeden betreffen, und doch sind sie für jeden individuell, können und müssen ganz unterschiedlich bewältigt werden.

Unsere gemeinsame Reise nach Finnland war die letzte, die meine Eltern unternommen haben. Danach haben die zwei keinen Urlaub mehr gemacht, keine gemeinsame Fahrt. Finnland war gleichzeitig ihr letzter Tanz. Dort sind wir noch zusammen beim »tanssi« gewesen, nun tanzen sie nicht mehr. Hermann würde stürzen. Nach unserer Rückkehr damals waren sie nur noch zwei- oder dreimal beim Tanztee. Ihre weitesten Reisen sind Tagestouren zum »Aufklopfen« der Rolandsbrüder im Wechsel in Veltheim, nah bei Minden, und weit weg in Bielefeld, immerhin 50 Kilometer, oder Fahrten zu Freunden »achtern Bierge«, hinterm Berg, ungefähr 30 Kilometer entfernt. Ilse möchte inzwischen nicht mehr bei Dunkelheit und bei Regen fahren.

Der Radius ist für den ehemals wandernden Zimmermann klein geworden. Zur obligatorischen täglichen Runde um die Siedlung, oft mit Freund Johann, muss ihn Ilse manchmal ermuntern. Der Weg mit dem finnischen Rollator zur Lottoannahmestelle ist dann fast schon die Grenze seiner Autonomie. Die Fahrten in die Stadt, ein Einkaufsbummel oder die Arztgänge werden schon auf das Notwendigste beschränkt.

Die Welt meiner Eltern ist klein geworden. Wie schlimm muss es sein, die jeweiligen Beschränkungen zu erleben und mit ihnen zu leben? Für beide ist es durchaus ein Problem, die Allgemeinheit teilhaben zu lassen an ihren schwächer werdenden Körpern, damit in der Öffentlichkeit zu stehen.

Ein großes, schweres Thema sparen wir auffällig oft aus: das Ende. Den Tod. Wir wollen nicht drüber sprechen. Hier im Dorf sagt man auch: Das soll man nicht herbeireden! Immer wieder mal stoßen wir es sanft an. Dann sagt Ilse: »Wenn von uns beiden einer stirbt, mach ich eine Weltreise!« Und: »Bloß nicht verbrennen! Sonst füllt Hermann meine Asche in eine Eieruhr, und ich muss ewig weiterarbeiten!«

Es ist der Abend vor meiner Abreise. Es liegt was in der Luft.

Ilse spricht es an: »Wenn dir mal was passiert, ich weiß von nichts! Ich weiß nicht, wo die ganzen Papiere liegen,

Hermann. Hast du jetzt endlich mal ein Testament gemacht?«

Hermann antwortet: »Och, ich hab da mal mit angefangen. Aber das hat ja noch Zeit.«

Meine Eltern haben eine lange Wegstrecke zusammen zurückgelegt. Sie sind genauso lange verheiratet, wie ich alt bin. Im April war Hochzeit. Im Oktober wurde ich geboren. Ich war Anlass, sagten sie mir einmal, aber nicht der Grund. Die Heirat sei ohnehin geplant gewesen. Ich scheitere bei meinen Fragen nach dem Warum, Wieso und Wie. So tief lässt der Ostwestfale niemanden in seine Seele blicken und schon gar nicht in den Ablauf der Ereignisse. Erster Kuss? Fehlanzeige.

Ich sage: »Aber den muss es doch gegeben haben.«

Keiner antwortet.

Ich setze nach: »Und wo habt ihr das erste Mal miteinander geschlafen? Ihr hattet doch keine eigenen Wohnungen?«

Ein langer, strafender Blick von beiden.

Dann sagt Hermann: »Das geht dich gar nichts an!«

»Aber wenn ihr im April geheiratet habt, und ich im Oktober auf die Welt …«

Ich sehe ihren Blicken an: Darüber spricht man nicht! Nicht in dieser Generation. Und schon gar nicht mit den eigenen Kindern.

Schade eigentlich, dass sich diese Generation, die Frauen genauso wie die Männer, eigentlich niemandem so richtig geöffnet hat. Das Schöne und das Schlimme, mit beidem belästigt man die Welt nicht. Das ist in Ostwestfalen vielleicht noch mehr oberstes Gebot als in anderen Regionen. Oder sind in dieser Beziehung die Menschen in Schwaben, an der Nordseeküste und in der Sächsischen Schweiz doch gleich?

Heute hat jede Frau ihre beste Freundin, mit der sie alles teilt: Glück, Träume, Sehnsüchte, Frustrationen. Und auch Männer haben einen Kumpel, eher natürlich auch eine enge Freundin, oft genug ist es die Ex, bei der man beim dritten Wein ab und an sprichwörtlich die Hosen runterlässt. Diesen Vertrauten haben die beiden nicht, soweit ich weiß. Und ich werde es auch nicht werden. Obwohl mich der Anfang dieser lebenslangen Liebe so sehr interessiert – hier, beim Beginn dieser Ehe, bleibe ich draußen vor der Tür. Ich arbeite mit allen Tricks, frage letztlich mehrfach, über Wochen. Frage auch mal, als wir alle drei schon bei der zweiten Flasche Wein angelangt sind, aber es ist aussichtslos. Weder allein noch im Beisein meines Bruders oder meiner von ihnen herzlich aufgenommenen Freundin – ich erfahre nichts.

Hermann sagt nur: »Dafür bist du noch nicht alt genug!«

»Wann werde ich denn für diese Themen ein genügendes Alter erreicht haben, Vadder?«

»Wahrscheinlich nie!«

Die Eltern der anderen

Am Nachmittag bin ich unterwegs an der Weser, lege mich auf eine Wiese und schaue auf das dunkle Wasser des Flusses. Morgen geht es zurück. Ich hatte in den letzten Wochen immer wieder Freunde getroffen, die mich fragten, was ich aktuell mache und schreibe. Alle waren erstaunt und mussten lachen: »Du wohnst im Wohnwagen? Bei deinen Eltern?« Die einen sagten: »Lustig!« Die anderen: »Abgefahren!« »Cool!« »Wie geil ist das denn?« Die Jugendsprache ist auch in meiner Generation längst angekommen. Und dann folgte sehr schnell eine zweite Reaktion. Ausnahmslos alle erzählten von ihren Eltern, von Mutter und vom Vater. Mittlerweile, so mein Gefühl, hat fast jeder mindestens einen Elternteil, der dement ist.

Martin ist einer meiner engsten Freunde in Kassel, stammt aber wie ich aus Minden. Martins Mutter ist im Pflegeheim. Ihre Angehörigen erkennt sie nicht mehr. Sie liegt fast ständig, kann nur selten aufrecht sitzen, verbringt also fast alle Zeit im Bett. Martins Vater geht jeden Tag dorthin, besucht sie, teilt den Tag mit ihr und nimmt mit ihr die Mahlzeiten ein. Alle finanziellen Rücklagen sind aufgebraucht, um die Heimkosten bezahlen zu können. Der Vater wohnt inzwischen in einer kleineren Wohnung. Es ist Jahre her, dass Martin von seiner Mutter erkannt wurde.

Bernhard lebt in Nordhessen, sein Vater im Rheinland. Der wollte unbedingt autonom bleiben, bloß nicht den Kindern zur Last fallen, und organisierte seinen Weg ins Altenheim selbst. Eigentlich ist er der Einzige, der das so klar und gezielt für sich gewollt und umgesetzt hat, unmittelbar nach dem Tod seiner Frau. Der ehemalige Werksleiter fühlte sich dabei aber immer ein wenig wie der »Chef vons Janze«, als sei er der eigentliche Heimleiter. Später, mit weit über 90, versuchte er, genau diesen Lebensschritt auf eine fast witzige Art rückgängig zu machen, wollte sein altes Haus zurückkaufen oder sich wenigstens dort einmieten. Kriegserlebnisse kehrten nun als Gegenwart zu ihm zurück, und er sorgt sich heute um sein Pferd, mit dem er im Zweiten Weltkrieg als Melder unterwegs gewesen war.

Solche Geschichten erzählen die Kinder von Demenzkranken mit einer Mischung aus Traurigkeit und dem inne liegenden Witz.

Christiane in Hanau hat bei ihrer Mutter diverse Phasen der Demenz erlebt. Sie hat Pflegekräfte aus Polen organisieren können, die nun mit der alten Frau zusammenleben. Dabei gab es Glücksgriffe und Reinfälle, was deren Zuverlässigkeit und berufliche Qualifikationen betrifft. Organisiert von einer Agentur, wechselt die Person alle paar Monate. Ihr guter Geist ist Milena, die in festem Turnus nun schon seit einigen Jahren immer wieder zu ihnen kommt.

Hartmut, ein alter Freund aus Kasseler Tagen, holte seine schwer demente Mutter aus seiner Heimatstadt an den neuen Wohnort nach Hannover. Die Krankheit ließ sie Sohn, Schwiegertochter und Enkelin nicht mehr erkennen. Ihr Tod war – das erzählen die Kinder dementer Eltern eigentlich ausnahmslos – einerseits eine Erlösung, trotzdem warf es ihn um.

Uli und Ute, meine engen Freunde aus Minden, bei denen ich die Krankheitswege der Eltern so nah miterlebt habe, erzählten neben dem Alltag und der Herzlichkeit mit Ulis schwer krankem Vater auch bedrückt von einem überraschend aggressiven Schub, von diesem einen Tag, als Uli mit den Pflegern gemeinsam kurz seinen Vater sogar fixieren musste, damit der Arzt nötige Medikamente zur Beruhigung verabreichen konnte. Beide erzählen, dass sie überraschend und derb beschimpft wurden, mit einem Vokabular, das niemand von diesem Mann kannte. Ursache waren Nebenwirkungen von Medikamenten, u. a. wegen einer Augenkrankheit, die zu Halluzinationen und Angstzuständen führten.

Ute berichtet aber auch von dem verblüffenden Moment, als ihr eigener, ebenfalls dementer Vater, der vor Monaten schon seine Sprache verloren hatte, plötzlich, in einem, wie wir hier sagen, »hellen Moment« mit heiserer Stimme zur Pflegerin sagte: »Danke schön, Theresa!« Die erzählte es Ute und Uli mit den Worten: »Ich war so überrascht und ergriffen – ich habe eine Stunde geheult.«

Ritas Mutter ist quasi meine Schwiegermutter. Eigentlich war es ganz witzig, wie sie in ihren letzten »wachen« Jahren die Tochter vor mir warnte: »Der will nur dein Geld!« Sie fand überzeugende Argumente: »Warum fährt der kleine Mann so ein großes Auto?« Ich fahre Kombi, wie fast alle meine Berufskollegen, wegen unserer Tourneen und den vielen »Schateken«, dem Kram, der jedes Mal mitmuss. Ritas Mutter fragte, als wir uns kennenlernten: »Kann der sich keine richtigen Schuhe leisten?« Ich trug wie so oft und seit meiner Jugend Schweden-Clogs.

Nun ist sie in einem Pflegeheim. Die Phase der aggressiven Schübe gegen ihre Töchter ist überwunden, noch erkennt sie beide, die Enkel und auch mich. Sie fragt sogar nach mir. Sie freut sich sichtlich über unsere Besuche, und meine Rita singt mit ihrer Mutter, das ist deren größte Leidenschaft. Oft trägt sie ihre Hosen auf links, sucht ständig ihre Brille im Berg der anderen Brillen am Kaffeetisch im Heim und vergisst innerhalb von Minuten alles, was soeben stattgefunden hat. Aber sie erinnert sich an sämtliche Liedtexte ihres Lebens – bis zur letzten Strophe. Am nächsten Tag weiß sie nicht mehr, dass sie gesungen hat, und dass ihre Tochter überhaupt bei ihr zu Besuch gewesen ist, verneint sie vehement.

Wie schwer für alle, sich diesen Krankheiten zu stellen, dem Verlust an Bewusstsein. Wie schwer, für die, die in diese Krankheit hineingeraten, wenn sie anfangs merken, dass sie sich verlieren, das Kennen und Erkennen, das Entgleiten der Erinnerungen, das allmähliche Verschwinden der Menschen und Geliebten. Und umgekehrt: Wie schwer für die Lebensgefährten, die Kinder und Enkel, die hier einen Menschen verlieren, der weiter mit ihnen lebt, aber dessen Pflege sie bald überfordern wird, mindestens immer wieder an Grenzen bringt.

Ich schaue auf die Weser und denke, dass es ein Geschenk für meine Eltern ist, nicht auch noch an Demenz zu erkranken. Ich denke an all ihre kleinen Wehwehchen und die vielen schlimmen Krankheiten und freue mich unendlich, dass sie »nur« diese Malessen haben. Mit all ihrer Zerbrechlichkeit sind sie doch geistig weiter voll auf der Höhe. Sie kabbeln und streiten einerseits, spielen Spiele andererseits. Meine Mutter, die starke Frau, die nichts anbrennen lässt. Im Freundeskreis ist sie so gefürchtet wie beliebt für ihre satirischen Kommentare. Und Hermann steht ihr in Witz und Komik in nichts nach. Ich bewundere die beiden für ihre aufrechte Haltung, den Stolz, den Humor, auch als Widerstand gegen ihre Malessen und die offensichtlichen Zumutungen des Alters.

Meine Mission als Sohn

Jahrzehntelang war ich immer nur »auf Besuch«, jetzt bin ich plötzlich wieder Teil der Familie. Jedenfalls fühle ich mich so. Es ist eigenartig und schön zugleich, ein Mitglied der täglichen Gemeinschaft zu sein. Früher war das anders. Da wollte ich genau das nicht. Ist jetzt zusammengewachsen, was immer zusammengehörte?

Aber nun ist der Moment des Abschieds da. Mein letzter Tag. Ich habe alles – Wäsche, Bücher, Notizen, Kram – in meinen Kombi geladen. Die Sonne hat sich verzogen. Um 17 Uhr wollen die Männer kommen, um den Wohnwagen vom Grundstück zu schieben. Um Punkt 16 Uhr setzt Starkregen ein. Das war's dann. Bei dem Wetter würden wir nur wieder auf dem Gras ausrutschen, keiner hätte einen festen Stand. Nach Absprache mit Doris sage ich die Aktion ab. Sie kommt kurz mit in die Stube zu meinen Eltern auf einen letzten gemeinsamen Kaffee. Wir drei bedanken uns ganz herzlich bei ihr.

Und natürlich sagt Doris: »Dafür nicht!«

Los muss ich dann trotzdem, ich habe Auftritte. Ich kann so leider – was mir wirklich peinlich ist – beim Abbau meines Sommerdomizils nicht dabei sein.

»Typisch«, sagt Ilse. »Nix to enne moaken!«

Ich sage: »Na ja. Das ein oder andere ist ja doch fertig geworden.«

Sie sagt lachend: »Mich hast du fertiggemacht!«

»Dann ist es ja gut, wenn ich Land gewinne! Tschüss ihr beiden. Haltet euch wacker!«

»Tschüss Großer!«, sagt Hermann.

»Mach's gut. Und tu was! Sieh zu, dass Geld reinkommt. Und gib das nicht so unnütz aus. Denk an deine Rente!«, gibt mir Ilse mit auf den Weg, ihr steter Abschiedsgruß seit Jahrzehnten.

Wir umarmen uns, ich gebe ihnen den Schlüssel für den Wohnwagen. Der blitzt! Ilse wollte ihn putzen, aber das durfte sie nicht. *Ich* habe ihn gereinigt! Inzwischen weiß ich, wie ich mich durchsetze! Sogar Hermann sagte neulich anerkennend: »Auf dich hört sie wenigstens ab und zu!«

Trotzdem ist es durchaus denkbar, dass sie das Gefährt heimlich ein zweites Mal saugt und wischt.

Ich steige ins Auto, und wie immer stehen Hermann auf der kleinen Treppe zum Haus und Ilse auf der Straße, sie winken. Ich weiß, dass sie dort noch stehen, bis mein Auto hinter der Kuppe vom Kerkweg verschwindet. Ich selber winke ein letztes Mal aus dem Fenster, und dann wische ich mir kurz über die Augen.

Vier Tage später schickt mir Doris ein Handyfoto. Der Wohnwagen steht wieder bei ihr, und alle lassen grüßen. Ich rufe sie sofort an, um mich zu bedanken.

Doris erzählt: »Der wichtigste Mann war wieder Hermann. Als wir den Wohnwagen nicht aus den Löchern schieben konnten, sagte er: ›Dreht den doch mal auf der Stelle.‹ Das haben wir gemacht, über die Deichsel gedreht, und dann konnte ich den Wagen davorspannen und losfahren. Der stand ja nicht weit auf dem Grundstück.«

»Und wie sieht der Rasen aus?«

»Ach, der wird schon wieder!«

Dann legen wir auf. Ich schaue aus dem Fenster. Keine Felder mehr, stattdessen mehrstöckige Wohnhäuser, schmale Straßenschluchten, ein Stimmengewirr, wo bei meinen Eltern der Wind um die Häuser pfiff. Am schönsten ist hier der Blick in den Himmel. Ich vermisse meine Schwalben, die hier schon fortgeflogen sind. Aber auch die Kutenhauser Felder. Sogar Johnny. Der Sommer ist so ziemlich vorbei. Ich frage mich: War sie das? Meine Mission als Sohn?

Wochen später, es ist Ende September. Ich war heute Nachmittag noch mal in Minden.

»Was willst du denn hier?«, fragte meine Mutter, als ich an der Haustür klingelte.

»Den Rasen inspizieren«, sagte ich.

Dann umarmten wir uns.

Ich habe den Walnussbaum beschnitten. Mein kleiner Liebling unter unseren Bäumen. Hermanns Auge ist besser geworden, er kann zwar immer noch nicht richtig klar sehen, aber immerhin, diese zweite Operation war erfolgreich.

Nach getaner Arbeit stand ich auf dem Rasen und schaute mich um. Alle Felder waren gemäht. Scharen von Spatzen flogen immer wieder auf, setzten sich kurz in eine Hecke, dann wieder aufs Feld.

Dann betrat Johnny die Szenerie. Er stolzierte auf dem Stoppelfeld mit einem Selbstbewusstsein und einer Coolness wie sonst nur die Models auf den Laufstegen von Paris. Jeden noch so kurzen Weg rannte er mit kleinsten Trippelschritten, pickte kurz und raste dann wieder los, einen Meter weiter, anderthalb Meter und suchte, was der Mähdrescher übrig gelassen hatte.

Ich stand still an meinem Wohnwagenplatz, den jetzt ein großer, gelber Rasenfleck zierte. Die Löcher, die ich in den Boden gefahren hatte, waren schon wieder aufgefüllt. Hermann hatte mit seiner Kelle saubere Arbeit geleistet, hatte die Erde dafür eimerweise mit seinem Rollator über den Rasen geschoben. Auch das hatte wieder er gemacht, nicht ich! Sogar neu eingesät waren die Stellen schon. Wir standen zu dritt daneben.

Ilse sagte: »Weißt du, wie alt der Rasensamen ist?«

Hermann antwortete: »Ich bin auch alt.«

»Ja, eben«, sagte Ilse, »da solltest du wissen, dass mit dem Samen nicht mehr viel los ist!«

»Der wächst noch!«, sagte Hermann bestimmt.

»Du nicht. Du wirst immer kleiner.«

Plötzlich, zuerst fast unbemerkt von uns, begann ein Naturschauspiel, das ich noch nie gesehen hatte. Eine Uraufführung eines gigantischen Chores. Ein riesiger Vogelschwarm kam über das Feld und näherte sich uns. In wabernden Wolken flogen sie durcheinander, mit dieser faszinierenden Ordnung, in der trotz aller Bewegung keiner an die Flügel des anderen stößt. Ein Schwarm, der auf geheimnisvolle Art und Weise innere Impulse aufnimmt, sich dreht, wendet, auffliegt, senkt, sich setzt und erneut auffliegt. Viele Hunderte Stare, die sich ausgerechnet bei uns in Kutenhausen zum Flug in den Süden sammelten.

Und dann nahmen sie alle zugleich innerhalb weniger Sekunden Platz in unserer riesigen Lärche. Besetzten jeden noch so kleinen Ast. In Addition ein gigantisches Gewicht, trotzdem von unserem Baum mit absoluter Leichtigkeit getragen. Das vielhundertfache Gezwitscher tat Ilse fast weh im Ohr. Dann, auf ein geheimes Kommando hin, verstummten sie sämtlich. Und nach wenigen Sekunden der Stille flogen sie auf, wechselten den Baum und flogen hinüber zu unserer genauso riesigen Blautanne. Wieder folgte eine sekundenlange Ruhe, wie eine Andacht. Dann begann erneut das Gezwitscher und schallte zu uns wie ein dröhnender Wasserfall. Die Stare flogen zu einer kleinen Zwischenmahlzeit aufs Feld und bedeckten den Boden, pickten und trippelten, um dann erneut zu starten, wechselten immer wieder die Bäume, von der Lärche zur Blautanne, landeten bei uns im Gras, dann wieder auf dem Stoppelfeld. Fasziniert schauten Ilse, Hermann und ich diesem Schauspiel zu.

Irgendwann bin ich dann gefahren, den Vögeln hinterher, Richtung Süden, Richtung Dortmund.

Ich habe Hermann und Ilse umarmt, sie standen an der Straße und schauten meinem Wagen hinterher.

Nun sitze ich wieder in Dortmund auf meinem Balkon. Es ist halb neun Uhr abends und schon dunkel. Die Hauswand ist warm. Eine viel zu heiße Septembersonne hat den ganzen Tag den verwitterten roten Klinker beschienen, nun strahlt das unverputzte Mauerwerk mir seine Wärme in den Rücken. Leichter Schweiß steht mir auf der Stirn, trotz der beginnenden Abendkühle. Ein halber Mond wandert über die Dortmunder Giebel. Mein Balkon ist gerahmt von den anderen Häusern unseres Hinterhofs inklusive des fast romantischen Theaterbaus in der ehemaligen kleinen Fabrikhalle.

Ich schaue hoch zum Mond und denke an die Stare und an meine Eltern. Dann höre ich ein Geräusch, noch weit entfernt. Am nächtlichen Himmel zieht tatsächlich eine kleine Gruppe Kraniche vorüber, schwach werden ihre weißen Flügel von den Lichtern Dortmunds angestrahlt. Schemenhaft sehe ich ihre Flügel im unermüdlichen Auf und Ab. Ihre Rufe werden wieder leiser. Sie verlieren sich im Dunkel des beinahe schwarzen Himmels. Nun sind die Stadt und ihre Menschen so ruhig, wie es am Nachmittag die Stare waren, kurz bevor sie aufflogen.

Der Mond ist jetzt von den Schornsteinen verdeckt. Ich öffne mir ein Bier. Soll ich auch »auffliegen«? Meine Mauersegler sind schon seit Wochen aus dem Hinterhof verschwunden. Am Nachmittag begannen dann die Stare ihre Reise, nun also die Kraniche. Die Vögel ziehen fort. In den Süden. Mich zieht es unwillkürlich in den Norden. Aber diesmal nicht nach Schweden oder Finnland, sondern nur ganze 158 Kilometer nördlich. Sollte ich zurück nach Minden ziehen? Meine Eltern unterstützen? Ihnen helfen, die eigene Autonomie noch ein wenig länger zu bewahren? Würden sie das wollen? Will ich das? Ein seltsamer Gedanke. Aber ein angenehmer. Und ich merke, ich würde vor allem gerne noch ein wenig das Zusammensein mit ihnen genießen, sitzen und ihnen zuhören, wenn sie sich kabbeln und wunderbar ironisch von der Nachbarschaft erzählen. Ich bin völlig überrascht. Kalt erwischt. Ich trinke vorsichtshalber noch ein Bier und verscheuche diese Gedanken erst einmal wieder. Vielleicht aber rufe ich morgen Uli an. Er hatte mir erzählt, dass bald die Wohnung von Philip frei würde, die mit dem Blick auf die Porta Westfalica.

Epilog

Ich sitze in Frankfurt-Sachsenhausen zusammen mit meiner Lektorin und erzähle ihr von meinem Sommer im Wohnwagen, diesem Sommer mit meinen Eltern. Wir lachen viel dabei, an anderen Stellen sind wir nachdenklich. Auch sie hat eine demente Mutter. Dann kommen wir zum eigentlichen Anlass unseres Treffens.

Sie fragt: »Worüber möchtest du dein nächstes Buch schreiben?«

Ich habe drei Skizzen vorbereitet. Ideen. Für sogenannte »populäre Sachbücher«, so heißt die Sparte, in der meine Bücher im Fischer Verlag erscheinen.

Sie hört interessiert zu, fragt nach, lehnt eine Idee sofort ab, steuert zu einer anderen etwas bei, ist sehr interessiert an der dritten. Wir bestellen Kaffee.

Dann fragt sie: »Warum schreibst du nicht über deine Eltern?«

Ich stutze: »Wie jetzt?«

Sie entwickelt die Idee im Sprechen weiter: »Das wäre ein Thema, das dir wichtig ist, wo du erzählen kannst, und du weißt, dass es auch andere interessiert.«

Ich verziehe das Gesicht wie bei einem schlecht schmeckenden Essen.

»Du kannst ja mal drüber nachdenken«, sagt sie.

Auf der Fahrt nach Hause lasse ich mir die Szenen des Sommers durch den Kopf gehen. Ich hatte schon ein Buch über die beiden geschrieben, über unsere gemeinsame Reise nach Finnland. Nun war ich wieder auf Reisen gewesen, dieses Mal zu ihnen. Damals drei Wochen Finnland, jetzt zehn Wochen Kutenhausen.

Langsam wird ihre Idee zu meiner. Noch einmal das alles durchleben. Und diesen beiden so »normalen« Menschen ein kleines Denkmal setzen. Aber würden sie das wollen? Können meine Eltern mit so etwas überhaupt einverstanden sein?

Ein paar Tage später bin ich bei ihnen zu Besuch. Ilse hat Kuchen gebacken. Wir sitzen in der Stube.

»Ich habe ein Treffen mit meiner Lektorin gehabt.«

»Du immer mit deinen Büchern. Arbeite lieber was!«

Typisch Ilse!

»Das ist Arbeit!«

»Du wolltest ja nicht zur Kreisverwaltung!«

»Nun fang doch nicht schon wieder damit an, Mama.«

Hermann fragt: »Worüber willst du denn dieses Mal schreiben?«

»Vielleicht über euch. Wie es hier so war.«

Sofort sagt er: »Das interessiert doch keinen.«

Ilse sagt: »Genau. Außerdem ist hier ja überhaupt nichts passiert, worüber man schreiben könnte!«

Ich räuspere mich: »Das sehe ich anders.«

Ilse fragt: »Wieso? Was siehst du denn da anders?«

»Zum Beispiel, mit welchem Witz ihr eure Malessen meistert, das ist doch klasse.«

»Witz? Bei uns? Ich hatte hier noch nie was zu lachen«, sagt sie. »Und außerdem geht das alles ja wohl keinen was an.«

Ich sage: »Ilse, früher habe ich nur mein Motorrad gepflegt. Und jetzt …«

Sie unterbricht mich: »Du willst doch wohl nicht sagen, dass du uns gepflegt hast?«

»Nein, das nicht. Aber wir haben hier doch jede Menge zusammen gemacht.«

Sie stutzt, aber nur einen kleinen Moment: »Darüber willst du ein Buch schreiben?«

»Ja klar!«

Sie sieht mich an: »Das, was du hier den Sommer über gemacht hast, das passt auf eine Seite!«

Dank

Seit ich bei meinen Eltern war, drehte sich die Zeit weiter. Hermann konnte sein Jubiläum begehen, 65 Jahre als Rolandsbruder. Ich habe den Zimmermannsklatsch gelernt. Nachbarin Wilma ist verstorben. Schuhhaus Schweizer hat geschlossen, und ich weiß noch nicht, wo ich künftig meine Clogs kaufen kann. Frieda, die Airedale Terrierin, hat einen ersten Wurf mit vier Jungen. Und ich warte darauf, dass Philip, Utes und Ulis Sohn, sein Haus fertigbaut, weil ich dann in seine Wohnung ziehen werde, die mit dem Blick auf die Porta Westfalica.

Mein größter Dank gilt meinen Eltern, nicht nur für die Mitwirkung an diesem Buch, sondern für die Inspirationen und auch die Reibung in meinem Leben. Sie brachten mich zum Lesen und zum Lachen, und meine ironisch-positive Grundhaltung zur Welt und zum Sein habe ich von ihnen.

Großer Dank geht an Rita, die mich nicht nur in meinem Leben beschenkt und auch bei dieser Arbeit intensiv begleitete, sondern auch für die wunderschöne Kawasaki 750 Zephyr, die sie mir vor zwei Jahren zum Ende ihrer Zeit als aktive Motorradfahrerin schenkte.

Dank an meinen Bruder Axel, der es erträgt, dass sein Bruder Familiengeschichten in die Welt trägt, an Nachbarin

Doris, nicht nur für den Wohnwagen, und an alle im Buch genannten Freunde und Nachbarn, genauso aber auch an die ungenannten, die nicht minder wichtig sind, Freunde, die mich am Wohnwagen besuchten, Nachbarn, mit denen ich am Zaun stand, die Menschen in Kutenhausen, Todtenhausen und Minden, denen ich immer wieder begegnete, bei »Bäckerei Schlomann«, beim »Buchbinder«, bei »Röthemeier« oder beim Jubiläumsfest der Grundschule Kutenhausen, wo die Kids ihre Schulleiterin, Frau Möhring, liebevoll »Möhre« nennen dürfen.

Nicht zuletzt Dank an meine Lektorin Karin, die mir vorschlug, über diese Zeit mit meinen Eltern zu schreiben, und dieses Buch so kompetent wie sensibel begleitete.

Und Dank an Marco, Agentur Xango Cult. In Goethes Faust sagt Mephisto: »Ich bin der Geist, der stets verneint! Und das mit Recht; denn alles, was entsteht, ist wert, dass es zugrunde geht.« Marco ist der gute Geist, der stets bejaht und alles, was entsteht, auf Bühnen und zur Blüte bringt.

Ein spezieller Dank an Madeline und Timo, thesolid-project.com, die mir in Port de Sóller den entscheidenden letzten Textausdruck ermöglichten!

Allen: Gracias! Kiitos! Danke!

Konfusion, der große ostwestfälische Weise sagt: »Egal, wo du hingehst, da bist du auch!« Das stimmt. In den Wochen zu Hause in Kutenhausen habe ich noch lernen dürfen: Auch wenn man hier weg ist, man gehört dazu. Und das bleibt. Ewig.

Bernd Gieseking
Finne dich selbst!
Mit den Eltern auf dem Rücksitz
ins Land der Rentiere

Band 18814

Finnland. Da denkt jeder an Seen, Sauna, Mücken und El-
che. Und eine verteufelt schwere Sprache. Aber wer sind die
Menschen dort? Verschrobene Einzelgänger? Trinkfest und
sangestüchtig? Bernd Gieseking bekommt einen Crashkurs.
Weil sein Bruder sich in eine Finnin verliebt hat und seine
Eltern ihn in seiner neuen Heimat besuchen wollen, bricht
er zu einer Familienreise mit seinen alten Eltern auf und
fährt von Ostwestfalen nach Lahti und zurück – 3.800 km
purer Lesespaß.

»Ich mache in meinem langen Leben
zunehmend die Erfahrung, dass man von
Bernd Gieseking unbesehen alles lesen kann.«
Harry Rowohlt

Fischer Taschenbuch Verlag

Bernd Gieseking
Gefühlte Dreißig
Ein Hoffnungsbuch
für Männer um die Fünfzig

256 Seiten. Klappenbroschur

»Ich benutze seit einigen Wochen Zahnzwischenraumbürsten.
Alles wird weniger, wenn man älter wird, nur die Zahnzwischenräume werden größer. Andererseits ist man froh,
dass man überhaupt noch Zahnzwischenräume hat. Das ganze Gerede vom Alter ist Quatsch, und trotzdem ist was dran.«

Bernd Gieseking weiß, wovon er spricht. Er hat die 50 hinter
sich und kennt das Gefühl »Hälfte rum« ganz genau. Mit tief-
gründigem Humor berichtet er von den Träumen und Zielen
der Männer seiner Generation und gibt Leidensgenossen
Hoffnung. Denn es kommt letztlich nicht auf die Höhe des
Flugs an, sondern darauf, überhaupt losgeflogen zu sein!

Das gesamte Programm gibt es unter
www.fischerverlage.de

fi 19875 / 1